혼　자
살아도
괜찮아

혼자 살아도 괜찮아

—

2020년 1월 8일 초판 1쇄 발행
2020년 1월 29일 초판 3쇄 발행

—

지은이 엘리야킴 키슬레브
옮긴이 박선영
펴낸이 이종주

—

총괄 김정수
책임편집 유형일
마케팅 배진경, 임혜솔, 송지유

—

펴낸곳 (주)로크미디어
출판등록 2003년 3월 24일
주소 서울시 마포구 성암로 330 DMC첨단산업센터 318호
전화 번호 02-3273-5135
팩스 번호 02-3273-5134
편집 070-7863-0333
홈페이지 http://rokmedia.com
이메일 rokmedia@empas.com

—

값 18,800원
ISBN 979-11-354-5590-2 (03330)

—

• 비잉(Being)은 로크미디어의 인문 도서 브랜드입니다.
• 잘못 만들어진 책은 구입하신 서점에서 교환해 드립니다.

Happy Singlehood

혼 자 살아도 괜찮아

행복한 싱글라이프를 위한 안내서

엘리야킴 키슬레브 지음 · 박선영 옮김

Being

...

Thanks for

이 책이 세상에 나오기까지 도움을 준 많은 사람에게 감사 인사를 전한다. 나와 대화를 나눠주고, 내 글을 읽어주고, 내게 의견을 주고, 자신들의 이야기를 책에 실을 수 있도록 허락해준 모든 사람들, 그리고 이 책을 편집하고, 디자인해준 사람들에게 진심으로 감사드린다.

무엇보다 주변 사람들에게 감사 인사를 전한다. 무엇과도 바꿀 수 없는 사랑과 애정을 보내준 사랑하는 가족, 전문가적 관점으로 진정한 영감이 되어준 히브리 대학교의 공공정책과 정부 페더만스쿨 Federmann School of Public Policy and Government의 동료들, 이 책이 나오기까지 지지해주고 용기를 준 나의 멋진 친구들에게 감사의 마음을 전한다.

이 책은 나 혼자였다면 절대 탄생하지 못했을 것이다. 나는 그동안 만난 사람들 중 가장 뛰어나고 성실한 팀과 함께 이 책을 작업했다. 그들에게 깊은 감사를 표한다. 무엇보다 나의 연구 조수 오렐 다이아몬드에게 감사하다. 그의 도움은 더할 나위 없이 귀중했다. 이 책에 제시한 질적 자료 수집에 도움을 준 인터뷰 응답자들에게도 감사 인사를 전한다. 특히 마크 무어와 키에라 슐러에게 감사하다. 그들의 도움이 없었다면 자료 수집과 분석 작업을 제시간에 끝내지 못했을 것이다. 독신에 관한 수많은 블로그 글을 수집하고 꼼꼼하게 분석해준 에비아타르 즐로트닉에게도 고마움을 전한다.

끝으로 가장 중요한 이 책의 편집장 나오미 슈네이더와 캘리포니아 대학교 출판부에 감사 인사를 전한다. 그들은 이 책이 나올 때까지 나를 믿어주고 끝까지 격려를 아끼지 않았다. 모든 분께 고마움을 전한다.

내가 어린 시절에 살았던 예루살렘에는 금요일 저녁마다 약 2분 동안 공습경보 때와 같은 사이렌이 도시 전체에 울렸다. 샤바트 Shabbat, 즉 안식일 시작을 알리는 소리였다. 이때쯤이면 우리 가족은 모든 준비를 끝냈다. 집 안에는 어머니가 준비한 맛있는 음식 냄새가 풍겼고, 우리는 흰색 셔츠를 깨끗하게 차려입었다. 어머니는 가족 수에 맞춰 준비한 다섯 개의 양초에 불을 붙였다. 두 개는 부모님, 세 개는 우리 삼 형제를 위한 것이었다. 나는 창가에 까치발로 서서 이웃집에서 새어 나오는 불빛들을 바라보았다. 다른 가족들도 각자 집에서 만든 맛있는 음식을 먹으며 행복한 시간을 보내는 것 같았다. 금요일 저녁부터 다음 날까지 남녀노소 불문하고 가족과 함께했다. 전화를 걸어도 안 되고, TV를 봐서도 안 되었다. 이때는 오직 가족을 위한 시간이었다.

나는 늘 아버지와 함께 회당까지 걸어갔다. 회당에는 가족마다 지정석이 있었다. 그곳에 앉아 사람들을 둘러보면 모두 행복해 보였다. 때로는 성스러워 보이기도 했다. 하지만 한 남자는 다른 사람들과 조금 달라 보였다. 그는 30대인 아들 한 명과 함께였다. 사람들은 남자의 아내가 오래전에 죽고 아들 하나만 있다는 것을 알고 있었다. 그 아들 역시 결혼하지 않고 혼자 산다는 것도. 나는 회당에 갈 때마다 그들의 얼굴을 살폈다. 그들이 어떤 기분일지, 안식일 저녁은 어떻게 보낼지 궁금했다. 두 사람은 행복해 보인 적이 없었다. 적어도 내 눈에는 그렇게 보였다.

그로부터 20년이 지났지만 지금도 고향을 방문해 회당에 가면 그 두 사람을 만날 수 있다. 이제는 등이 굽은 아버지와 아들은 여전히 함께 살고 있다. 주변 사람들과 어울리지 않고 독신으로 조용히 말이다.

성인이 되어 박사 과정을 준비하기 위해 뉴욕으로 왔을 때 완전히 새로운 세상을 만난 것 같았다. 뉴욕에는 TV에서나 보았던 멋지고 아름다운 독신이 가득했다. 사람들 말처럼 뉴욕은 치열한 경쟁 속에서 모든 것이 급변하는 도시였다. 하지만 실제 삶은 생각했던 것보다 더욱더 빠르게 흘러갔다. 모든 사람이 대도시의 삶에 적응하기 위해 애쓰며 어딘가를 바쁘게 오갔고, 새로운 만남을 시작하기 무섭게 다음 만남을 찾아 떠났다. 이곳 사람들에게는 굳이 결혼이 필요해 보이지 않았다. 사실 맨해튼에서는 가족과 함께 사는 사람이 더 특별하게 여겨질 정도였다. 누군가가 "나 결혼해"라고 말하면 '이제 내 인생은 끝이야'라고 말하는 것만 같았다.

돌이켜보면 나는 참 고지식했다. 누군가를 만나면 결혼 여부를 중요하게 여겼다. 끈끈한 유대 관계로 뭉쳐 있던 어린 시절의 내 이웃들도 알고 보면 모두 행복하게 산 것은 아니다. 내 형제들을 포함해 누군가는 이혼을 했고, 누군가는 힘겹고 불행한 결혼 생활을 이어갔다. 생각해보면 후자가 더 고통스러울 것 같다. 나는 지금도 예루살렘에서 독신으로 사는 아버지와 아들을 종종 떠올린다. 그들은 정말 불행한 사람들일까? 어쩌면 가족 단위의 삶만 정상이라고 생각하는 뿌리 깊은 내 편견이 잘못된 것은 아닐까?

뉴욕 사람들이 사는 모습도 거의 비슷하다. 바쁜 삶을 사는 와중에 새로운 이성을 만나고, 또 힘겨워하며 자유를 찾아 서둘러 관계를 끝낸다. 나 역시 혼자 사는 남자이지만 우리는 어느 드라마의 제목처럼 그렇게 용감하지도, 아름답지도 않다. 우리는 매일 바쁘게 어딘가를 오간다. 무엇 때문인지도 모른 채 그저 열심히 뛰어다닌다. 어떤 면에서는 스트레스와 배고픔에 시달리는 쥐들과 신세가 비슷하다.

이제 결혼은 살면서 반드시 해야 하는 일 중 가장 마지막 순위를 차지하는 것 같다. 우리는 다양한 성적 정체성을 받아들이고, 다른 민족을 환영하고, 여러 정치적 관점을 인정한다. 하지만 배우자 없이 혼자 사는 사람은 나이가 많아질수록 편견에 맞서야 하는 사회에 살고 있다. 한 연구에서 1,000명의 학생에게 기혼자와 미혼자에 관해 떠오르는 이미지를 열거하도록 요청했다. 그 결과, 기혼자는 성숙하고, 행복하고, 친절하고, 정직하고, 다정하다는 이미지로 연상된 반면, 미혼자는 미성숙하고, 안정감 없고, 이기적이고, 불행하고, 외롭고, 심지어 못생겼다는 이미지가 주를 이루었다.[1]

이런 고정관념은 독신과 독신이 아닌 모두에게 상처가 된다. 독신들은 미혼, 이혼, 사별, 별거 등 이유와 상관없이 대놓고 고통을 받는다. 기혼자들의 사정 역시 크게 다르지 않다. 사람들은 그 고정관념 때문에 결혼이라는 중대사를 결정할 준비가 되지 않았거나 상대가 적당한 배우자인지 확신하지 못할 때도 결혼을 서둘러야 할 것 같은 압박감을 느낀다. 어떤 사람들은 힘겹게 결혼에 성공하지만 얼마 지나지 않아 자신의 선택이 잘못됐거나 혹은 성급했다는 사실을 깨닫는다. 물론 그런 상황이 되면 사람들은 이혼을 고려한다. 하지만 이혼한 사람의 70~80%가 재혼을 선택하고, 재혼한 사람이 다시 이혼할 가능성은 그보다 더 크다.[2]

나는 이 책을 통해 독신의 삶을 여러 방면에서 들여다보며 결혼과 관계없이 자신의 삶을 있는 그대로 받아들이고, 나아가 축복하는 사례를 살펴볼 것이다. 사실 독신들에 대한 부정적인 사회 인식이 너무 강해 독신들은 종종 자기 스스로를 탓한다. 이 책을 준비하는 과정에서 독신들을 인터뷰할 때 이런 말을 수없이 들었다.

"저에게 무슨 문제가 있는지 모르겠어요."

뒤에서 자세히 설명하겠지만 그런 고정관념을 마음에 담아둘지, 무시해버릴지는 그들의 행복을 결정할 만큼 중요한 문제다.

한편 어떤 사람들은 고정관념이 아니라 외로움을 견디지 못해 성급하게 결혼을 선택한다.[3] 하지만 옳지 않은 이유로 내린 선택은 좋지 않은 결과로 끝날 가능성이 크다. 연구 결과를 보면 기혼자들도 독신들만큼이나 외로움을 느낀다.[4] 그들은 외로움을 느끼는 근본적인 이유를 찾는 대신 배우자를 만나 문제를 해결하려 한다. 하지만 전문가들이 줄곧 주장하듯 외로움은 누군가를 만난다고 해서 해결되는 문제가 아니다. 스스로 해결해야 할 문제일 뿐이다.[5]

사회적인 면에서나 심리적인 면에서나 지금도 결혼을 강요하는 분위기가 강하다. 하지만 현실은 확실히 변하고 있다. 그것도 아주 빠르게. 많은 나라에서 독신 인구가 급증하고 있다.[6] 한 자료에 따르면 현재 미국에서 태어나는 신생아의 약 4분의 1은 결혼을 하지 않을 것이라 예측된다.[7] 중국에서 발표한 공식 자료를 보면 1990년에 4.9%에 불과했던 1인 가구 비율이 2010년에는 14.5%로 늘었다.[8] 유럽 주요 도시의 1인 가구 비율은 이미 50%를 넘어섰다. 스웨덴, 노르웨이, 덴마크, 독일은 독신이 전체 가구 중 약 40%를 차지한다.[9] 결혼 연령이 늦어지고 이혼이 증가하면서 결혼에 대한 인식도 점점 더 부정적으로 바뀌고 있다.[10] 독신에 대한 부정적인 시각과 고정관념도 여전히 존재하지만 독신 인구는 세계적으로 점점 더 늘어나는 추세다.

우리는 아직 사회적으로 인정받지 못한 독신 가구가 점점 늘어나는 것을 체감하고 있고, 또한 그렇게 살고자 원하며, 실제로 독신으로 살고 있기도 하다. 하지만 문화적 반감은 여전하다. 결과적으로 많은 사람이 독신이라는 대세에 속해 있으면서도 여전히 결혼에 대한 압박감을 느낀다. 그 압박감이 그들을 불행하게 한다. 대개는 독신이라는 상황 자체보다 그 압박감이 더 문제가 된다. 하지만 그 둘을 구분하기가 쉽지 않고, 아예 불가능할 때도 있다.

상황이 이렇다 보니 독신들은 인지적 부조화를 겪는다. 그들을 인터뷰해보면 많은 사람이 자신은 배우자를 찾는 중이라고 말한다. 하지만 그들을 자세히 살펴보면 실제 행동은 그렇지 않다. 그들은 기존의 문화적·사회적 가치관에 부담을 느껴 결혼을 당연히 하고 싶다고 말한다. 하지만 그들이 어떤 사람을 만나는지, 어떤 관계를 맺는지를 보면 사실은 그러고 싶지 않음을 알 수 있다. 그들은 상대가 혼자 살면 안 된다는 말을 꺼내지 못하게 하려는 듯 배우자감으로 상당히 높은 기준을 제시한다. 이처럼 시대가 변하고 결혼이라는 오랜 관습이 삐걱대고 있지만 사회는 그 사실을 계속 부인하려는 것 같다.

결혼한 사람들도 상황은 다르지 않다. 물론 어떤 사람들은 배우자와 함께 오래도록 행복하게 산다. 하지만 어떤 사람은 혼자 사는 이들을 부러워하며 결혼 생활을 끝내고 싶어 한다. 내가 알아낸 불행한 미혼자와 기혼자의 차이점은 후자에 속하는 사람들이 결혼에 대한 사회적·심리적 압박감에 빨리 굴복했다는 것이다. 한쪽은 결혼을 하지 못했다는 사회의 부정적 인식 때문에, 다른 한쪽은 독신이 늘어나는 지금의 상황을 지켜보며 모두 불행하고 힘든 삶을 산다.

이 책은 현실과 인식의 차이를 다룬다. 현실에서는 결혼이라는 관습을 포기하는 독신이 점점 늘고 있지만 사람들의 인식은 여전히 결혼에 대한 사회적·심리적 압박에 시달리는 수준에 머물러 있다. 우리는 종종 충분히 인식하지 못한 채 행동한다. 그래서 생각과 행동이 일치하지 않는다. '결혼'을 해야 한다고 생각하면서 실제로는 '혼자' 사는 것이다. 우리는 솔직한 감정과 사회 규범이 강요하는 태도 사이에서 중심을 잡지 못해 헤매고 있다.

현실과 사회적 인식이 차이 나는 이유는 여전히 많은 사람이 독신의 삶을 있는 그대로 인정하지 않기 때문이다. 많은 사람이 독신의 삶을 부정적으로 본다. 더 정확히 말하면 그렇게 살아가는 방식에 숨겨진 잠재적 가치를 보지 못한다. 따라서 이 책의 역할은 독신의 삶을 이해하고 축복하는 최근의 흐름에 숨겨진 메커니즘을 이해하고자 하는 것이다.

독신의 삶에 대해 지금보다 긍정적이고 확고한 이미지가 생기면 개인은 각자에게 가장 알맞은 삶을 자유롭게 선택할 수 있다. 물론 어떤 사람들은 계속 결혼을 선택할 것이다. 하지만 그 선택도 적당한 시기와 적절한 상황, 좀 더 편안한 분위기에서 이루어질 수 있다. 충분한 고민 끝에 결혼을 선택한 사람은 결혼 생활을 더욱 잘 이끌 수 있을 것이고, 그렇지 않은 사람은 편하게 자신의 삶을 즐길 수 있을 것이다. 우리는 행복과 안녕을 추구하기 위해 독신의 삶이 지닌 무수한 가능성을 인식함으로써 일반적인 기준에서 벗어났다는 이유로 지금까지 시험대에 올린 많은 사람을 해방시킬 필요가 있다.

사실 독신 인구 증가는 어제오늘의 이야기가 아니다. 많은 연구진이 결혼율 감소 현상을 보고했고, 정책 입안자들은 변화하는 현대 가족의 형태를 따라가기 위해 노력하고 있다.[11] 가령 덴마크 정부는 결혼과 성생활을 장려하는 광고 캠페인까지 시작했다.[12] 미국 대중 매체에서도 〈사인펠드〉, 〈섹스 앤 더 시티〉, 〈걸스〉 같은 드라마와 〈하우 투 비 싱글〉 같은 영화를 제작해 이런 변화를 다뤄왔다.

대화는 시작됐다. 하지만 이 책은 거기서 한 걸음 더 나아간다. 독신이 늘고 있는 현상 자체가 중요한 것이 아니다. 진정한 사회 변화는 현상을 논의하는 수준에 그쳐서는 일어나지 않는다. 이 책은 다음 단계, 즉 이런 추세에 동참하는 사람들이 더 나은 삶을 누리게 하는 원리에 관심을 둔다.

이 책은 다음과 같은 질문에 대한 답을 찾고자 한다. 독신들은 홀로 나이 드는 두려움을 어떻게 효과적으로 극복할 수 있을까? 차별은 어떻게 대처해야 할까? 독신들이 행복하려면 기혼자들과 비교해 어떤 사회적 활동들이 필요할까? 개인주의와 탈물질주의에 근거한 가치는 독신의 생활 방식을 이해하는 데 어떤 도움이 될까? 개인의 선택에 따른 독신과 이혼이나 사별로 인한 독신은 삶의 만족도를 높이는 방법에 있어서 기혼자와 어떻게 다를까? 정책 입안자는 증가하는 독신 인구를 어떻게 만족시키고 그들의 복지 수준을 높일 수 있을까?

이런 질문은 최근까지도 연구자들에게 외면받았고, 독신에 관한 학문적 연구에서는 대부분 처음 다루어진다. 지금까지의 연구는 주로 결혼율과 출산율의 감소, 이혼율의 증가, 그리고 독신이라는 현상 자체를 관찰하고 평가하는 데만 초점을 맞춰왔다. 그와 동시에 대중 매체와 자기 계발 산업은 독신에 관한 종합적인 연구 없이 외로움을 덜어내는 방법에만 집착했다. 따라서 이 책은 사실 묘사 수준의 질문을 뛰어넘어 독신이 사회적 편견을 극복하고 일상에서 행복하게 사는 법을 질문하여 현재 나와 있는 문헌의 범위를 확장한다. 그리고 대중 매체와 자기 계발 산업에 널리 퍼진 독신에 관한 공통적인 담론을 지지하거나 거부하는 증거들을 찾는다.

더 야심 찬 목표가 있다면 이 책을 계기로 각 개인이 새로운 현실, 즉 인류가 좀 더 진화된 방식으로 사회와 가족을 조직하고 있는 현실을 생각해보는 시간을 가졌으면 한다. 나는 독신이 행복해지는 시대의 발판을 마련하고자 증가하는 독신 인구의 특수한 요구를 분석하고 혁신적인 생활 방식과 커뮤니티, 사회적 교류 등 몇 가지 조언을 제안한다.

　지금까지 독신들이 침묵을 지키는 소수였다면, 앞으로는 당당히 자기 목소리를 내는 다수가 될 것이다. 전 세계 여러 대도시에서 독신자 주택의 임대료 인상, 동거인의 불명확한 법적 지위, 한부모 가정의 빈곤 문제, 이혼 관련 세금 등의 문제로 공개 시위가 일고 있다. 가령 도쿄에서는 '주택 민주화를 위한 요구'라는 단체에서 정부의 임대료 인하를 촉구하며 시위를 벌였다. 그들이 〈재팬타임스〉에 전한 바에 따르면 수도의 공공 주택에 들어갈 확률은 가족이 있을 때는 20명 중 1명이지만, 혼자 사는 사람은 57명 중 1명꼴이다. 그리고 정부가 말하는 독신이란 은퇴한 경우만을 말한다. 따라서 혼자 사는 젊은 독신은 아무리 가난해도 공공 주택에 들어갈 가망이 없다.[13] 이런 시위가 일어난다는 것은 독신 인구의 행복과 복지에 도움이 되는 요인들에 대한 논의가 점점 중요해지고 시급해지고 있음을 의미한다. 정책 입안자는 그들의 요구에 귀를 기울여 해결 방법을 모색해야 한다.

　따라서 이 책은 실제적 조치를 요구하는 책이기도 하다. 독신 인구가 사회적으로 혜택받지 못하는 소수라고 생각해본 적 없는 연구원과 정책 입안자에게 점점 늘고 있는 독신 인구와 그들이 부딪히는 수많은 어려움에 좀 더 주의를 기울여주기를 당부한다.[14] 이제 그들이 관심을 받을 차례다. 그들이 원하는 것이 무엇인지, 어떤 생활 방식과 주거 형태가 필요한지 관심을 가져야 한다. 나는 그 부분에 집중하여 이 책을 썼다. 이제 막 잠에서 깨어난 거인인 그들에게 이 책이 조금이나마 도움이 되기를 바란다.

이 책에 사용한 연구 방법

...

이 책에 제시한 연구 결과와 관점은 기존 문헌을 포함해 새로운 양적, 질적 연구를 철저히 분석한 결과를 토대로 나왔다. 양적 연구 면에서 보면 고급 통계 모델을 사용해 30개국 이상을 대상으로 추출한 대표 데이터베이스를 분석했고, 거기서 나온 데이터를 활용해 '오늘날 독신은 어떻게 행복해질 수 있을까?'라는 질문에 답하고자 하였다('행복'에 대한 정의는 잠시 후에 다시 살펴볼 것이다). 나는 여러 조사 기구에서 수십만 명을 설문 조사한 통합 데이터베이스를 토대로 다층 모형을 적용해 자료로 활용했다. 이용한 조사 기구는 유럽사회조사European Social Survey, 미국커뮤니티조사American Community Survey, 미국통계국 US Census Bureau, 세계은행World Bank, 국제연합United Nations, 경제협력개발기구Organization for Economic Cooperation and Development 등이다. 이곳의 통계 자료는 독신 인구의 현 추세를 정확하게 보여준다. 나는 일반 독자와 전문가가 모두 쉽게 이해할 수 있도록 지도, 차트, 예시 등의 형태로 자료들을 제시할 것이다.

질적 연구 면에서 보면 미국과 유럽 여러 나라에 거주하는 142명의 독신을 대상으로 인터뷰를 시행했다. 매우 숙달된 연구팀의 도움을 받아 여러 지역에 거주하는 남녀노소, 동성애자, 비동성애자, 도시 거주인, 도시 외곽 거주인 등 각기 다른 사회적·경제적·인종적 배경의 사람들을 만났다. 인터뷰 대상자의 평균 연령은 43.9세로, 가장 나이가 많은 사람은 78세, 가장 나이가 적은 사람은 30세였다. 인터뷰 대상자 중 여성이 56%였고, 응답자들이 신고한 소득 수준은 10점 만점을 기준으로 평균 4.7점이었다. 인터뷰한 사람들의 이름은 가명을 사용했고, 인터뷰 기록은 모두 전사해서 사용했다. 연구 문제와 관련된 주요 주제는 체계적으로 분류해 작업했다.[15] 질문은 중립적인 기조가 유지되도록 독신으로 사는 이유와 장단점에 관해 특정 결론을 유도하는 질문은 피했다.

독신에 관한 400개 이상의 블로그 글과 300개 이상의 신문·잡지 기사, 수천 개의 인터넷 댓글과 페이스북 글을 분석하여 인터뷰 자료를 보완했다. 독신들이 작성한 블로그 글을 식별할 때는 '눈덩이표본 추출법snowball sampling'을 사용했다. 이는 알려진 모집단이 없어 무작위 표본을 뽑지 못할 때 주로 사용하는 방법이다. 또한 독신에 관한 블로그와 같이 일정한 특징이 있는 표본은 따로 모아서 사용했다.

글을 쓴 사람들은 나이와 성별, 주거지를 구분하고자 사용자 프로필을 조사했다. 대부분은 쉽게 파악할 수 있었지만 때로는 여러 글들을 조사해서 찾아야 했다. 독신들이 쓴 글의 내용은 주제별로 분석했다. 분석한 내용은 신뢰도 확보를 위해 전문 인력의 도움을 받아 코드화했다. 마지막 단계에서는 이렇게 분석한 자료에 학술 자료와 독신과 관련된 신문·잡지 기사를 보충해 최신 정보로 관련 사실을 뒷받침했다. 모든 질적 데이터용 코딩 체계는 근거이론 접근법과 유사한 상향식 방법을 사용했다.[16]

이 책에 사용한 용어 정의

...

연구의 목적상 독신은 세 가지 유형, 즉 이혼, 사별, 미혼의 경우로 나누어 설명한다. 통계 자료는 30세를 기준으로 삼았다. 인터뷰, 블로그 글도 같은 기준을 적용했다. 30세를 기준으로 정한 이유는 일반적으로 30세면 초혼 연령대가 지났을 때이므로 결혼에 대한 사회적 압박과 결혼하지 않은 데 따른 결과들을 경험했을 것이라 생각했기 때문이다. 그보다 젊은 사람은 인생의 전환기를 보내는 경우가 많아 결혼에 대해 깊이 생각해보지 않았을 것이라 판단했다.[17]

인구의 약 10%로 추정되는 동거인들은 따로 분류했다.[18] 이 책에서 그들은 독신이 아니라 중간 형태로 간주한다. 동거는 미국, 호주, 캐나다, 유럽 등 여러 나라에서 법적으로 사실혼으로 인정하고 있어 결혼과 유사한 권리가 제공되므로 결혼에 좀 더 가깝다.[19] 하지만 일정 부분 결혼 제도에 대한 불만과 환멸에서 나온 형태이기도 해서 독신에 가깝다고도 할 수 있다.[20] 많은 남녀가 결혼에 따른 책임감, 이혼에 따른 부담감을 피하고자 결혼 대신 동거 형태로 산다.[21] 어떤 면에서 그들은 독신 인구 증가에 직접적인 영향을 미친다. 동거 관계는 결혼과 비교해 덜 안정적이고 덜 오래 지속되며, 나이와 소득, 자녀 수에 상관없이 관계가 끝날 가능성이 크다.[22] 따라서 동거를 전후로 독신이 될 사람이 더 많아질 것이라 예측할 수 있다. 동거에 관한 이런 복잡한 특성을 이해해주기 바라며 이 책에서는 가능한 한 독신과 분리해서 분석했다.

독신들은 대개 많은 어려움을 비슷하게 겪지만 사회적 상황이나 가족 환경의 미묘한 차이로 그 어려움이 영향을 미치는 정도는 개인마다 다르다. 그런 의미에서 특히 자녀가 중요한 역할을 한다. 가령 도움을 주는 자녀나 손주가 가까이에 있는 독신은 그렇지 않은 독신과 비교하면 생활 방식에서 차이가 있다. 따라서 모든 통계 분석에서 자녀가 있는 사람은 특별 변수를 적용해 분석했다. 또한 과거에 동거 경험이 있는 사람과 없는 사람을 구분했다. 인터뷰 응답자들은 인터뷰하는 동안 대개 자신의 상태를 자세히 언급해 이런 구분이 어렵지 않았다. 이에 대한 정보는 필요한 경우 책에 따로 표기했다.

물론 신중하게 다루어야 하는 하위 집단도 많았다. 예를 들면 한 사람과 진지한 관계에 있으면서 혼자 사는 사람도 있었고, 자유롭게 여러 상대를 만나는 독신도 있었다. 일부 통계 작업에서는 그들을 구별하기가 쉽지 않았다. 그런 의미에서 질적 자료는 이런 세부적인 사항들이 구별되므로 관련 문제들을 이해할 때 중요한 보완 자료가 될 것이다.

혼자 사는 형태도 따져보면 독신, 미혼, 단순히 혼자 사는 사람 등 여러 종류가 있다. 이들 사이에는 공통점도 있지만 미묘한 차이점도 있다. 독신 문제를 다루는 연구 기관은 연구 목적이 무엇인지, 어떤 자료를 이용할 수 있는지에 따라 독신을 다르게 정의한다. 예를 들어 인구 통계와 관련해 많은 대형 데이터 세트에서 1인 가구는 특히 주의해서 다룬다. 1인 가구 형태로 사는 사람은 독신인 경우가 많지만 항상 그렇지는 않다. 인도처럼 인구이동률이 높은 개발도상국에서는 가족 중 한 사람, 대개는 남편이 일 때문에 다른 지역에 살면서 가족에게 돈을 보내주는 경우가 많다.[23] 따라서 나는 1인 가구에 관한 정보를 제공할 때 명시적인 언급은 특히 주의했다.

　이와는 별개로 '행복'은 이 책의 핵심 주제이므로 먼저 간략하게 논의하고 정의할 필요가 있다. 이 책에서 말하는 행복은 '사람들이 자신의 삶을 긍정적으로 생각하는 정도'다.[24] 이는 많은 문화권과 철학자들이 '행복'을 도덕적 가치와 사회적 헌신, 심지어 불교에서 말하는 초월적인 해탈과 결부해 생각하는 것에 비하면 상당히 소박한 정의다.[25] 하지만 나는 많은 연구에서 인정하고 여러 문화적 해석을 통합한다고 알려진 환원주의적 정의를 고수한다.[26] 가령 한 연구는 150년 동안 30개국을 대상으로 '행복'의 사전적 정의를 비교해 시간적·문화적 요인을 동시에 설명하며, 행복의 정의로 가장 널리 공유되는 것은 '감사하는 마음을 가지는 것과 좋은 외부 환경을 경험하는 것'이라고 했다.[27]

　당연히 '행복'에 대한 해석은 다양할 수 있다. 그리고 '얼마나 행복한가?'라는 질문에 대한 누군가의 답변이 정확히 무엇을 의미하는가는 알 수 없다. 답변하는 사람이 속한 문화나 나이대에 따라 '행복'이라는 단어에 부여되는 의미도 다를 수 있다. 가령 여러 연구 결과를 보면 젊은 사람들은 행복을 흥분과 연관 짓는 반면, 나이가 많은 사람들은 평온함과 연결 지어 생각한다.[28]

이러한 어려움을 해결하고자 이 책에서는 폭넓은 연령대와 지역에 걸쳐 광범위한 표본을 추출하고, 문화·사회·개인차는 물론이고 나라별 평균 행복도를 확인했다. 대규모 데이터베이스가 가진 장점은 일반적으로 이상값(자료 분석의 적절성을 위협하는 변숫값-옮긴이)을 서로 상쇄시킨다는 것이다. 따라서 조사 결과 나온 답변들은 넓은 의미에서 여전히 연구 가치가 있다.[29] 비록 완벽하지는 않지만 종합적인 면에서 보면 이 연구는 유럽사회조사 같은 조사 기구에서 쓰인 질문이 충분히 유용하다고 가정한다. 그런 조사들은 까다로운 통계적 검증을 거쳤을 뿐 아니라 다층 분석을 적용해 다양한 문화에 기초한 일반화된 결론을 제공한다. 나는 주제와 관련한 연구 논문에서 더 자세하고 엄격한 분석을 통해 이 문제를 더욱 깊이 파헤쳤다. 이 분야에 관심 있는 사람들은 이 책에 제시된 결론과 관련해 해당 논문에서 더 많은 정보를 찾을 수 있을 것이다.

정책 입안자와 연구 기관은 '어떻게 해야 모든 개인이 행복할 수 있을까'를 질문하지 않은 결과, 인구 전반의 복지를 개선할 큰 기회를 놓치고 있다는 점을 인정해야 한다.[30] 특히 초기 긍정심리학은 행복 추구에만 집중하고 개인적·대중적 수준의 부정적 요소를 피함으로써 전통적 접근법만 재구성했다.[31] 따라서 이 책을 읽는 독자들은 지금까지 언급한 정의를 실제적이고 유용하며 응용 가능한 분석 도구로 활용해 이 책에 제시된 결론이 각자에게 어떤 의미가 있는지 고민해보는 계기가 되기를 바란다.

...

Contents

1

독신의 시대

중국의 유명한 기념일 광군제光棍節, 또 다른 말로 싱글데이Singles' Day 가 되면 속옷만 입고, 혹은 그보다 더 가벼운 차림으로 강물에 뛰어드는 남자들과 웨딩드레스를 입고 도시 한복판을 뛰어다니는 여자들을 볼 수 있다. 이 하루 동안 독신 남녀는 쇼핑을 하고 축제를 즐기며 독신임을 자축한다. 1993년, 중국의 대도시 중 하나인 난징의 여러 대학에서 독신들이 모여 파티를 즐기며 시작된 이 기념일은 세계 최대 온라인 쇼핑 행사가 열리는 날이자 현대 중국 사회를 대표하는 문화적 상징이 되었다.[1]

11월 11일이 이날로 선택된 것은 숫자 1이 싱글을 상징하기 때문이다. 다른 나라에서는 싱글데이라는 이름으로 유명하지만 중국에서는 숫자 1이 막대와 닮았다 하여 '막대 페스티벌bare stick holiday'이라고 부르기도 한다. 싱글데이는 밸런타인데이의 반대되는 날로 시작해 독신을 기념하는 날로 자리매김하면서 엄청난 성공을 거두고 있다. 중국

최대 온라인 쇼핑몰인 알리바바는 2017년 싱글데이 하루 동안 250억 달러 이상의 매출을 올렸다. 이는 같은 해 미국에서 온라인 쇼핑이 가장 많이 이루어지는 날인 사이버 먼데이Cyber Monday에 거두어들인 수익의 4배 이상이다. [2]

미국의 독신 비율이 더 높은 점을 고려하면 중국에서 이런 축제가 먼저 시작된 것이 조금 놀랍다. 하지만 미국도 이런 분위기에 곧 합류하여 2013년 1월 11일부터 내셔널 싱글데이National Single's Day를 기념했다. 이때도 숫자 1이 독신을 상징하는 의미로 힘을 발휘했다. 미국의 싱글데이는 오하이오 주의 벅아이싱글위원회Buckeye Singles' Council에서 1980년대부터 기념한 '싱글 주간National Single's Week'에 맞춰 2017년부터는 9월로 옮겨졌다. 미국의 싱글데이를 만든 캐런 리드Karen Reed는 《싱귤러매거진》과 나눈 인터뷰에서 이렇게 말했다.

"미국의 싱글데이가 시작된 계기는 사실 중국입니다. (…) 저도 싱글을 위한 새로운 기념일이 필요하다고 느끼고 있었죠. 최근 몇 년 동안 세상이 너무 많이 변했으니까요. 21세기 싱글들은 새로운 종족입니다. 오늘날 그들은 활기가 넘치고 다양한 인구로 구성된 무시할 수 없는 존재들이죠. (…) 싱글을 정의하는 것은 상당히 까다롭습니다. 자신이 선택해서 싱글로 사는 사람도 있지만, 환경에 의해서 그렇게 사는 사람도 있죠. 법적인 의미인지, 비유적으로 쓰이는 말인지도 달라요. 계속 싱글로 사는 사람이 있는가 하면, 일정 기간만 그렇게 사는 사람도 있죠. 이제 그들은 감당하기 버거운 집단이 되었어요. 하지만 때로는 해결할 수 없는 거대한 문제에 접근하는 가장 좋은 방법은 세

부적인 것들을 무시하고 일단 부딪혀보는 것입니다. 한목소리로 외치는 거죠. '우리가 여기 있다!'라고 존재를 알리는 겁니다. 그리고 반복해야 하죠."[3]

불과 몇 십 년 전까지만 해도 싱글을 위한 축제는 상상하기 힘들었다. 하지만 결혼 제도가 큰 변화를 맞으면서 현대 사회의 모습도 바뀌고 있다. 중국의 싱글데이는 어느 날 갑자기 탄생한 것이 아니다. 중국은 농업 사회에서 도시 사회로 탈바꿈하는 동안 1947년까지만 해도 가구당 평균 가족 수가 5.4명이었으나 2005년에는 3.1명으로 급격히 줄었다.[4] 과거의 중국 청년들은 주로 시골에서 친척들과 모여 살며 농사일을 도왔다. 하지만 이제는 완전히 다른 환경에서 생활한다. 지금은 많은 사람이 스모그가 가득한 대도시의 작은 아파트에 살며 늦은 밤까지 대기업 공장에서 일한다. 실제로 중국인 1인 가구는 1982년에 1,700만 가구 정도였으나 2014년에는 6,000만 가구 이상으로 급증했다. 하지만 같은 기간 중국인 전체 인구는 40% 증가에 그쳤다.[5]

뮌헨, 프랑크푸르트, 파리 등 유럽 주요 도시는 전체 가구의 절반 이상이 독신 가구다.[6] 미국은 1950년만 해도 성인의 22%가 독신이었지만, 오늘날은 50% 이상으로 훌쩍 치솟았고,[7] 현재 태어나는 4명의 아기 중 1명은 결혼을 하지 않을 것이라 예측된다.[8] 또한 이제 선진국에서는 아이를 낳고 결혼하는 사람이 점점 많아지고 있다. 1960년대 초에는 부모와 함께 사는 미국 아동의 비율이 87%였지만 2015년에는 69%로 감소했다.[9]

아마 일본은 독신 인구 증가 면에서 보면 세계에서 가장 앞선 국가일 것이다. 일본 인구 및 사회보장 국립연구소Japanese National Institute of Population and Social Security Research가 발표한 최근 조사에 따르면, 2015년 기준 30세 미만 일본인 청년 중 3분의 1이 데이트 경험이 없었고, 40% 이상은 성 경험도 없었다. 게다가 18~30세 독신 인구 중 여성의 약 60%, 남성의 70%가 진지하게 만나는 이성이 없었다. 이는 2010년에 실시한 조사 때보다 약 10%, 2005년 조사 때보다 20%나 상승한 수치다. 사실 남성의 30%, 여성의 26%는 연애할 생각도 없다고 밝혔다. [10]

일본의 인기 작가 마키 후카사와Maki Fukasawa는 연애에 관심이 없는 남성을 가리켜 '소쇼쿠 단시sôshoku danshi', 즉 '초식남herbivore men'이라는 신조어를 만들었다. 일본어의 특성상 초식남이라고 표현하면 연애 자체에 아예 관심이 없다는 의미도 된다. 이런 현상은 한때 놀라울 정도로 왕성한 기운을 자랑하던 일본이 제2차 세계대전 이후 점점 무기력해지고, 심지어 남성성이 무너지고 있다는 의미로도 해석된다.[11] 특히 '소쇼쿠 단시'는 일본에서 2009년 '올해의 유행어' 대회 후보로 선정되고, 2010년에는 표준어로 사전에 등재되기까지 했다.[12] 유행어는 대개 수명이 짧다고 하지만 이 단어는 20~30대 일본인 독신 남성의 75%가 자신을 초식남이라고 생각할 정도로 사람들 사이에 완전히 자리매김했다.[13]

특히 이런 추세는 선진국을 중심으로 급속히 확산되고 있다. 나중에 더 자세히 살펴보겠지만 사실 선진국은 독신 인구를 증가시킨 주요 원인이 다른 지역보다 상당히 일찍 시작되었다. 개인주의, 대규모 도시화, 수명 증가, 통신 혁명, 여권신장운동 등과 같은 과정이 모두

1. 독신의 시대 **29**

19세기 후반에서 20세기 초반 선진국에서 먼저 자리를 잡았다. 미국에서는 1950년대에 이 추세가 잠시 주춤한 시기가 있었다. 즉 제2차 세계대전이 끝난 후 도시 외곽이 발달하고 결혼율과 출생률이 잠시 증가한 '황금기'가 있었다.[14] 하지만 1970년대 이후 소비문화와 자본주의를 바탕으로 개인주의가 확산되면서 미국과 유럽 등 선진국을 중심으로 독신들을 위한 생활 방식이 다시 활기를 띠며 결혼 제도와 점점 멀어지는 새로운 가족 문화가 만들어졌다.[15] UN의 최근 자료로 만들어진 다음 지도는 전 세계 독신 인구의 비율을 잘 보여준다.

물론 독신 증가 현상은 선진국에서 가장 뚜렷하게 나타났다. 하지만 세계적으로도 확산되는 추세다. 지난 수십 년간 남아메리카, 중동, 아프리카에서 독신 인구가 증가했고,[16] 인도, 한국, 베트남, 파키스탄, 방글라데시, 말레이시아를 포함한 아시아 여러 국가에서도 결혼 시

◇ 2010~2014년 30~34세 독신 비율

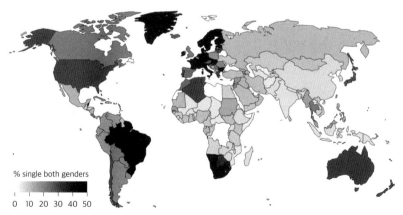

% single both genders

0 10 20 30 40 50

출처: UN 경제사회국 인구과

기가 늘어지고 이혼율이 증가했다. 가장 중요한 것은 혼자 사는 형태의 인구 비율이 점점 증가한다는 것이다.[17] 실제로 오늘날 독신은 많은 나라에서 가장 빠르게 증가하고 있는 인구 형태다.[18] 따라서 2030년 무렵이면 전 세계 독신 비율이 20%까지 도달할 것이라는 어느 예측 자료도 그다지 놀랍지 않다.[19]

더 강력한 사례를 들자면 중동에 있는 보수 사회, 초보수 사회에서도 이런 현상이 나타나고 있다. 가령 이란은 독신 가구와 관련해 전례 없는 변화를 겪고 있다. 전통적으로 이란은 남녀 관계가 종교적·문화적 기대치에 큰 영향을 받았다. 그들은 법적으로나 사회 구조상 빨리 결혼해야 하고, 배우자와 평생 함께 살아야 하며, 이혼이 허용되지 않는다. 그러나 인구 통계를 살펴보면 이란은 지난 30년 동안 거시적·미시적으로 상당한 사회 변화를 겪었다. 출산율만 해도 1986년에 여성 1명당 7명에서 2000년에는 2.1명으로 전례 없는 감소세가 나타났다.[20] 이는 피임 사용을 장려한 정부의 정책 탓도 있지만 통계 분석 결과를 보면 피임에 대한 인식 변화 및 접근성이 미친 영향이 61%, 결혼 패턴의 변화로 인한 영향이 31%였다.[21] 특히 이란의 젊은 여성들은 결혼을 더 늦게 하고, 이혼을 더 많이 하며, 아이를 빨리 낳지 않고 아예 결혼하지 않는 비율도 늘고 있다.

보수 국가에서 독신 인구가 증가한 또 다른 이례적인 사례로 아랍에미리트를 들 수 있다. 2014년 자료를 보면 30세 이상 여성의 60%가 미혼이다. 또한 20년 전만 해도 20%에 불과했던 이혼율이 40%로 늘었다.[22] 결혼을 늦게 하거나 아예 기피하는 현상은 그곳 남성들이 어마어마한 지참금을 써 결혼해야 하는 풍습을 꺼려 외국에서 신부를 구하거나 아예 결혼하지 않기로 결심한 1980년대부터 시작됐다.[23] 정부는 결혼을 미루거나 국제결혼이 늘어나는 현상을 막고자 국내 결혼을 장려하는 기금까지 만들었다. 이제 아랍에미리트에서 국내 결혼을 하면 정부에서 보조금을 지원받고, 아이가 태어나면 혜택을 더 받는다. 게다가 정부는 결혼 중매와 결혼식에도 정부 자금을 들이고 있다. 다음 글은 아랍에미리트 정부의 공식 웹 사이트에서 가져왔다.

> 정부는 UAE 남성이 UAE 여성과 결혼하도록 장려함으로써 안정적이고 통합된 UAE 가족을 만들고 유지하며, 나아가 UAE의 사회 및 인구 구조를 공고히 하고자 한다. 이와 관련하여 정부는 1992년에 만들어진 연방법 제47호에 따라 결혼 기금을 설립하고, 초대 대통령 고故 셰이크 자이드 빈 술탄 알 나흐얀Sheikh Zayed bin Sultan Al Nahyan이 세운 사회 정책을 보완하여 완성했다. (⋯) 결혼 기금 외에도 각 연방국은 중매, 결혼식을 위한 지역 주민센터와 집회 장소, 결혼 전후 상담 등의 서비스를 제공하는 단체를 지원한다.[24]

이 프로그램이 시행되고 첫 10년 동안 32,000가구가 보조금 혜택을 받았다. 하지만 결혼 통계를 살펴보면 이 법안이 독신 인구 증가를 효과적으로 막지는 못했다. 실제로 이런 현상은 중동 전역의 아랍과 이슬람 국가, 북아프리카에서도 똑같이 나타나고 있다. 바레인, 사우디아라비아, 카타르에서도 유사한 프로젝트와 정책이 시행되고 있지

만 독신 인구 증가 추세는 막지 못하고 있다.[25]

이처럼 거의 모든 지역에서 결혼을 미루거나, 혼자 살거나, 혼자 살기로 선택한 사람들이 늘고 있다. 독신들이 행복해지는 방법을 알아내려면 무엇보다 이런 인구 변화 뒤에 숨겨진 원인과 상황적 요인을 이해하는 것이 필요하므로 지금부터 이 문제를 자세히 논의하겠다. 그러나 원한다면 독신이 행복하게 사는 법을 논의하는 2장으로 바로 넘어가도 괜찮다.

왜 우리는 이제 결혼을 꿈꾸지 않는가

...

우리가 사는 현재는 거대한 빙산의 아주 작은 일부에 지나지 않는다. 오랜 세월에 걸쳐 인류가 살아온 생활 방식을 보면 세 가지 기본 계층이 존재한다. 그것은 바로 핵가족과 대가족, 그리고 그 가족 단위를 바탕으로 이루어진 지역 공동체다.

그동안 가족은 사회의 기본 구성 요소로서 확실한 지위를 부여받았다. 따라서 새로운 가족의 출발점인 결혼도 언제나 사람들의 관심을 한 몸에 받았다. 오늘날 지역 당국과 정부가 개인의 복지와 건강, 교육, 주거에 관한 책임을 맡고 있다면 과거에는 가족이 그 책임을 맡았다. 개인은 자신이 속한 가족과 분리될 수 없었다. 그래서 개인의 직업도 가족의 역사와 그 공동체 안에서 맡은 역할과 관련이 많았다. 따라서 개인이 이 역할에서 벗어나면 내부 균형이 깨지고 문제가 생

길 가능성이 컸다.[26]

하지만 산업혁명이 시작되고 현대 복지 국가가 출현하면서 이 구조가 크게 달라졌다. 한때는 가족의 역할이 개인의 안녕에 필요한 중요한 임무를 맡았지만 이 역할은 점차 국가와 시장의 손에 넘겨졌다. 가족이 생존에 필수적인 역할을 하지 않게 되면서 가족과 결혼에 영향을 주는 일련의 변화가 형성되기 시작했다.

이 책에서는 결혼 문화가 변화하는 근본 메커니즘을 열 가지 관점에서 살펴본다. (1) 인구통계학적 변화, (2) 여성의 역할 변화, (3) 이혼에 따른 위험 회피, (4) 경제적 요인, (5) 소비주의와 자본주의적 요인, (6) 교육, (7) 종교적 변화, (8) 대중문화와 언론, (9) 도시화, (10) 이민이 바로 그것이다. 이것들은 완전하지도, 독립적이지도 않다. 오히려 서로 영향을 주고받는 관계다. 하지만 이런 요인들이 동시에 작용하면 독신 증가 추세가 더 뚜렷해지고, 어쩌면 막을 수 없는 현실이 될 수도 있다. 실제로 현실에서도 이런 현상이 매우 강력하게 나타나고 있다. 따라서 이제 우리는 이런 현실을 직시하고 자연스러운 현상으로 받아들여 독신들이 행복해지는 시대를 맞이하기 위해 새로운 길을 모색할 필요가 있다.

인구통계학적 변화

인구통계학적 구성에 나타난 최근 변화는 독신 인구 증가를 이끈 주요 원동력 중 하나다. 그중 한 가지 중요한 변화는 세계적인 출산율 급감 현상과 관련된다. OECD의 발표 자료에 따르면 출산율 감소세를 보여주는 대표적인 사례로 멕시코와 인도네시아, 터키를 들 수 있다. 멕시코에서는 1970년에 여성 1명당 6.6명의 아이를 낳았지만, 2016년에는 2.2명으로 줄었고, 같은 기간 인도네시아에서는 5.4명에서 2.4명으로, 터키에서는 5명에서 2.1명으로 줄었다.[27]

이런 변화는 서구 사회에서 훨씬 일찍 시작되었다. 1970~1980년 동안 많은 서유럽 국가의 출산율이 인구 대체율(현재 수준의 인구를 유지하기 위한 출산율-옮긴이)에 크게 못 미쳤다.[28] 이제 이 수치는 전례를 찾아보기 힘들 정도로 낮아져 스페인은 1.3명, 이탈리아와 독일, 오스트리아는 1.4명, 캐나다는 1.6명, 네덜란드와 덴마크는 1.7명, 미국과 영국, 호주는 1.8명이다.[29]

일단 출산율이 낮아지면 독신 인구를 더욱 증가하게 만드는 몇 가지 과정이 촉진된다. 첫째, 아이를 적게 낳는 환경이 형성되면 결혼 시기가 더 늦어질 수 있다. 즉 아이를 한두 명만 낳아도 되면 출산 시기를 늦추는 데 따른 부담이 덜하다.[30] 둘째, 아이가 적으면 이혼에 따르는 부담감이 적다.[31] 셋째, 이혼 후 재혼을 고려할 필요가 줄어든다. 혼자 1~2명의 아이를 키우는 것은 5~6명을 키우는 것보다는 덜 힘들기 때문이다.[32] 넷째, 같은 환경이 대물림된다. 가족 수가 적은 환경에서 자라면 그와 비슷하거나 그보다 더 적은 수의 가족 단위로 살 확률이 크다.[33]

독신 인구 증가에 영향을 주는 또 다른 인구통계학적 변화는 기대 수명의 증가다. 기대 수명이 늘면 특히 노인들의 경우, 혼자 사는 기간이 더 길어질 수 있다.[34] 현대 의학의 발달로 평균 수명이 크게 늘었다. 특히 선진국이 그렇다. 1940년대 미국 사회는 65세 이상 인구 비율이 약 11%였으나 1970년대에 이르러 약 17%로 상승했고, 2010년 추정치는 21%에 달한다.[35] 최근 OECD의 통계에 따르면 회원국 신생아의 기대 수명은 약 80세.[36] 기대 수명이 늘면 이혼이나 사별 후에 혼자 살아야 하는 기간도 잠재적으로 길어진다.[37] 유럽의 건강노화퇴직조사Survey of Health, Ageing and Retirement in Europe에서 발표한 데이터를 보면 2015년 기준, 75세 이상 유럽인의 57%가 배우자와 사별했다.[38] 또한 미국에서는 50세 이상 인구 중 2010년에 이혼한 사람은 1990년보다 두 배 이상 많았다.[39]

개발도상국 역시 기대 수명 증가에 따른 고령 인구 증가, 따라서 독신 인구 증가가 예상된다. 가령 중국은 평균 수명이 1990년 기준 68.5세에서 2010년 기준 74.8세로 늘어난 이후 노인층의 독신 비율이 크게 늘었다.[40] 더욱이 혼자 사는 노인들이 물리적·경제적·사회적으로 겪는 어려움은 젊은 세대에게 부담으로 작용한다.[41] 젊은 사람들은 노인 인구를 책임져야 하는 상황을 피하기 위해 결혼을 더 미룰 수도 있다. 특히 중국은 한 자녀 정책 때문에 노인층과 청년층의 불균형이 매우 심해 이것이 더욱 문제가 된다.[42]

어떤 지역에서는 성비 불균형 문제도 독신 인구 증가에 영향을 미친다. 성비 불균형이 심하면 잠재적 배우자 대상이 줄어 독신 비율이 더 높아질 수 있다. 가령 인도의 일부 지역에서는 남성 100명당 여성 인구가 62명일 정도로, 여성 비율이 매우 낮다.[43] 심지어 인도에서 가장 부유하고 발달한 지역 중 하나인 북인도의 하리아나 주도 남성 100

명당 모든 연령대의 여성이 88명일 정도로, 성비 불균형이 심각하다. 상황이 이렇다 보니 일부 젊은 남성은 신붓감을 찾으려고 해도 찾을 수가 없다. 실제로 2015년에 한 지방의회는 같은 지역 내 결혼을 장려하고자 다른 카스트 계급과의 결혼을 금지하는 법을 완화했다. 이는 전통을 중시하는 인도에서 상당히 이례적인 조치라 할 수 있다.[44]

오늘날 성비 불균형은 주로 세 가지 시나리오에서 발생한다. 첫째, 남자아이를 선호하는 경향으로 인해 중국, 한국, 인도 및 전 세계 일부 지역 사회에서 성비 불균형이 초래됐다.[45] 둘째, 특정 지역에서 일어나는 국외 이주 현상이 성비 불균형을 일으켰다. 예를 들어 유럽통계청에서 발표한 2016년 자료를 보면 유럽 망명 신청자 중 14~34세의 75%, 35~64세의 60%가 남성이다.[46] 그 남성들이 문화 장벽과 언어 장벽을 극복하지 못한다면 적어도 그들이 사는 공동체 안에서는 배우자에 대한 선택이 제한될 수밖에 없다. 셋째, 대도시 이주 현상도 원인이 된다. 미국의 윌리엄스 연구소Williams Institute는 대학 교육을 받은 여성과 동성애자 남성이 대도시에 매우 집중적으로 나타난다고 보고했다.[47] 맨해튼에서는 대학 교육을 받은 독신 남성보다 독신 여성이 약 32% 많다. 게다가 맨해튼에 사는 남성 중 9~12%가 게이라고 밝혔고, 여성 중 1~2%가 레즈비언이라고 밝혔다. 이렇게 되면 여성들로서는 배우자를 만날 기회가 줄어든다.

이처럼 최근 나타난 인구통계학적 변화 때문에 결혼 제도의 근간이 흔들리고 있다. 많은 연구진이 출산율 감소나 기대 수명 증가 같은 현상은 되돌릴 수 없다고 보고, 앞으로도 계속될 것이라 전망한다.[48]

성비 불균형 문제는 이민자 통합 정책이나 중국의 한 자녀 정책 파기처럼 정부 조치가 시행되면 일시적인 현상이 될 수 있다. 하지만 이 모든 현상이 뒤섞여 가족의 형성 방식이 해체되고 있다는 사실은 바뀌지 않을 것이다.

여성의 역할 변화

독신 인구가 많아진 또 다른 이유는 20세기 동안 여성의 역할이 근본적으로 변화했기 때문이다.[49] 특히 서양 사회를 중심으로 성 평등 사회가 발달하면서 여성에게 결혼과 출산의 의무를 덜 강조하는 대신, 학문적이고 전문적인 면에서 발전할 기회를 제공했다. 과거에는 여성이 남성에게 경제적으로 의존해야 했기 때문에 결혼에 관한 한 선택의 폭이 넓지 않았다. 자신과 아이들을 부양할 수 없었던 여성들은 생존을 보장받으려면 가족 단위로 살 수밖에 없었다.[50] 하지만 오늘날은, 특히 서양의 노동 시장을 중심으로 성 평등 문화가 발달하면서 여성이 전통적인 남녀 구조에서 벗어나 독립적으로 성장했다. 결과적으로 이성 관계를 추구하려는 성향이 줄고, 가족보다 직업을 우선순위에 두는 경향마저 나타났다.[51]

결혼율을 떨어뜨리는 비슷한 종류의 다른 요인은 여성들이 교육 제도 안에서 점차 앞서가고 있다는 것이다. 연구 결과를 보면 여성들은 교육 수준이 높을수록 결혼 시점이 늦어진다.[52] 직업 능력이 뛰어날수록 출산을 미루거나 꺼리는 여성이 많아진다는 조사 결과도 있다.[53] 이런 추세를 보면 대학에 다니거나 직장 생활을 막 시작한 젊은

여성들은 누군가를 만나 결혼을 하고 엄마가 되기에는 아직 이르다고 생각한다는 것을 알 수 있다.[54]

게다가 이제 독신 여성을 바라보는 시각도 과거보다 대체로 덜 비판적이다. 독신 여성을 위한 각종 사회단체와 활동들이 생기면서 그들이 '노처녀'라는 그동안의 사회 인식에 맞서 자신을 아웃사이더로 생각하지 않고 독신임을 당당하게 밝힐 수 있는 환경이 만들어지고 있다.[55] 그들에 대한 부정적 사회 인식은 여전히 존재한다. 하지만 한편에서는 여성이 자기 결정권에 따라 선택한 삶을 존중해야 한다는 새로운 사회 담론도 형성되고 있다.

전통적인 성향이 강한 사회에서는 여전히 여성에 대한 법적 차별이 심하고 이혼도 금지한다.[56] 하지만 이제 그런 곳도 여성의 권리가 점차 높아지면서 가족 구조와 남녀 관계 형성에 영향을 미치고 있다.[57] 예를 들면 아랍에서는 2010~2012년에 아랍의 봄Arab Spring이라는 시민운동이 일어나 전례 없이 많은 여성이 참여했고, 그로 인해 여성의 자율권이 상당히 확대되었다.[58] 비록 아랍 일부 지역에서는 젊은 세대가 더 보수적인 방향으로 기울며 시대의 흐름을 역행하고 있지만[59] 여성의 지위는 계속 상승하고 있다. 여성들 자신도 언제, 누구와 결혼할지를 독립적으로 결정하기 위해 노력하고 있다. 그래서 출산율이 급감하고 평균 초혼 연령이 계속 많아지고 있다.[60]

한편 여성들도 과거보다 적당한 배우자를 만나기가 쉽지 않다. 일부 남성이 여성의 지위가 높아지고 독립심이 강해지는 모습을 못마땅하게 여겨 전통적 가치를 추구하는 여성을 만나려고 하기 때문이다.[61]

조금씩 바뀌고는 있지만 여성에 대한 이런 요구가 여전히 많은 사회에 존재하고 있어 결혼 형태에도 부정적인 영향을 미치고 있다.[62]

또 다른 관점에서 보면 여성이 이성과 교제하고, 결혼하고, 새로운 가족을 계획하는 결정은 의학과 기술 발달의 영향을 받는다. 이제 우리는 과거보다 불임 치료에 더 효과적이고 더 쉽게 접근할 수 있어 일찍 결혼해서 아이를 낳아야 한다는 부담이 덜하다.[63] 심지어 몇몇 정부는 임신에 대한 선택권을 더 많이 제공하고자 독신 여성에게도 불임 치료를 보장한다. 그래서 아이를 원하는 여성은 결혼을 미루고 싶으면 그럴 수 있는 여유가 생겼다. 보조 생식 기술을 지원하는 보험 조사를 살펴보면 불임 치료에 접근하기가 쉬워질수록 초혼 나이가 많아진다.[64] 특히 보험 혜택을 많이 누리는 부유층이 그렇다.

이제 여성들은 결혼하지 않고 혼자 아이를 낳아 키우고 싶으면 정자은행을 이용할 수 있다. 정자은행 산업은 독신 여성에게 아이를 가질 기회를 제공했을 뿐 아니라 정자 거래의 상업화를 막고자 노력해왔다. 그들은 기부를 의인화하고, 기증자와 수혜자 관계를 로맨틱하게 묘사함으로써 정자 기부에 정서적인 의미를 부여한다. 이런 변화는 여성들에게 부모가 되는 다른 방법이 있다는 사실을 알려주고, 새로운 가족을 원하는 많은 여성에게 자신의 선택에 대한 부담을 덜어주며 그것을 실행할 수 있도록 돕는다. 그래서 정자은행 산업은 많은 여성에게 이상적인 선택으로 여겨지고 있다.[65]

이혼에 따른 위험 회피

이혼은 한 개인의 인생에 감정적·사회적·경제적으로 엄청난 결과를 초래하는 사건이다. 이혼에 따른 부담을 피하려는 현상은 주로 거론되는 문제는 아니지만 독신 문제를 이해하는 데 매우 중요한 요인이다. 이혼율이 급증하는 시기에는 결혼을 아예 하지 않으려는 현상도 함께 증가한다.[66] 특히 개인의 행복을 중시하는 개인주의 사회에서는 많은 사람이 인생의 중대사를 결정할 때 자신도 모르게 손익 관계를 따진다. 그러나 이혼은 개인의 행복을 크게 위협하는 사건인 반면, 결혼은 별로 이득이 없어 보인다.

15년에 걸친 획기적인 종단 연구로 수상까지 한 리처드 루카스 Richard Lucas 연구팀은 결혼이라는 이벤트가 일시적으로 행복에 긍정적인 영향을 미치지만, 보통 2년이 지나면 결혼 서약을 맹세하기 전인 출발점으로 돌아간다는 놀라운 사실을 발견했다.[67] 그 이유가 인간의 감정에 관여하는 뇌 화학물질인 페네틸아민 phenethylamine 이라는 생물학적 근거에 있다는 사실을 밝혀낸 것 또한 놀랍다.[68] 그들은 결혼 이후 만족감이 줄어드는 (그리고 성관계 빈도가 줄어드는) 이유는 뉴런이 페네틸아민 효과에 무뎌지거나 시간이 갈수록 페네틸아민 수치가 떨어지기 때문일 수 있다고 주장한다.[69] 심지어 결혼이 작게나마 행복한 감정을 지속시키는 장점이 있다고 주장하는 연구자들도[70] 일부 이유는 선택 효과 때문인 점을 인정한다. 즉 불만이 많았던 사람이 결혼으로 행복해진다기보다 원래 더 행복했던 사람이 결혼을 선택하는 경향이 있다는 것이다.[71]

이와 반대로 이혼에 따른 부정적 영향은 더 영구적으로 나타난다. 루카스는 결혼이 제공하는 지속적인 장점을 찾지 못했다. 하지만 이혼의 경우, 법적 조치가 시작되기 전에 만족감이 떨어졌다가 이혼 절차가 마무리되는 동안 바닥을 치고 조금 회복되다가도 결국 출발점으로는 돌아오지 못한다는 사실을 발견했다.[72] 이후 이루어진 연구에서도 같은 결과가 나왔다.[73] 따라서 결혼에 작게나마 지속적인 장점이 있다고 주장하는 사람들도 결혼으로 얻는 행복보다 이혼으로 잃는 행복이 훨씬 크다는 데 대체로 동의한다.[74]

이런 놀라운 연구 결과는 단지 학문적 차원의 문제가 아니다. 이는 결혼이 행복에 기여하는 정도가 종종 우리의 생각보다 훨씬 적다는 현실을 드러낸다. 첫째, 결혼 후 2년이 지나면 만족도가 결혼 전 수준으로 떨어지고, 둘째, 이혼하면 결혼 전 수준보다 더 불행해지며, 셋째, 심지어 그 상태가 계속 유지된다는 점에서 그렇다. 젊은 사람들은 계산이 빨라 결혼 문제를 더욱 신중하게 생각한다. 과거보다 전통에 덜 얽매이는 사람들은 자신의 행복에 관한 문제를 결정할 때 확실하지 않은 이득에 기대기보다 현실을 직시하고 결혼이 그만한 위험을 감수할 가치가 없다고 판단한다. 실제로도 위험 부담이 너무 크다. 최근 자료에 따르면 서양에서는 결혼한 부부 중 40~60%가 이혼을 한다고 한다. 개발도상국들도 이 수치를 빠르게 따라잡고 있다.[75]

이혼에 따른 위험을 피하려는 경향은 독신 인구수에 장기적으로 직간접적인 영향을 미친다. 직접적인 영향은 그 사회에 이혼 회피성 경향이 강해질수록 결혼율이 감소한다는 것이고,[76] 간접적인 영향은 혼외 자녀로 태어나거나 이혼한 부모 밑에서 자라는 아이들이 더 많아진다는 것이다. 독신 부모 밑에서 자란 아이들은 결혼에 관심이 더 없어져 비혼을 쉽게 택한다.[77] 이런 의미에서 보면 이혼 회피성 행동 전략은 간접적이지만 필연적으로 이 과정을 영속시켜 독신의 삶을 선호하는 방향으로 사회적 인식을 바꾼다.

한편 이혼 위험을 피하려는 경향이 강해지면 사람들은 결혼을 하지 않는 방법 대신 늦추는 방법을 택한다. 하지만 아이러니하게도 늦은 나이에 결혼하는 사람들은 이혼 가능성이 훨씬 크다. 32세 이후부터는 이혼 가능성이 매년 약 5%씩 증가한다.[78] 즉 어떤 젊은 사람이 이혼이 두려워 30대가 될 때까지 결혼을 미루면 이혼할 가능성이 오히려 커진다는 것이다. 게다가 한 사회에 이혼한 사람이 많아지면 결혼을 단념하는 사람이 더 많아지게 하는 효과를 낳는다. 대부분의 선진국에서 초혼 평균 연령이 30세나 그 이상에 이른다는 점을 고려하면 이런 현상은 이혼율을 더욱 끌어올릴 것이라 예상할 수 있다.

위험 회피 전략으로써 결혼을 단념하는 행위는 사회 유형에 따라 다르게 나타날 수 있다. 대개 덜 산업화되고 더 집단화된 보수 국가에서는 이혼을 금기시하고 불명예라는 낙인을 찍는 행위가 오히려 결혼을 막는 결과를 초래할 수 있다. 보수 사회일수록 사람들은 청소년기를 더 길게 보내거나 이혼에 따른 심각한 사회적 결과를 피하기 위해 결혼을 미룬다.[79] 그런 사회는 혼전 동거에 대한 인식도 부정적이라 개인은 적어도 겉으로만 보면 부정적인 결과에 노출되는 위험을 피하고자 어떤 형태로도 관계 형성을 꺼린다.

좀 더 개인주의적이고 산업화된 사회에서는 위험 회피 전략으로 결혼 대신 동거를 택한다.[80] 동거는 결혼보다 관계를 끝내기가 쉽다. 따라서 관계에서 오는 부담이나 관련 위험이 줄어든다. 결혼하지 않고도 여러 만남을 자유롭게 시작하고 끝낼 수 있다. 그래서 자유주의 국가에서 동거가 법으로 인정되면 동거인과 독신의 수가 똑같이 늘어난다.

1998년, 네덜란드 하원은 동거를 인정하는 법안을 최초로 통과시켰다. 당시 사람들은 이를 획기적인 정책이라고 생각했지만 일부 연구원은 이 법안이 남녀 관계 형성에 근본적인 변화를 일으켰다고 주장했다. 그 변화 결과를 조명하기 위해 한 평가 연구가 시작되었다. 참가자 40명에게 일곱 차례의 집중 그룹 인터뷰를 시행한 결과, 모든 참가자가 동거는 결혼보다 덜 구속적이고, 덜 영속적이며, 더 유연하다고 생각했으며, 독립적 관계를 허용하는 위험 회피 전략으로 보았다. 즉 동거는 일종의 위험 회피 전략으로, 특히 네덜란드처럼 이혼율이 높은 나라에서 결혼을 대체해왔다고 할 수 있다.[81]

이혼에 대한 두려움과 독신을 선호하는 현상 사이의 연관성은 같은 집단 내에서도 인구 계층에 따라 달라진다. 연구 결과들을 보면 미국에서는 결혼 제도에 대한 신뢰도와 이혼에 대한 두려움이 소수 집단, 교육 수준, 성별, 사회적·경제적 지위에 따라 다르게 나타났다. 예를 들어 한 연구에서 성별과 사회 계층에 따라 이혼에 대한 관점이 어떻게 다른지 조사했더니 참가자 중 3분의 2 이상이 이혼을 걱정했다.[82] 그중에서도 노동자 계급의 여성들은 사회적·경제적 면에서 부담이 된다는 이유로 결혼에 가장 회의적인 태도를 보였다. 그러고 보면 일부 사회의 저소득층에서 독신 비율이 급증하고 있는 현상이 놀랍지 않다. 이처럼 사회적·경제적 요인이 미치는 영향은 늘 일률적이지는 않지만 독신 인구에 미치는 복합적인 효과를 보여주며 다양한 맥락에서 확인되고 있다. [83]

경제적 요인

1999년, 마사히로 야마다Masahiro Yamada는 일본 청년들이 30세가 넘도록 부모에게 의지해 사는 현실을 꼬집은 《기생 독신의 시대Age of Parasite Singles》라는 책으로 대중의 이목을 끌었다. [84] 그는 '기생' 독신들이 30세가 넘도록 부모의 집에 살면서 집세를 아낄 뿐만 아니라 집안일에 대한 책임도 회피하고 있다고 주장했다. 실제로 1995년에는 기생 독신이라는 정의에 들어맞는 젊은 일본 남녀의 수가 약 1,000만 명에 달했다. 오늘날 이 숫자는 일본 인구의 전반적인 감소세에도 불구하고 30% 증가한 1,300만 명으로 늘어 일본 전체 인구의 10%를 차지한다. 최근 조사에 따르면 일본인 독신 남성의 60%, 여성의 80%가 이 범주에 속한다. [85]

물론 젊은 일본인 독신만 이런 생활 방식을 택하는 것은 아니다. 영어권 국가에서는 '지하실 거주자basement dweller'라는 단어가, 이탈리아에서는 큰 아기라는 뜻의 '밤보치오니bamboccioni'라는 단어가 비슷한 의미로 사용되고 있다. 비록 이런 단어들은 젊은 독신과 그 가족이 내린 의사 결정의 가치를 깎아내린다는 비판적 시각을 담고 있지만, 독신 인구와 경제적 측면의 상호작용에 관해 어떠한 정보를 제공한다는 측면도 있다. 즉 젊은 독신들이 부모의 집에 살면 실소득이 증가한다는 이점이 생긴다. 그래서 경제적으로 좀 더 여유 있고 안정된 삶을 즐길 수 있다. 반면 독립해 따로 살거나 결혼하게 되면 일상의 풍족함을 포기해야 함을 의미한다.[86]

경제적 측면은 다양한 방식으로 독신 인구수에 영향을 미치지만 그 어떤 방식도 오늘날의 세계에서는 결국 독신 인구 증가라는 결과로 이어지는 것 같다. 즉 경제 상황이 좋든 나쁘든 독신으로 남으려는 사람들에게는 자신에게 좋은 이유가 된다.

최근의 경제 위기와 재정난은 독신들이 남녀 관계를 맺는 방식을 바꾸어놓았다. 이제 많은 독신이 가족 부양에 대한 부담 때문에 결혼을 미룬다.[87] 가령 빈곤 계층의 젊은이들은 결혼을 긍정적으로 평가한다 해도 자신이 경제적으로 안정을 누리며 이혼하지 않고 결혼 생활을 잘 유지할 수 있다고 믿는 경우가 적다. 많은 사회에서 경제적 안정은 결혼의 전제 조건으로 여겨진다.[88] 그래서 경제 위기가 오거나 취업난이 심각할 때 젊은이들은 인생의 오랜 시간을 독신으로 보낸다.[89] 제한된 시간과 자원을 경제적 안정과 이성 관계 중 어디에 써야 할지 저울질해야 한다.

2008년 금융위기 이후, 스페인과 이탈리아 등 일부 유럽 국가의 젊은 세대는 금융 위기와 집값 상승 문제를 동시에 겪었다. 유럽에서는 실소득 중 많은 부분이 주거비로 쓰여 대부분의 젊은층이 결혼을 미루고 이성과 교제할 수 있는 최고의 시기를 경제적 여유를 얻는 데 쓴다.[90] 이제 바르셀로나와 밀라노에서 젊은 남녀가 저녁 식사를 끝내고 차에서 성관계를 맺는 모습은 보기 드문 일이 아니다. 그들은 달리 갈 곳이 없다. 만남을 끝내고 그들이 돌아가는 곳은 바로 부모의 집이다.

정부가 젊은 세대의 경제적 부담을 덜어주고자 지원을 제공해도 독신들은 결혼을 서두르지 않는다. 여기에는 세대별로 다른 논리가 적용된다. 우선 다른 사람과 함께 살면 정부의 경제적 혜택이 줄기 때문에 젊은 독신들은 결혼을 선택하지 않는다. 가령 복지 국가인 스웨덴에서는 아이들이 고등학교를 졸업하면 적어도 경제적인 면에서 독립할 수 있도록 정부가 지원을 제공한다. 하지만 스웨덴의 젊은 세대는 그 혜택을 놓치지 않기 위해 계속 독신으로 산다. 그래서인지 스톡홀름의 1인 가구 비율은 60%에 이르며, 전 세계에서 가장 높다.[91]

경제가 발전해도 독신 인구가 늘어나는 것은 마찬가지다. 그 예는 인도에서 찾아볼 수 있다. 인도는 아직 많은 지역이 전통 국가에 가깝다. 하지만 경제 발전 덕분에 젊은 세대가 가족과 독립해서 사는 새로운 가족 형태가 점점 보편화되고 있다.[92] 이제 인도의 젊은이들은 과거보다 구매력이 높아져 독립을 고려할 수 있다. 하지만 과거에는 불가능했던 일이다.[93] 지금도 인도의 많은 독신이 가족을 떠나 일자리가 있는 대도시로 생활 터전을 옮긴다.

인도에서는 이제 독신으로 사는 것이 현실적으로 가능해졌을 뿐 아니라 하나의 생활 형태로 점차 인정받고 있다. 통신 수단의 발달과 서양 영화 노출 등으로 인해 인도 사람들은 서구적 가치에 점점 개방적인 태도를 보인다. 이렇게 생활 방식이 독립적인 방향으로 변화하

고 경제가 발전하면 남녀 관계 형성을 지연시키는 개인주의도 함께 나타난다.[94]

이상하게도 거의 모든 경제적 상황이 결혼을 선택하지 않는 결과로 이어지게 보인다. 마치 전 세계 독신들이 결혼을 포기할 핑계를 찾기라도 하는 듯이 말이다. 돈을 절약하기 위해서든, 더 많이 벌거나 쓰기 위해서든 결국 젊은 세대는 결혼을 상품처럼 생각하고 '그만한 가치가 없는 것'으로 판단한다. 하지만 경제적 측면에는 단순히 손익 계산 이상의 의미가 있다. 경제적 측면 뒤에 놓인 가치관과 문화적 토대, 그리고 그것이 독신 인구 증가에 미치는 영향은 이후에 자세히 살펴보겠다.

소비주의와 자본주의적 요인

앞서 나는 일본의 어느 유명한 책이 젊은 세대가 결혼하지 않고 부모의 집에 살면서 자신의 실소득을 최대한 활용하는 현상을 꼬집었다고 설명했다.[95] 하지만 기생 독신이라는 단어는 그 세대에 대한 일종의 경멸적인 표현일 뿐, 그들이 정말로 원하는 것이 무엇인지는 담아내지 못했다.

오늘날 일본의 젊은 독신들은 취향을 바꾸고 우선순위를 다시 정했다. 그들은 이제 남녀 관계를 맺기보다 친구들과 시간을 보내고 직업적 성공을 갈망하며 패션 감각을 추구한다.[96] 조사 결과들을 보면 이런 선택은 단지 경제적 이유가 아니라 가치관의 변화에서 비롯된다. 실제로 16~24세 일본 여성의 45%, 남성의 25%가 성적인 접촉에 관심이 없거나 아예 싫어한다.[97] 게다가 응답자의 거의 절반이 조사 전 한 달간 성적인 행위를 한 번도 하지 않았다. 대신 그들의 전통적인 가족관과 문화적 가치관은 소비주의 가치로 대체되었다. 오늘날의 일본은 전통과 종교에서 벗어나 시장 지향적이고 직업 중심적이며 소비주의적 문화로 가치관이 변한 사례를 가장 극명하게 보이는 나라다.[98]

일본이 특히 그렇지만 세계 다른 모든 지역에서도 자본주의와 소비주의적 성향은 독신 인구 양산을 촉진했다. 여기에는 몇 가지 요인이 작용한다.[99] 첫째, 소비주의는 사회나 문화, 가족에 대한 의무감이 적고 시장에서 자유롭게 물건을 사고파는 사람들을 우대한다. 그래서 사람들이 다른 사람의 이익보다 자신의 이익을 추구하고 전통적인 가치를 회피하게 만든다. 개인주의와 자아실현을 추구하는 분위기가 확산될수록 사람들은 결혼이 자신에게 이익이 될 수 있는지 고민한다. 또한 직업의 의미가 중요해져 여성의 독립과 자아실현에 많은 영향을 준다. 결혼한 사람이 경제적으로 더 잘 산다는 몇 가지 증거가 있지만[100] 사람들은 남녀 관계를 통해 얻는 경제적 혜택 대신 개인주의적이고 독립적인 소비자가 되기를 더 선호한다.[101]

둘째, 자본주의는 사람들에게 다른 생활 방식의 가치를 생각하게 하고 비교를 부추긴다. 그래서 개인의 삶, 소득 같은 것이 미덕이 된다.[102] 이런 의미에서 자본주의는 두 가지 일을 동시에 한다고 볼 수 있다. 하나는 사람들이 자신의 선호를 우선순위에 두고 그것에 가치를 부여하는 합리적인 사고로 전통적 가치를 대신한다는 것이고, 다른 하나는 자본주의 체제로 증가한 소득 덕분에 사람들이 자신의 가

치에 따라 살 기회를 얻어 결혼보다는 독립을, 가족생활보다는 개인의 삶을 선택하게 한다는 것이다.[103]

마지막으로 노동 시장의 변화와 분업화가 유연성과 새로운 기회를 제공한다. 사람들은 가족 대대로 이어온 가업을 선택하지 않고 새로운 일을 찾으면서 가족과 분리되고 있다. 더욱이 이제는 농사일 같은 가업을 잇거나 부모 부양을 위해 아이를 낳아야 하는 필요성이 줄었다. 또한 세계화된 현대 사회에서 일부 직업은 이동성과 지리적 유연성을 요구한다. 그래서 전문 직업을 가진 젊은 세대는 결혼이 경력 발전에 장애가 된다고 생각한다.[104]

한편 시장은 독신을 더 선호한다. 독신이 가족 단위보다 자원을 훨씬 더 많이 소비하기 때문이다. 우선 독신 인구가 많아지면 주택에 대한 수요가 늘어 부동산 경기가 활성화된다. 미국의 한 보고서에 따르면 독신은 4인 가족의 개인보다 생산품과 포장재, 전기, 휘발유를 각각 38%, 42%, 55%, 61% 더 많이 소비한다.[105] 특히 이혼한 사람들은 잠재적인 성장 시장으로 여겨진다. 부부가 헤어지면 독신 인구 두 사람이 더 생긴다. 그들은 대개 룸메이트 없이 혼자 살면서 더 많은 상품을 소비한다.[106] 너무 부정적인 의견일 수도 있지만 어쨌든 시장은 독신 인구가 소비를 훨씬 많이 한다는 특성 때문에 그들의 욕구를 충족시키는 방향으로 변화하고 있고, 때로는 그런 생활을 권장하기까지 해 더 많은 독신 인구를 양산한다.

이러한 현상에 매체가 보이는 반응은 분명하다. 독신에 대한 차별은 아직 사회 전반에 걸쳐 존재하지만 각종 매체는 이제 접근 방식을 바꿔 특히 주거, 데이트, 여행 관련 광고는 독신을 주요 고객층으로 삼는다.[107, 108] 그로 인해 독신을 위한 소비문화가 발달하고 새로운 제도와 정당성, 시야를 제공하는 결과로 이어졌다.[109]

교육

개인의 목표나 직업적 목표를 위해 남녀 관계를 포기하는 이들은 대개 교육을 더 많이 받은 사람들이다. 한 연구 결과를 보면 독신 인구 중 학사 학위 이상을 받은 사람은 15%였고, 대다수가 대학 교육을 최소 일부라도 받았다.[110] 유럽사회조사의 자료에서도 독신들이 교육을 가장 많이 받은 것을 확인할 수 있다. 30세 이상 인구만 보면 기혼자 그룹은 평균 12.2년, 이혼 그룹은 12.5년, 미혼 그룹은 13년간 교육을 받았다. 동거인 그룹은 평균 13.8년으로, 교육을 가장 많이 받았다. 사별 그룹의 평균이 가장 낮았지만 그들은 대개 나이가 많아 분석에서 제외했다.

이런 수치가 나타나는 이유는 복잡하다. 우선 높은 교육 수준은 직간접적으로 결혼율에 영향을 미친다. 직접적인 영향은 교육을 오래 받을수록 결혼 가능성이 더 줄어든다는 점이다. 교육 수준이 높은 사람은 결혼 시장, 즉 결혼 적령기에 있는 남녀의 수요와 공급에 더 짧게 머무른다. 간접적인 영향은 교육 수준이 높을수록 진로가 더 강조된다는 점이다.[111] 한 연구 결과를 보면 학업 중이라도 가정을 이루도록 권장하는 나라조차 고등교육을 받는 사람이 많을수록 결혼율과 출산율이 많이 감소했다.[112]

또 다른 이유는 교육 수준이 높을수록 자립이나 개인주의와 관련된 가치관이 많이 나타나 결혼과 가정을 이루어야 한다는 부담이 적다는 것이다.[113] 연구 결과에 따르면 교육과 인지 발달은 관대한 시각을 기르고 일반적인 관습을 따르지 않는 집단에 시민적 자유를 확대할 의지를 높여준다.[114] 또 다른 국가 간 연구는 교육이 문화적·국가적 환경에서 개방적인 태도를 높인다고 주장한다.[115] 유럽이나 미국 이외 지역에서도 비슷한 추세가 관찰된다. 즉 서구 사회만큼 사생활과 독립성이 중시되지 않는 사회에서도 교육은 관계 형성에 영향을 줄 수 있다.[116]

한편 교육 수준이 높을수록 직업과 결혼 생활로 인한 잠재적 갈등이 증가한다. 맞벌이일 경우는 더욱 그렇다.[117] 노동 시장의 요구도 따라야 하고, 오랜 관계를 유지하는 데 따른 노력도 필요하며, 직업 생활과 개인 생활 사이에서 균형을 유지해야 하는 문제들이 발생하기 때문이다.[118] 몇몇 연구를 살펴보면 직업과 결혼 사이에서 생기는 갈등의 원인과 영향을 조사했을 때 사람들은 특히 정규 교육 마지막 해에 관계 형성과 직업 사이에서 균형을 잡기 힘들어했다.[119] 한때 배우자를 찾는 데 주력했던 많은 젊은 세대가 이제는 결혼 대신 경력을 추구하고, 이성 관계에 얽매이는 대신 학업을 선택한다.

높은 교육 수준은 소득 수준 향상과도 관계가 있다.[120] 즉 사회적·경제적 지위가 높을수록 독신으로 살기가 더 쉬워진다. 앞서 언급했듯 개인 생활을 즐기는 삶이 현대인이 추구하는 공통 가치이지만 그것도 소득 수준이 높아야 가능하다.[121] 교육 수준이 높을수록 대개 사회적·경제적 측면에서 유리하게 작용하므로 동아시아와 북미 모두 앞으로 계속해서 독신 인구 증가가 예상된다.[122, 123]

종교적 변화

많은 종교 사회가 가족주의의 바탕을 이루는 겸손과 전통적 가치를 높이 평가한다. 그들은 독신이나 미혼 부모 가정보다 결혼을 선호하고 혼외 성관계를 부정적으로 생각한다.[124] 흔히 집단주의는 종교 단체의 특징으로 묘사되지만 남녀 관계나 가족 가치의 특징을 설명할 때도 그렇다.[125] 그에 반해 비종교인들은 독신의 삶에 더 개방적이다. 또한 비종교인 사이에서 개인주의가 확산되는 현상은 결혼율이 감소하고 독신율이 증가하는 이유를 설명한다. 연구 결과들을 살펴보면 종교의 역할 축소와 미국 및 서유럽의 결혼율과 출산율 감소는 서로 관련이 있다.[126] 유럽사회조사의 자료를 분석해보면 기혼자의 12%가 종교가 없지만, 동거인과 미혼자, 이혼자는 그 비율이 각각 23%, 18%, 17%였다.

독신을 반대하는 종교 단체들도 독신 인구가 급증하는 현상을 막지 못했다. 예를 들어 가톨릭 국가인 멕시코는 종교적 정서에도 불구하고 결혼율이 급락하고 동거율은 증가했다.[127] 이탈리아는 가톨릭교에 뿌리를 둔 국가이지만 남녀 관계에서는 종교의 역할이 제한적이라 독신 인구가 확산해 있고, 출산율도 매우 낮다.[128]

일반적으로 종교는 결혼에 긍정적인 영향을 준다. 하지만 종교적 환경은 가정을 꾸리고 아이를 낳고 이혼하는 것과 관련해 엄격한 제약을 두기 때문에 결혼을 포기하게 하는 쪽으로도 영향을 미친다. 예를 들어 멕시코인 중에는 헤어질 경우를 대비해 가톨릭식 결혼 서약을 거부하는 사람도 많다고 한다.[129] 대신 그들은 동거를 선호하고 여러 사람과 짧게 교제하며 중간중간 독신으로 지낸다. 교회에서 결혼했다가 헤어진 사람들은 교회법 때문에 그냥 조용히 따로 살거나 다음 파트너와는 정식 결혼 절차를 밟지 않고 산다. 멕시코뿐 아니라 스페인과 퀘백, 라틴 아메리카의 여러 나라에서도 비슷한 현상이 관찰된다.[130, 131, 132]

심지어 독실한 종교인들도 최근 여러 세대에 걸친 자유화 과정 때문에 결혼 결정에 영향을 받는다. 가령 오늘날 미국의 젊은 복음주의자들은 혼전 성생활과 독신에 관해 과거보다 진보적인 자세를 보인다.[133] 각종 연구 결과들을 보면 그들의 도덕적 권위에도 변화가 일어나고 있다. 즉 젊은 복음주의자들은 옳고 그름을 판단하는 진정한 심판자가 신이 아니라 자신의 양심이라고 생각한다. 마찬가지로 신앙심이 깊은 이슬람교인들과 유대인들은 여성이 결혼을 미룰 수 있고, 배우자에게 만족하지 못할 때는 이혼을 선택할 수 있게 허용함으로써 공동체 내에서 여성의 역할에 변화를 요구하고 있다.[134, 135] 가족의 주선으로 어린 나이에 결혼하는 매우 보수적인 힌두교와 초정통파 유대교 사회에서도 젊은 남녀의 혼전 만남을 과거보다 자유롭게 허용하고 있어 여러모로 기존 전통이 도전을 받고 있다.[136, 137]

그중 가장 놀라운 변화는 종교적 환경에서 결혼에 대한 자유스러워진 태도 변화가 공동체와 개인 차원에 그치지 않고 지도층에서도 나타난다는 것이다. 특히 로마 교황청은 가톨릭교회를 떠나는 젊은층이 늘어나는 현상에 대응하여 최근 몇 년간 남녀 문제에 관해 과거보다 관대한 자세를 취해왔다.[138] 가령 게이 문제와 관련해 최근 로마 가톨릭교회는 수사적 태도에 중요한 변화를 보였다. 제2차 바티칸 공의회Second Vatican Council가 동성애라는 '행위'와 동성애자라는 '행위자'를 구분하여 동성애는 여전히 죄악시되는 행위이지만 동성애자는 포용 대상으로 본다고 한 것이다.[139] 이처럼 자유화 현상은 전통적 가족 가치를 전반적으로 약화시키고 있다. 그에 따라 많은 종교 사회 안에서도 혼자 살거나 결혼을 미루거나 이혼하는 사람들을 수용하는 분위기가 강해져 독신 인구가 점점 늘고 있다.

대중문화와 언론

1995년 9월 21일에 방영된 미국의 인기 드라마 〈사인펠드〉는 시즌 7의 첫 에피소드인 '약혼'에서 결혼에 관한 메시지를 압축해서 묘사했다.

크래머   네가 지금 무슨 생각을 하는지 맞춰볼까?

제리   내가 뭘?

크래머   내가 하나 알려주지. 지금보다 나은 삶? 그런 건 없어.

제리   없다고?

크래머   전혀. 대체 무슨 생각인 거야? 결혼이라니? 가족?

제리   아니.

크래머 그건 감옥이야! 인간이 만든 감옥이라고! 거기서 썩는 거지! 아침에

눈을 떠도, 저녁에 자러 가도 그녀가 계속 거기 있다고 생각해보라

고. 그건 마치 화장실에 갈 때마다 허락을 받아야 하는 상황인 거야!

1980년대부터 20~30대 독신을 대변하는 작품들이 매체에 등장해 행복해지는 데 남녀 관계가 꼭 필요하지는 않다는 생각을 전파하기 시작했다.[140] 이전 세대가 완벽한 로맨스, 즉 젊은 남녀가 만나 영원히 행복하게 사는 영화와 소설, 이야기를 접하며 자랐다면, 1990년대를 기점으로 21세기 첫 10년 동안 미국의 대중 매체는 〈사인펠드〉, 〈섹스 앤 더 시티〉, 〈윌 앤 그레이스〉 같은 프로그램을 통해 30대 이후 독신의 삶을 대중에게 선보였다. 혼자 사는 여성이 대중 매체에서 주목받기 시작하면서 그들에 대한 이미지도 '노처녀'에서 '당당한 독신 여성'으로 탈바꿈했다.[141] 가령 TV 비평가들은 〈섹스 앤 더 시티〉가 독신 여성의 우정과 문화를 인정했다는 점에서 여성을 대표한 혁신적인 TV 프로그램이라고 평가한다.[142] 〈섹스 앤 더 시티〉는 여성들이 조건 없이 자유롭게 성문화를 즐기는 권리를 당연하게 그렸고, 때로는 권장하기도 했다. 〈윌 앤 그레이스〉, 〈앨리 맥빌〉, 〈걸스〉에 등장한 독신 여성들은 유행을 앞서가고 지적 능력이 뛰어난 인물로 그려졌다.[143] 〈사인펠드〉, 〈프렌즈〉, 〈빅뱅이론〉에 등장한 독신들은 사교적이고 유머러스하며 공동체 의식을 느끼게 해주는 친구들과 함께 산다.[144]

독신들은 이제 영화와 TV, 인쇄 매체를 통해 자신의 삶을 들여다볼 수 있다. 그런 의미에서 대중문화는 사회·문화 전면에서 독신들이 주

목받는 현상을 보여주고, 때로는 그것을 예찬한다. 이런 과정을 통해 젊은 시청자들은 혼자 사는 생활 방식에 점점 익숙해진다.[145]

이 프로그램들의 인기는 서양 세계에 그치지 않고 전 세계로 퍼졌다.[146] 게다가 비서양권 국가에서도 비슷한 프로그램들이 제작되고 있다. 한 가지 확실한 사례는 세계 최대 규모인 인도의 엔터테인먼트 산업이다.[147] 인도의 케이블 TV가 인도 여성에게 미친 영향을 3년간 조사한 연구 자료를 보면 외국 방송을 포함해 인도 대중 매체에 노출된 시간이 많을수록 인도 여성의 자율권이 증가하고 출산율이 감소했다.[148] 브라질에서 시행한 또 다른 연구에 따르면 TV 드라마를 방영하는 독점 네트워크인 글로보Globo가 생긴 이래로 별거나 이혼하는 여성이 매우 늘었다.[149] 자유주의 가치에 노출이 적은 소도시일수록 그러한 효과는 더 뚜렷하게 나타났다. 세계화가 진행될수록 개인주의에 영향을 받지 않는 나라가 별로 없다.[150] 그래서 많은 사회가 뿌리 깊은 전통적인 가족 단위 생활과 충돌되는 생활 방식에 노출되고 있다.[151]

오늘날은 인터넷을 통해서도 다양한 가족과 남녀 관계 형태에 노출된다. 페이스북 사용자를 조사한 연구는 페이스북 사용이 갈등, 이혼, 별거 등 부정적 남녀 관계와 관련 있다는 사실을 발견했다.[152] 또 다른 연구 결과를 보면 트위터를 적극적으로 사용할수록 남녀 관계에 갈등이 더 많이 일어나고, 불륜이나 결별, 이혼으로 이어졌다.[153]

이런 현대 통신 수단은 사용자들에게 새로운 생활 방식을 보여줌으로써 전통주의와 결혼 제도에 의문을 품게 한다. 일단 개인은 감정적 욕구를 충족시키는 다른 방식이 있다는 것을 알게 되면 친밀함과 관계 문제를 다시 생각한다. 인간의 본성이 이렇게 급진적으로 바뀌고 있다고 볼 수는 없다. 그보다는 기술이 발달함에 따라 원래 존재하고 있던 인간의 욕구가 드러나는 것이다. 기술은 인간이 자신을 표현하고 기본적인 욕구를 따르도록 더 많은, 그리고 더 나은 방법을 제공함으로써 독신 인구를 더욱 증가시키고 있다.

도시화

도시화도 독신 인구 증가와 밀접한 관련이 있다. 이런 추세는 가구 수가 인구수보다 빠르게 증가한 북미와 유럽 여러 나라에서 두드러지게 나타난다. 독신 인구는 다른 지역보다 특히 대도시에 점점 몰리고 있다.[154] 미국통계국과 미국커뮤니티조사의 자료도 인구 밀도가 높은 지역에 독신 인구가 더 많이 모인다는 사실을 뒷받침한다. 다음 도표를 통해서도 알 수 있듯 미국에서는 미혼, 이혼, 사별 등 혼자 사는 이

◇ 결혼 상태에 따른 미국의 도시 평균 인구

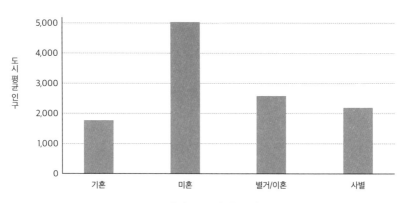

출처: 2000년 미국통계국, 2001~2013년 미국커뮤니티조사

유와 관계없이 모든 독신이 기혼자보다 대도시에 더 많이 산다.

도시화에 따른 독신 인구 증가는 서구 세계에만 해당하는 이야기가 아니다. 동남아시아, 남아메리카, 그 외 다른 지역에서도 독신들이 새로운 가족 형태에 합류하며 도시로 몰려들고 있다.[155] 특히 주목할 점은 아랍과 이슬람 세계, 혹은 초보수 사회인 이란에서조차 이런 변화들이 관찰되고 있다는 것이다.[156] 이런 곳에서도 도시화가 가족 관계의 자유화에 영향을 미친다고 밝혀졌다.

도시화는 여러 방면에서 가족 구조와 새로운 가족 문화에 뚜렷한 영향을 미쳤다. 우선 최근 수십 년간 경제 발전이 계속되면서 세계적으로 도시들이 팽창하고 도시의 인구수도 늘었다. 그에 따라 도시 집 값이 급등했고, 가족 단위 생활에 필요한 대형 아파트가 도시 환경에 들어서기가 점점 힘들어졌다.[157] 그로 인해 도시는 소형 아파트를 대량으로 공급해 늘어나는 독신 인구를 수용했고, 시간이 갈수록 이 과정이 반복되면서 독신 인구가 점점 더 대도시로 몰렸다.[158]

게다가 도시 환경은 인구가 팽창할수록 다양성이 늘어 전통적 가치인 순응주의를 버리는 행위가 정당화되었다. 도시의 정체성이 하나의 집단 형태를 반영하기에는 너무 이질적인 형태가 되어버린 것이다. 대신 다양한 사회적 믿음과 개인주의가 등장하고 가족적 가치를 버리는 경향이 나타났다.[159] 결과적으로 도시화는 1인 가구를 늘리는 한편, 전통적 가족 단위에서 현대적 가족 형태로 변화를 가져오고 다양한 생활 방식을 탄생시켰다.[160]

대도시의 독신 인구 증가는 지방에서 유입되는 인구와도 관련이 있다. 전 세계 많은 지역에서 경제가 발전하고 지리적 이동이 어느 때보다 활발해지면서 대규모 인구가 도시로 이동했다. 이 이주자들은 비이주자들과 비교해 가족과 따로 살 가능성이 크고, 가족이 강요하는 결혼에 대한 의무감이 적으며, 대신 대도시가 제공하는 사회적·성적·문화적인 면에서 다양한 기회를 경험한다.[161] 특히 젊은층은 안정적인 가족생활보다 경제적 기회와 경력 개발, 개인적인 경험을 추구하려는 경향이 많아 더욱 그렇다.[162]

연구 결과에 따르면 1980년대부터 미국 모든 주의 국내 이주율은 미혼 인구와 사별한 독신 인구 비율과 관련이 있었다.[163] 중국에서는 베이징에 사는 국내 이주민의 41%가 혼자 살고, 이 비율은 지난 20년간 급증했다.[164] 이 과정을 초기 단계부터 살펴볼 수 있는 가장 흥미로운 곳 중 하나는 사하라 이남의 아프리카 지역이다. 최근까지도 농업에 종사하고 대가족이 서로 도움을 주며 사는 이곳 사람들은 이제 산업화된 현장에서 일하기 위해 새로운 기회를 찾아 점점 도시로 이주하고 있다. 도시에서 제공되는 일자리 수준이 아직 낮지만 미혼 이주민들은 독립해서 살 수 있는 경제적 능력을 얻고, 그 수도 점차 많아지고 있다.[165]

일자리를 찾아 도시로 간 사람들은 돈을 벌어 고향에 있는 가족에게 보낸다. 그때부터 그들은 대가족이 아닌 핵가족 형태의 삶을 경험한다. 도시로 이주한 사람 중에는 기혼자도 많다. 하지만 도시로 이주한 뒤로는 결혼 생활을 유지하기가 힘들어지고 남녀 관계에 다른 형태가 있을 수 있다는 가능성을 알게 되면서 점점 더 많은 사람이 혼자 사는 방식

을 택한다. [166]

마지막으로 도시화와 국내 이주는 교육 기회와 부를 증가시켜 앞서 설명한 바와 같이 독신 인구를 더 양산하는 효과를 낳는다. 특히 성 불평등이 심각한 지역일수록 교육 기회와 소득이 증가하면 여성이 더 두각을 나타내고 더 마음 편하게 독신으로 살 수 있어 이런 현상이 강하게 나타난다. 특히 예멘이 그런 나라에 속한다. 예멘은 경제 발전과 도시화 덕분에 여자아이들의 교육 기회가 급증했다. 그 결과, 중매결혼이 감소하고 이혼율이 증가했으며 초혼 평균 연령이 많아졌다. [167]

이민

이민 또한 여러 방면에서 독신 인구 증가에 공헌한다. 첫째, 이민자들은 경제적 이유로 일자리를 찾아 가족에게 돈을 보내주기 위해 혼자 이민을 떠나오는 경우가 많다. [168] 그들은 낯선 환경에 적응하며 어려운 문제들을 극복하고 새로운 문화도 익혀야 하므로 결혼을 서두르기가 쉽지 않다.

둘째, 이민자들은 시골보다 경제 활동 기회가 많은 도시를 선택하는 경우가 많다. [169] 앞서 설명했듯 도시 이민자들은 더 자유로운 분위기와 직업 중심 사회에 노출되기 때문에 전통 가치나 가족 형성에는 신경을 덜 쓴다. 현재 많은 대도시에서 이민자 공동체가 급속히 팽창했다. 실제로 몇몇 주요 유럽 도시에서는 1세대와 2세대를 합친 이민자가 이미 인구의 50%를 넘어섰다. [170] 이민자 공동체는 새로운 이민자를 위한 사회적 기회와 오락거리를 제공한다. 그래서 그들은 가족

생활을 대신할 적당한 대안이 많다고 생각한다.

셋째, 난민도 그렇지만 국제 이민자 사이에는 성비 불균형이 나타나는 경우가 많다. 예를 들어 건설 현장에 일자리가 많은 지역에는 남자 이민자가 많고, 간호 서비스가 필요한 지역에는 여자 이민자가 많다. 문제는 나라별로 필요한 직업군이 다르다는 것이다. 가령 중국에는 건설 노동자로, 필리핀 같은 곳에는 간호사로 이민을 떠나는 사람이 많다.[171] 인구통계학 관련 부분에서 언급했듯 성비 불균형 문제가 있으면 같은 나라 출신의 이성을 만나고 싶어도 적절한 상대를 찾기가 힘들다.[172] 따라서 그들이 배우자를 찾으려면 사회적·문화적 장벽을 극복하고 다른 나라에서 찾든지, 본국으로 돌아가 같은 지역 출신에서 찾든지 해야 한다.[173]

넷째, 독신 이민자들을 인터뷰한 결과, 어떤 이들은 혼자 사는 삶에 전적으로 만족했다. 그들이 이민을 결심한 것은 경제적 이득을 얻기 위함이지만 이민한 나라에 적응하는 과정에서 가치관도 변한다. 즉 이민자들은 가족이나 고향 사람과 가까이 있을 때 느끼는 전통적인 제약을 덜 느껴 결혼보다 독신 생활을 더 쉽게 선택한다.[174]

독신이 행복한 시대를 향해

1964년, 린든 존슨Lyndon Johnson 미국 전 대통령은 연두 교서에서 빈곤과의 전쟁을 선포했다. 정부는 미국의 빈곤율이 20%까지 치솟자 빈곤 문제를 해결하고 경제 활동 기회를 만들기 위해 연방 정부의 역할을 확대하는 새로운 법률을 마련했다.[175] 그들은 입법 프로그램을 도입한 몇 년 동안 식품 할인권을 발행하고, 사회보장제도를 개선하고, 초중등 교육을 지원하고, 일자리를 마련하는 등 다양한 정책을 시행했다. 하지만 정책 전문가와 연구원들은 적어도 손익분석 면에서는 이를 실패한 정책이라 분석한다.[176] 종종 있는 경우를 제외하면 빈곤율이 좀처럼 떨어지지 않았기 때문이다.[177]

실패 원인 중 일부는 독신 탓으로 돌아갔다. 빈곤과의 전쟁 후에 있었던 여러 논의에서 사람들은 독신으로 살 때보다 결혼했을 때 경제적으로 더 부유하고, 아이들을 잘 돌보며, 가난하게 살 확률이 더 적다고 여겼고, 지금도 그런 시각이 존재한다.[178] 그래서 일부 사람은 빈곤율을 퇴치할 수 있는 한 가지 방법으로 결혼을 권장해야 한다고 주장한다. 브루킹스연구소Brookings Institution는 2013년 논평에서 존슨 대통령의 정책을 분석하며 그에 대한 메시지를 정확히 전달했다.

젊은층이 지금처럼 결혼도 하지 않고, 아이도 낳지 않는다면 빈곤 퇴치에 들어가는 정부 지출은 최소한의 효과를 내는 데 그칠 것이다. (…) 반면 정부의 복지 프로그램이 결혼을 장려하는 방향으로 재설계된다면 적어도 존슨 대통령이 구상한 빈곤 감소 목표는 달성할 수 있을 것이다.[179]

브루킹스연구소의 연구원인 론 해스킨스Ron Haskins도 이렇게 주장했다.

"우리 사회가 가족 단위 구조로 돌아간다면 경제적 이득이 증가하고 빈곤율도 감소할 것이다."

존슨 대통령이 빈곤과의 전쟁을 선포한 이후 장장 50년이 지났지만 여전히 일부는 독신들을 비난하며 독신 인구 증가를 막으려고 한다. 이런 생각의 문제점은 독신 그 자체가 점점 보편적 가치가 되고 있다는 데 있다. 결혼이 경제적으로 현명한 선택일지라도 결혼을 강요하는 행위가 윤리적으로 정당화될 수는 없다. 사람들은 앞서 설명한 많은 이유로 독신의 삶을 선택하고 기꺼이 그 대가를 치른다. 지금까지 살펴본 바와 같이 실제로 많은 사람이 경제적인 안정감 여부와 상관없이 결혼보다 독신 생활을 선택한다. 교육과 자유주의의 확산, 자립정신과 개인주의의 발달은 독신 인구를 확산하는 결과로 이어지고 있다.

정책 입안자와 우리 사회는 독신 인구와 싸우는 대신 그들을 인정하고, 그들의 힘을 최대한 이용해야 한다. 독신의 시대가 온 것은 한 가지 이유 때문이 아니다. 오늘날 독신으로 살아가려는 사람들에게는 많은 동기가 있다. 사회적 차별과 정부 정책이 독신 인구 증가를 막고 가족 단위 사회를 이루고자 노력하고 있음에도 이러한 추세는 계속 탄력을 받고 있다.

독신 인구는 인구통계학적 변화, 여성의 역할 변화, 이혼율 상승, 경제 발전, 소비주의 증가, 종교 및 문화적 변화, 도시화, 이민 등 여러 요인이 맞물리면서 점점 더 증가하는 추세다. 물론 이러한 변화는 어느 것 하나도 막기 어려워 보인다. 이 변화들이 합쳐져 다수의 독신 인구를 기반으로 하는 사회를 만들고, 결과적으로 전 세계에 걸쳐 결혼 제도를 무너뜨리고 있다. 하나씩 보면 다소 사소해 보일지 모르지만 뿌리 깊은 가족적 규범을 고수하려는 공공기관은 이 변화들이 정책 입안자나 무관심한 대중의 눈에 너무 낯설거나 혹은 너무 앞서간다는 이유로 자세히 보려 하지 않는다. 하지만 독신 인구가 증가하는 다양한 원인을 이해하고 새로운 사회적 상황을 조명한다면 독신이 행복해지는 방법을 찾을 수 있다.

지금까지 살펴본 모든 메커니즘을 고려하면 독신 인구가 증가하는 현상을 되돌릴 방법은 없는 것 같다. 그러므로 독신으로 사는 방식이 어떻게 삶에 즐거움과 만족감을 주고 단점보다 장점이 될 수 있는지 알아내는 편이 나을 것이다. 나는 이 책을 통해 행복하게 살아가는 독신과 그에 관한 자료를 살펴보며 독신의 삶을 선택했거나 상황적으로 독신이 된 사람들을 위해 하나의 길을 제시하고자 한다.

이 책은 결코 결혼이나 남녀 관계를 반대하지 않는다. 그것이 자신의 의지에 따라 자유롭게 선택되기만 한다면 말이다. 그보다는 독신의 시대를 이끄는 강력한 트렌트를 인정하고, '어떻게 하면 독신들이 행복하게 살 수 있을까?'에 대한 답을 찾고자 한다.

2

행복한 노후를 위해

이누이트 전설에 가족에게 버림받고 홀로 남겨진 한 노파에 대한 이야기가 나온다. 가족은 노파에게 추운 겨울을 버틸 양식으로 곤충 몇 마리만 준 채 마을을 떠났다. 하지만 노파는 곤충의 신세가 자신과 같아 보여 불쌍하게 느껴졌다. 노파는 이렇게 말했다.

"너희도 살아 있는 생명체라 차마 죽일 수가 없구나. 너희를 먹느니 내가 먼저 죽는 게 낫겠다."

노파가 연민에 찬 눈빛으로 곤충들을 바라보고 있는데, 어디선가 여우 한 마리가 나타나 노파의 살갗을 물어뜯기 시작했다. 하지만 쭈글쭈글한 살갗만 떨어져 나갈 뿐, 노파는 아무런 상처도 입지 않았다. 잠시 후, 살갗 아래에 있던 곱고 부드러운 피부가 드러났다. 사실 여우를 부른 것은 곤충들이었다. 다음 해 여름, 가족이 마을로 돌아왔을 때 노파의 모습은 보이지 않았다. 젊은 여인의 모습이 된 노파는 다른 곳에서 곤충들과 새로운 삶을 살았다.[1]

얼핏 선행과 동정심이라는 미덕을 전하려는 것처럼 보인다. 하지만 그것이 이누이트 전설의 교훈이라면 주인공이 왜 노파였을까? 왜 노파가 가족에게 버림을 받은 것일까? 배고픈 남자아이가 주인공이 될 수는 없었을까? 그 아이가 곤충을 죽이지 않고 살려주어서 상을 받을 수도 있지 않았을까? 실제로 이 이야기에는 다른 뜻도 담겨 있는 것 같다.

우리는 노파에 대한 이야기를 통해 모든 사람이 가지고 있는 두려움 중 하나에 노출된다. 홀로 늙고, 홀로 남겨진다는 것. 노파는 나이도 많고 힘도 없다. 하지만 추운 겨울을 버틸 방법을 찾았을 뿐 아니라 새로운 둥지와 친구를 만났다. 노파는 홀로 남겨진 뒤 가족이 아닌 주변 환경을 돌아보았다. 심지어 가족이 돌아와도 그들이 필요하지 않았다. 노파는 자신이 소중히 여긴 가치 덕분에 새로운 인연을 맺고, 새로운 삶을 찾을 수 있었다. 그래서 이 이야기가 여러 세대를 거쳐 전해질 수 있었을 것이다.

이번 장에서는 독신의 행복에 관해 더 자세히 알아보려 한다. 사실 사람들이 결혼하는 가장 보편적이고 가장 뿌리 깊은 이유 중 하나는 긍정적인 데 있지 않다. 여러 연구 결과를 보면 많은 사람이 홀로 나이 들어 머리맡을 지켜주는 사람 하나 없이 혼자 죽을지도 모른다는 두려움 때문에 결혼을 선택한다.[2]

가령 이런 모습이다. 늙고 병든 몸으로 사람들 사이를 쓸쓸하게 걸어도 누구 하나 말을 걸어주지 않고, 온종일 우두커니 공원 벤치에 앉아 날아드는 비둘기에게 빵 부스러기를 던져주며 어제와 같은 오늘을 보내고, 해가 지면 낡은 가구가 가득한 아파트로 돌아와 어느 날 갑자기 죽으면 누가 장례를 치러줄까 걱정하며 잠드는 모습. 많은 사람이 이런 생각에 괴로워하다가 그런 상황을 피할 방법을 찾는다. 누군가와 결혼해서 가정을 이루는 것, 그것이야말로 이 고민의 완벽한 해결책처럼 보인다. 내 곁에 항상 누군가가 있다고 생각하면, 특히 인생의 마지막을 함께할 사람이 있다고 생각하면 마음이 놓이고 불안감이 사라지는 것 같다.

결혼의 이유가 다른 사람을 이용해 두려움에서 벗어나고자 하는 것이라면 너무 이기적으로 들릴 수도 있지만, 실제로 많은 사람이 그런 이유로 결혼을 선택한다. 토론토 대학교 연구진은 외로움이 결혼 동기에 미치는 영향에 관해 종합적이고 상호보완적인 일곱 가지 연구를 진행했다.[3] 결과를 보면 응답자의 40%가 오래 함께할 동반자가 없는 것을 두려워했고, 11%는 혼자 나이 드는 것을 두려워했다. 응답자들은 그런 두려움 때문에 결혼을 선택하고, 정서적 도움이나 지적 능력, 외모 등에서 자신보다 한 가지 이상 낮은 수준에 있는 사람을 배우자로 만족하며 받아들였다.

그렇다면 결혼은 적절한 해결책이 될 수 있을까? 결혼을 하면 혼자라는 외로움이 사라지고, 평생 함께할 동반자가 생기는 것일까? 만약 이누이트 전설 속 노파가 결혼을 했다면, 그리고 계속해서 가족과 함께 살았다면 더 행복했을까? 이번 장에서는 그 질문에 대한 답을 찾기 위해 노년기에 맞닥뜨리는 외로움의 형태를 살펴보고, 그것이 노년기의 삶에 어떤 영향을 미치는지 알아보도록 하겠다.

연구 결과들을 보면 외로움이라는 감정과 그것이 동반하는 여러 부정적인 영향은 사실상 결혼과 관련이 없다. 실제로 결혼은 노년기의 외로움을 피하는 좋은 방법이 아니다. 결혼을 했음에도 외로움을 느끼는 사람이 많다. 오히려 독신으로 오래 산 사람들이 나중에는 외로움이라는 감정에 더욱 잘 대처한다. 지금부터 여러 연구 결과와 내가 시행한 인터뷰 결과를 종합해 노년기의 독신도 자신의 삶에 만족감을 느끼고 행복해지는 방법을 알아보겠다.

노년기의 외로움

...

　노년기의 외로움은 점점 더 중요한 문제가 되고 있다. 2018년 초, 영국 총리는 노인들의 외로움 문제를 해결하고자 외로움 전담 장관을 임명했다.[4] 1장에서 살펴보았듯 전 세계에 걸친 기대 수명 증가가 독신 인구 비율에도 영향을 미쳤다. 기대 수명이 늘면 혼자 사는 사람은 혼자 살아야 할 기간이 잠정적으로 늘어난다. 계속 독신으로 살았거나 결혼했다가 이혼하거나 사별한 사람 모두 마찬가지다. 그래서 모든 독신이 혼자 사는 기간이 더 길어지는 결과가 나타난다.[5]

　소피아는 이혼 후 외로움을 이해하는 과정을 블로그에 소개했다. 그녀가 초기에 쓴 글에는 외로움과 절망감으로 힘들어하는 모습이 많이 담겨 있다. 하지만 시간이 지날수록 용기를 갖고 자신감 넘치는 모습으로 변해가고 있다. 이번 장에서는 그녀가 변해가는 과정을 따라

가볼 것이다. 그녀는 이혼하고 9년이 지난 66세 때 블로그를 시작했다. 다음은 그녀가 초기에 쓴 글이다.

> 밤이 되면 침대에 누워 양팔을 감싼다. 그저 손길을 느끼고 싶어서. 손을 만지고, 팔다리를 만지고, 몸을 만진다. 이상하게 보이겠지만 어쩌겠는가. 누군가의 손길이 너무 그립다. 유일하게 나를 만져주는 사람은 아들이다. 아들은 한 달에 한 번 나를 보러 온다. 그것도 운이 좋아야 그렇다. 아들은 나를 1분 정도 안아준다. 솔직히 이제 그 시간이 너무 어색하다. 이제는 남자가 키스하고 만져주는, 혹은 남자와 사랑을 나누는 모습은 상상하기도 힘들다. 생각만 해도 낯설다. 심지어 다른 사람과 손을 잡는 행동도 어색하게 느껴진다.[6]

소피아는 자신을 사랑해주는 사람의 손길이 간절하다. 실제로 이런 감정은 노년층에서 흔히 볼 수 있다. 외로움은 복지 기관을 이용하는 노인들의 주된 문제로도 분류된다. 요양 시설 입주와도 상당한 관련이 있으며, 특히 정신 질환이나 신체 제약이 있을 때 더욱 그렇다.[7]

하지만 노년기의 외로움은 결혼 여부와 상관없이 나타날 수 있고, 자신의 인식 정도에 따라 느낄 수도 있고, 그렇지 않을 수도 있다.[8] 외로움을 정의하면 '자신이 원하는 사회적 관계의 수준과 실제 수준과의 차이'[9]라고 할 수 있다. 이 차이는 자신이 맺고 있는 인간관계의 수나 인간관계에서 느끼는 친밀도의 정도에 영향을 받는다.[10] 하지만 어느 경우든 외로움은 실재라기보다 개인의 인식 문제다.

그런 의미에서 외로움과 사회적 고립은 구별해서 생각해야 한다. 사회적 고립이 타인과 최소한의 관계만 맺는 객관적 상태라면, 외로움은 개인이 인식하는 고립감과 관련된 주관적 감정이다.[11] 후자, 즉 사람들로부터 소외당한다는 자기 인식이 노년기와 관련된 주된 문제 요인이다.[12]

외로움이 주관적인 감정이라는 사실, 따라서 결혼 여부와 같은 객관적 상황보다는 자기 인식에 달려 있다는 사실을 이해하는 것은 중요한 문제다. 외로움에 대한 인식은 결혼 여부와 별개로 개인에 따라 매우 다르게 나타날 수 있다. 결혼한 사람도 친구나 친척과 멀어질 수 있고, 배우자와 소원해질 수 있다. 반면 결혼을 하지 않았어도 인간관계 폭이 넓고 친구, 친척 등 많은 사람에게 관심과 사랑을 받을 수 있다.[13] 신체장애가 있는 사람도 남들 앞에 서는 것을 불편해하며 집 안에만 갇혀 살 수도 있고, 밖으로 나가 많은 이들과 어울리며 살 수도 있다.[14]

우리는 이 장에서 다시 소피아를 만나 그녀가 당당하고 자신감 넘치는 여성으로 거듭나는 과정을 보게 될 것이다. 그녀는 외롭다는 감정이 주관적이라는 사실을 깨닫고, 자신이 원하는 것들을 주변에 적극적으로 알렸다. 이 과정을 잘 이해하려면 가장 먼저 결혼이 노년기의 외로움에 도움이 되는지, 된다면 어떤 식으로 도움이 되는지 살펴볼 필요가 있다. 외로움이라는 감정은 주관적이므로 결혼이 어떤 면에서 도움이 되는지 알아야 한다. 이 과정에서 우리는 결혼과 유사하거나 더 나은 대안들을 찾아낼 수 있을 것이다.

결혼은 노년기 외로움 해소에 도움이 될까

...

결혼을 지지하는 사람들은 부부가 같이 사는 것, 혹은 가족과 함께 사는 것이 외로움 문제를 해결할 방법이라고 주장한다.[15] 하지만 결혼이 실제로 외로움을 해소시켜주는지의 여부는 모든 가능한 시나리오를 고려해야 하는 실증적 문제다. 물론 대부분의 사람은 행복하고 단란한 가정을 꿈꾼다. 사랑스러운 아이들을 키우고 서로 아껴주는 가족을 기대한다. 하지만 문제는 '결혼이 이혼, 별거, 사별을 포함한 다양한 시나리오에서 모든 연령대의 모든 사람에게 공통적으로 현명한 해법인가' 하는 것이다.

나는 이 점을 고려해 '결혼이 외로움에 얼마나 도움이 되는가'를 알아보는 도표를 만들었다. 이는 유럽사회조사가 30개국에 걸쳐 다양한 연령대의 사람들을 조사해서 찾은 외로움 지표를 분석해 만든 것이다. 이 도표를 통해 우리는 주목할 만한 사실을 확인할 수 있다.

도표는 결혼 여부에 따라 크게 '결혼 유경험 그룹'과 '결혼 무경험 그룹'으로 나뉜다. 결혼 유경험 그룹은 인생의 어느 시기에 결혼을 '해법'으로 선택한 그룹이며, 물론 여기에는 기혼자도 포함된다. 결혼 무경험 그룹은 결혼을 해법으로 선택하지 않은 그룹이다. 세로축은 조사 일주일 전에 응답자들이 외로움을 느낀 정도다. 도표를 보면 시간이 흐를수록 결혼이 외로움에 미치는 효과가 감소한다. 즉 78세부터 결혼 경험이 없는 사람들이 통계적으로 더 나은 결과를 보여준다. 이 때부터는 결혼이라는 선택이 평균적으로 계속 부정적인 방향으로 나

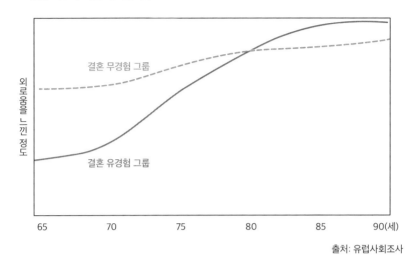

◇ 결혼 여부에 따른 외로움 지수

외로움을 느낀 정도

결혼 무경험 그룹

결혼 유경험 그룹

65   70   75   80   85   90(세)

출처: 유럽사회조사

타난다.

게다가 이 도표는 선택 효과를 고려하지 않는다는 점을 주목해야 한다. 1장에서 설명했듯 결혼은 결혼 전부터 더 행복했던 사람이 선택할 가능성이 크다. 따라서 현실에서는 두 그래프의 교차점이 더 이른 나이에 나타나야 하고, 결혼 무경험 그룹은 긍정적인 효과를 더 빨리 누려야 한다. 다시 말해, 결혼 전부터 행복도가 비슷한 사람들을 놓고 비교한다면, 결혼으로 인한 긍정적 효과는 이 도표에서 확인한 것보다 약해질 것이다. 또한 행복과 외로움은 거의 반비례 관계에 있으므로 이 도표에서 그 둘을 바꿔 생각해도 의미가 통한다.

이 도표 뒤에 숨겨진 사실은 명확하다. 그것은 바로 이혼 또는 사별한 사람들에 관한 것이라는 점이다. 나중에 자세히 살펴보겠지만,

그들은 대개 미혼자와 기혼자보다 더 외롭고, 덜 행복하다. 나이가 들수록 이혼이나 사별 가능성이 커지기 때문에 이는 특히 노년층에 중요한 문제다.[16]

물론 누군가는 이혼하거나 사별한 사람을 기혼자와 섞어 놓는 것이 부당하다고, 따라서 이 도표는 오해의 소지가 있다고 주장할 수 있다. 하지만 논리적으로 보면 그들을 결혼 경험이 없는 미혼과 합치는 것이 더 잘못된 방법이다.[17] 이유는 간단하다. 씁쓸한 말이지만 어쨌든 우리가 아무리 노력해도 결혼은 결국 다음 셋 중 하나인 비극적 결말로 끝난다. 사별하거나 이혼하거나 혹은 둘 다 죽거나. 이는 노년기의 행복에 결혼이 미치는 효과를 이해하는 데 매우 중요한 문제다.

결국은 자신의 결혼 생활이 어떻게 끝날지는 아무도 모른다. 많은 사람이 다른 사람보다 자신의 상황이 낫다고 생각하고, 자신의 선택으로 운명을 통제할 수 있다고 믿는다. 하지만 연구 결과를 보면 결혼 생활이 어떻게 끝날지는 개인의 바람과 전혀 관련이 없다.[18] 사람들은 결혼 생활을 지속하고 영원히 행복하게 살기를 희망한다. 하지만 결혼한 상태라는 말 자체가 언젠가는 '이혼'이나 '사별' 그룹에 속할 것이라는 의미를 담고 있으므로 이 점을 고려하지 않을 수 없다.

나는 이 도표로 어떠한 사실을 감춘다는 인상을 남기고 싶지 않다. 모든 사람이 이 도표 뒤에 숨겨진 의미를 낱낱이 알고 싶을 것이다. 지금부터 결혼 상태를 네 가지 시나리오로 구분해 살펴보도록 하겠다. 각 시나리오가 어떤 결론으로 이어질지 지켜보자.

노년기의 네 가지 결혼 시나리오

...

나는 외로움과 행복에 관해 앞서 말한 결과들을 더 정확한 정보를 통해 확인하고자 결혼 상태를 기혼, 미혼, 사별, 이혼/별거 그룹으로 나누어 분석했다. 교육, 소득, 건강, 종교, 거주지 등 결혼에 영향을 줄 수 있는 다양한 요소를 살펴보고, 그 결과를 65세 이상 그룹과 더 세밀한 작업을 위해 75세 이상 그룹으로 나누어 살펴보았다.

분석 결과, 사별 그룹과 이혼/별거 그룹이 가장 덜 행복하고, 가장 많이 외로워했다. 이 결과는 다른 사람과 현재 동거 중인 독신을 제외하더라도 유효하다. 남성 중에서는 사별 그룹과 이혼 그룹이 10점 만점 기준으로 기혼 그룹의 외로움 지수보다 각각 0.8점, 0.5점 더 높았다. 반면 미혼 그룹은 0.45점 더 높았다. 여성의 경우, 사별 그룹과 이혼 그룹이 각각 0.6점, 0.4점 더 높았고, 미혼 그룹은 0.35점 더 높았다. 행복 지수도 매우 유사한 결과가 나왔다. 즉 사별 그룹과 이혼 그룹이 기혼 그룹보다 0.6~0.8점 차로 낮아 가장 행복하지 않은 그룹으로 나타났다(특히 이혼 여성이 가장 낮았다). 미혼 그룹은 0.4~0.5점 낮게 나왔다.

주관적인 관점에서만 보면 기혼자 그룹이 가장 행복하고, 가장 외로움을 덜 느끼는 그룹임은 의심의 여지가 없다. 그렇지만 이 결론에는 두 가지 의혹을 제기할 수 있다. 첫째, 앞서 설명했듯 기혼자들은 결혼 전부터 삶의 만족도와 행복 지수가 높게 나오고, 외로움 지수는 낮게 나온다. 종적 연구 결과들을 보면 기혼자들의 행복 지수는 이미 출발점에서 약 0.3점 더 높다.[19] 이 점을 고려한다면 결혼이 노년기의 행복 지수를 높이고 외로움 지수를 낮추는 데 기여하는 바가 거의 없고, 있다 해도 미미한 수준이다.

둘째, 이는 제2차 세계대전 전후의 세대를 조사한 자료라는 점이다. 어쩌면 이 점이 더 중요한 문제일 것이다. 이제는 결혼의 가치와 지속 기간이 과거보다 훨씬 줄어들었다. 따라서 결혼이 노년기의 외로움에 미치는 긍정적 효과도 다음 세대에는 훨씬 더 줄어들 것이라 예상된다. 젊은 세대는 과거보다 이혼 사례도 많아졌고, 결혼을 지속하는 기간도 짧아졌다.[20] 게다가 이혼을 더 편하게 받아들이는 문화가 형성되고, 지원 시스템도 많아졌으며, 주변에 같은 처지인 사람이 많아 쉽게 공감대를 나눌 수 있어 이혼율은 더 높아질 것으로 보인다.[21]

또한 퓨리서치센터Pew Research Center의 최근 조사에 따르면 이른바 황혼 이혼도 놀라운 속도로 증가하고 있다. 특히 미국은 1990년 이후 50대 이후 이혼율이 거의 두 배로 늘었다.[22] 그들은 이제 결혼 유경험 그룹에 속할 것이고, 그들의 결혼이 '해피 엔딩'으로 끝나지 않았으므로 결혼을 매력적인 해법으로 생각하지 않을 가능성이 크다.

이 의혹을 실제로 인정할지는 사람에 따라 다르겠지만 기혼 그룹과 미혼 그룹이 느끼는 외로움과 행복의 차이는 의외로 적다. 그렇다면 대체 왜 기혼자들은 외롭다고 느끼는 것일까? 사실 기혼자들은, 특히 노년기가 되면 외로움을 많이 느낀다. 여러 자료를 분석해보면 기혼자들이 외로움을 느끼는 빈도수는 나이가 들수록 늘어난다. 다른 조사에서도 기혼자가 외로움을 느끼는 비율은 30대보다 60대가 50%

더 많고, 90대가 되면 이 수치는 배가 된다. 49세 기혼남 댄이 남긴 글은 이러한 예를 잘 보여준다.

> 저는 아내가 있어요. 하지만 우리 결혼 생활은 껍데기만 남은 것 같아요. 아무런 열정이 없죠. 전 그냥 아무 생각 없이 살 뿐이에요. 하지만 혼자 늙어가는 것도 너무 두려워요. 이럴 수도, 저럴 수도 없어요. 어떻게 하면 좋을까요?[23]

열정이 식었거나 좋지 않은 관계를 그냥 유지하는 경우 말고도 결혼 생활에서 외로움을 느끼는 이유는 여러 가지가 있다. 가령, 오랫동안 가족에만 헌신한 나머지 사회적으로 고립감을 느낄 때, 가족 외 다른 인간관계를 소홀히 했을 때, 병든 배우자를 홀로 돌보며 무력감을 느낄 때 등이다. 실제로 학자들은 외로움이라는 감정을 사회적인 면과 정서적인 면으로 나누어 설명하는 것을 좋아한다.[24]

'사회적 외로움'은 한 공동체 안에서 소속감, 연대감, 친밀감을 주는 친구나 지인이 폭넓게 존재하지 않을 때 나타나는 감정이다. 예를 들면 노인들은 사회 활동이 줄고 이웃과의 관계가 소홀해질 때 사회적 외로움을 느낀다.[25] 반면 '정서적 외로움'은 의지할 수 있는 가까운 사람이 아무도 없다고 느낄 때 나타나는 감정이다.[26] 외로움을 느끼는 이유가 사람마다 다르고, 배우자가 있다 해서 모든 문제가 해결되는 것은 아니기 때문에 외로움의 종류를 구분해 이해하는 방법은 노년기 독신에게 중요한 의미가 있다. 특히 사회적 외로움이 자주 문제가 되는데, 이는 배우자가 없어서가 아니라 오히려 있어서 생기는 문제라 할 수 있다.[27] 실제로 연구 결과들을 보면 오랫동안 가족만 보고 산 사람들은 노년기에 사회적 고립감을 느낄 수 있다.[28] 그에 반해 앞서 말했듯 독신들은 소속감, 연대감, 친밀감을 중시하는 관계에서 주로 외로움을 호소한다.

이런 결과는 결혼이 그래도 해볼 만하다는 주장을 대할 때 중요한 의미가 있다. 누군가는 옛말에도 있듯 밑져야 본전 아니겠냐고, 해보고 안 되면 이혼하면 되지 않겠냐고 주장한다. 하지만 그것은 그리 간단한 문제가 아니다. 잃는 것이 너무 많기 때문이다. 최근 발표된 몇몇 연구 결과를 포함해 내가 분석한 자료를 보면 결혼은 이혼이나 사별이라는 위험도 있지만 언젠가 독신으로 살아야 하는 순간이 왔을 때 준비가 덜 되게 한다는 문제도 있다.[29]

계속 독신으로 살아온 사람은 결혼했다가 사별한 사람보다 노년에 혼자 사는 삶에 더 쉽게 적응한다. 그들은 그동안 혼자서 문제를 해결하는 방법을 익히고, 자신을 도와줄 인적 네트워크를 구축하고, 자의든 타의든 한 사람에게만 의존하지 않았기 때문에 나이가 들었을 때 혼자 사는 삶에 어려움이 없다.[30] 게다가 나중에 사별이나 이혼을 겪는 사람들처럼 어느 날 갑자기 혼자가 되는 상처를 받지 않아도 된다.[31]

생각해보면 이 점은 특히 흥미롭다. 결혼한 사람이 결혼 직전과 직후에 가장 행복한 이유 중 하나는 늙어서도 자신을 지켜줄 해결책을 찾았다고 생각해서다. 이누이트 전설의 노파처럼 마을에 혼자 남겨지지 않아도 되는 것이다. 하지만 통계적으로 보면 흔히 사람들이 결혼하는 시기인 30대에 느낀 감정은 바로 그 결혼 덕분에 안정되기를 바라는 40년 뒤에 느끼는 감정에 아무런 영향을 주지 않는다. 역설적이게도 결혼으로 안정감을 누려야 할 바로 그 시기에 사별 위험이 가장 크고, 그게 아니라면 오늘날의 인구 통계와 결혼 통계로 보건대 이혼 가능성은 더 크다.

하지만 여전히 이런 의문이 생길 수 있다.

'그렇다면 왜 사람들은 장기적인 관점의 위험을 생각하지 않고 결혼을 하는 걸까?'

이 질문에 가능한 답은 두 가지다. 첫째, 사람들은 그 위험을 알고, 그에 대한 반응으로 결혼율이 감소하고 있다. 개인의 욕구를 중요시하고 자유롭게 자신이 원하는 바를 선택할 수 있는 개인주의 성향이 강한 사회에서 그런 현상이 특히 두드러진다.

둘째, 결혼의 장단점을 저울질해도 실제로 장기적인 위험을 깨닫고 판단하기가 어렵다. 각종 증거가 이를 증명한다.[32] 연금 경제학에서는 이를 '근시안성'이라고 설명하는데, 그래서 많은 정부가 국민에게 퇴직 이후 생활 자금을 미리 저축하도록 법으로 강제한다. 결혼도 마찬가지일 것이다. 많은 사람이 눈앞에 이익이 있으면 먼 미래의 위험을 잘 보지 못한다. 1장에서 언급했듯 여러 종단적 연구 결과를 보면 결혼이 행복에 미치는 효과는 일시적이고, 결혼 이벤트가 있는 그 시기에만 유용하며, 약 2년 후부터 효과가 줄어들기 시작한다.[33] 하지만 위험은 너무 먼 미래에 있어서 인지하기가 어렵다. 특히 나이가 들면 대부분 결혼으로 인한 일시적 효과가 거의 사라질 시기이므로 이 원리가 더욱 잘 적용된다.

결론적으로 노년기의 외로움을 피하고자 한다면 결혼이 유일한 해결책이라고 생각해서는 안 된다. 배우자 없이도 행복하게 나이 들 방법은 얼마든지 있다. 독신들은 평생 그 방법들을 익히며 산다. 하지만 이혼하거나 사별한 사람이 꼭 그들의 방법을 따라야 하는 것은 아니다. 모두가 각자의 방식대로 배우자 없이 행복하게 사는 자신만의 전략을 찾을 수 있다.

혼자서도 행복하게 노후를 보내는 법

...

지금까지 나온 연구들은 나이 들어 혼자 사는 법을 준비한다는 것이 어떤 의미인지 제대로 파악했다고 할 수 없다. 지금도 적당한 나이에 결혼해서 사는 것이 인생의 정답이라는 인식이 지배적이니 어찌 보면 당연한 결과다. 하지만 이제 상황이 달라지고 있다. 기대 수명이 늘었고, 인구 특성과 결혼 패턴도 변했다. 이제부터는 인터뷰 응답자의 대화를 살펴보며 이혼하거나 사별한, 혹은 미혼인 노년기의 독신들이 새로운 현실에 적응하며 각자의 행복을 찾고 외로움을 극복할 방법을 살펴볼 것이다. 그들의 이야기는 나이 든 세대는 물론이고, 어쩌면 먼 미래에 외롭고 불행하게 살고 싶지 않다는 이유로 결혼을 선택하는 많은 젊은 세대에게 더욱 중요한 메시지를 전할 것이다.

인터뷰를 진행하는 동안 결혼에 대한 우리의 인식을 완전히 바꿔놓을 수 있는 전혀 다른 현실이 존재한다는 사실을 깨달았다. 물론 어느 정도는 예상했지만 실제로 이렇게 많은 노년기의 독신에게서 행복하게 살아가는 이야기를 다양하게 듣게 될 줄은 몰랐다. 나 말고도 놀란 사람이 또 있다. 학자이자 작가인 에릭 클라이넨버그^{Eric Klinenberg}는 표면적으로만 보면 전혀 다른 주제인 '재난'에 관해 연구하던 중 우연히 독신들의 삶을 조사하게 되었다.[34] 그는 재난의 사회학적 맥락을 조사하는 동안 자연 재난을 당해 어려움을 겪는 독신 노인들의 문제를 다루었고, 자연스럽게 그들이 처한 어려움과 도전 과제를 연구하기 시작했다. 그 결과, 놀랍게도 많은 독신 노인이 별 어려움 없이 잘 지낸다는 사실을 발견했다.[35]

인터뷰 응답자 중에도 그런 사람이 많았다. 몇몇 사람은 젊었을 때는 자신이 혼자 사는 생활을 이렇게 좋아할지 몰랐다며 자신의 변화한 모습에 스스로 놀라워했다. 그들은 혼자가 되고 보니 그 삶이 그런대로 만족스러웠고, 상황을 바꾸고 싶다는 생각이 들지 않았다고 했다.

그러니 이제 더는 놀라지 말고, 그들이 우리에게 전하려는 말에 귀를 기울여보자. 노년기의 독신들을 인터뷰하고 관련 블로그 글들을 분석하는 동안 그들이 행복하게 잘 산다는 분명한 사실보다는 그들이 하는 이야기 간의 미세한 차이를 찾아내려고 노력했다. 그래서 행복하게 사는 노년기의 독신은 그렇지 않은 독신과 어떤 점에서 차이가 나는지 알아내려고 했다. 만약 그들이 독신 인구 전체, 심지어 부부들에게도 도움을 줄 수 있다면, 그들이 독신으로 나이 들어가는 과정을 어떻게 인식하는지, 나아가 독신으로 살아가는 것을 한 개인으로서 어떻게 인식하는지 분석해볼 필요가 있다.

오랫동안 독신으로만 산 사람과 가족 단위 생활을 하다가 나중에 독신이 된 사람을 비교하고자 질문했을 때 양쪽 답은 내 예상대로 크게 달랐다. 대개 전자는 노년에 혼자 사는 것이 변화가 아니라 과거 삶의 연장선이라고 생각했다. 반면 후자는 새로운 환경에 적응하고 노후의 삶이 원만하게 이어지도록 새로운 생활 습관과 방식을 터득해야 했다. 따라서 독신으로 노년을 행복하게 보내기 위해서는 각자가 적응 과정에서 다양한 전략을 익히기 때문에 양쪽 목소리를 모두 들을 필요가 있다.

자기 삶에 주인 의식 가지기

행복하게 사는 노년기의 독신들에게서 처음 발견한 공통점은 자신의 삶을 돌아보고 독신으로 살아가는 상황을 통제하는 능력이 뛰어나다는 점이다. 정신분석학에서는 인생의 마지막 시기에 겪는 이런 전향적인 과정을 가리켜 '생애 회상life review'이라는 단어로 설명한다.[36] 사람들은 대개 인생의 마지막 시기가 되면 해결하지 못한 과거의 문제를 적극적으로 해결하고자 인생을 돌아보고 반성하며 자신의 삶을 있는 그대로 받아들이려고 노력한다. 대개 노년기의 독신들이 해결하지 못한 한 가지 중요한 문제는 정상적인 삶으로 여겨지는 결혼 생활을 끝까지 지속하지 못했다는 것이다. 하지만 결혼하지 않고도 행복하게 사는 노년기의 독신들은 자신이 선택한 삶을 있는 그대로 받아들였고, 사별해서 독신이 된 경우에는 배우자를 잃은 상실감 속에서도 의미를 찾고 전통적인 가족 단위의 삶을 살지 않는 현실을 받아들이려고 노력했다.

한 조사 기관에서 60세 이상 노인 중 미혼 독신을 대상으로 그들이 살아온 과정을 조사했다. 자신이 행복하다고 말한 사람은 그렇지 않은 사람과 비교해 독신으로 사는 이유가 여러 면에서 상당히 달랐다.[37] 요약하면 전자는 처음부터 결혼을 그다지 하고 싶지 않았다고 답했다. 그들은 자기 인생을 스스로 책임지고 결혼 생활 대신 사회적 유대감에서 만족감을 느끼며 살았다. 특히 그들은 자신들을 향한 사회의 모든 편견에도 불구하고 친구, 넓은 의미의 가족, 공동체와의 관계 덕분에 자신감을 가졌고, 사회로부터 배제된다고 생각하지 않았다. 하지만 후자는 일반적인 삶을 따르지 않는 다양한 이유를 가지고 있었다. 항상 그런 것은 아니지만 그들은 '적절한 사람'이 없었거나 건강에 문제가 있었거나 다른 사람을 만날 여유가 없었다는 등 상황을 탓하는 경향을 보였다.

더 흥미로운 점은 상황적인 이유로 독신이 된 사람 중에서 자신이 행복하다고 평가한 사람은 시간이 지나면서 점차 현실을 받아들이고, 처음부터 독신의 삶을 선택한 사람들처럼 자신에게만 주어지는 권리를 즐겼다. 그렇게 본다면 오래 독신으로 산 이들은 '나는 왜 혼자인가'라는 질문에 빨리 편해질수록, 다시 말해, 전통적인 의미의 가족을 이루지 못해 '잃는' 기회를 빨리 인정할수록 사회적 편견을 깨고 독립적인 삶을 즐길 수 있는 것 같았다.

다른 학자들의 연구 결과를 보면 독신의 삶을 선택한 사람은 인생에서 자신에게만 주어지는 권리를 장점으로 여기며 인생을 긍정적으로 돌아보았고, 그것이 자존감을 높이는 결과로 이어졌다.[38] 특히 몇몇 연구를 보면 장기간 독신으로 살아온 사람 중에서 자신의 삶을 있는 그대로 받아들이는 사람은 외로움 지수가 낮았다.[39]

이런 관점은 인터뷰 응답자뿐 아니라 블로그 글에서도 그대로 드러났다. 그래서 자신이 행복하다고 느끼는 사람과 그렇지 않은 사람이 쉽게 구별됐다. 나이가 정확하지 않은 익명의 한 블로거는 이런 글을 남겼다.

> 우리는 점점 나이를 먹는다. 거울을 보면 주름이 또 하나 늘어 있다. 나는 아직 혼자이고 결혼도 하지 못했다. 하지만 뭐 어쩌겠는가. 적절한 이유만 있다면 상관없다. 오히려 옳다! 신이 허락하지 않아서. 과거에 한 실수를 반복하고 싶지 않아서. 혼자가 싫다는 이유로 아무나 만나고 싶지는 않아서. 혹은 확실한 이유가 아니라면 만족할 수 없어서. 이런 이유라면 말이다.[40]

이 글을 쓴 사람은 자신이 선택해서 혼자 사는 것이고, 현재의 삶에 만족한다는 것을 분명하게 표현했다. 온전히 자신이 내린 결정이기 때문에 더 자신감을 얻고 용기를 얻었다. 반면 브루클린에 사는 57세 리사는 자신의 삶이 고통스럽고 힘겹다고 말했다. 그녀는 누구와도 결혼하고 싶지 않고, 결혼 자체를 믿지 않는다고 했다. 하지만 정작 그녀를 괴롭히는 것은 혼자라는 사실이 아니라 남자에게 배신당한 기억으로 지금도 고통스러워한다는 사실이다.

"오래 사귄 사람이 있었어요. 그런데 그 망할 놈이 스물 몇 살짜리 여자아이가 좋다며 배신하고 떠나버렸어요. 둘은 결혼했죠. 지금은 스웨덴에 살아요. 괜찮아요. 어쩌겠어요. '이제 혼자다'라고 그냥 그렇게 생각했어요. 전 끝났어요. 이제 제 인생에 다른 사람은 없어요. 그가 내 영혼을 죽였으니까요. 저는 지금 3명의 룸메이트와 함께 살고 있어요. 전에는 상상도 하지 못했어요. 정말 비참해요. 10년이나 그를 떠받들고 살았는데 나를 이렇게 엿 먹이다니! 어느 날 밤 제게 끝내자고 말하더군요."

리사는 남자에게 배신당한 과거를 떠올리며 괴로워했다. 그녀는 그 남자를 만나기 전까지만 해도 결혼이 꼭 필요하다고 생각하지 않았다. 그녀는 이렇게 말했다.

"전 2년 이상 관계를 지속한 적이 없어요. 남녀 관계는 오래갈 수 없다고 생각했죠."

하지만 그 남자와는 다를 거라고 믿었다. 그녀는 과거를 떠올리며 남자와의 관계가 실패로 끝난 것에 좌절감을 느꼈고, 누군가를 믿은 자신에게 실망했다. 오랜 관계를 약속하며 자신을 설득한 사람도, 느닷없이 관계를 깨트린 사람도 그 남자였다. 그녀는 배신감과 절망감으로 괴로워하며 자신의 삶을 통제하지 못했다. 자신의 사회적·경제적 상황이 나빠진 것은 실패한 관계 탓이라고 생각했다. 헤어진 애인이 돈을 훔쳤거나 그와 헤어져 재산을 잃은 것은 아니지만 그녀는 룸메이트와 함께 사는 이유가 그 남자가 자신의 인생을 망쳐서라고 생각했다.

리사와 앞서 소개한 블로거는 독신으로 사는 이유를 완전히 다른 관점에서 생각했다. 그들의 관점은 더 넓은 의미에서 삶을 대하는 태도에도 깊숙이 배어 있다. 리사는 자신이 혼자인 것은 자신을 버린 남자 때문이라고 생각하며 고통스러워했다. 반면 블로거는 자신의 의지이자 여러 가능성 중 최고의 선택이라고 생각했다. 그래서 자신의 인생을 온전히 자기가 책임졌다. 그들은 삶에 대한 인식이 완전히 달랐기 때문에 그것을 받아들이는 태도도 달랐다. 한 사람은 힘들고 고통스럽게, 다른 한 사람은 후회 없이 즐겁게 받아들였다.

다음 도표는 유럽사회조사 자료를 분석해 만든 것이다. 이 도표를 통해 알 수 있듯 행복하게 사는 노년기의 독신은 자기 결정 능력을 높

◇ 기혼 그룹 대 독신 그룹으로 본 독립적인 의사 결정의 중요도

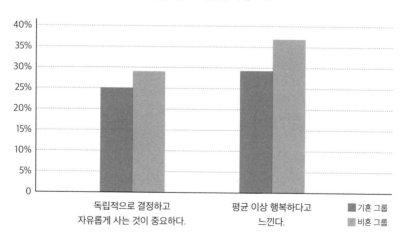

출처: 유럽사회조사

이 평가한다. 65세 이상 미혼, 이혼, 사별 그룹의 29%는 '독립적으로 결정하고 자유롭게 사는 것이 중요하다'라는 문항에 '매우 그렇다'라고 답했다. 반면 기혼 그룹은 25%만 그렇다고 답했다. 더욱이 평균 이상 행복하다고 느끼는 비혼 그룹은 이 수치가 37%로 증가했지만, 기혼 그룹은 29%에 그쳤다. 이런 차이는 노년기의 독신이 결혼을 바라보는 관점에 자율성이 얼마나 중요한 문제인지 강조한다.

고독을 즐기기

두 번째 주제는 젊은층과 노년층의 독신을 비교하는 과정에서 떠올랐다. 인터뷰를 진행할 때 자주 들은 말 중 하나는 "나이가 들면 외로워질까 봐 걱정된다"였다. 일부 젊은 사람은 혼자 살면 절대 행복할 수 없을 것이라고 생각했다. 하지만 노년층과 이야기를 나눠보면 행복한 독신들은 외롭다거나 사람들과의 관계가 끊겼다고 생각하지 않았고, 오히려 혼자인 삶을 즐겼다. 그들은 고독과 외로움은 완전히 다르다고 선을 그으며 독신들이 외롭게 살 것이라는 편견을 물리쳤다. 71세 여성 로니의 경우가 그랬다. 남편과 이혼하고 혼자 사는 그녀는 블로그에 이런 글을 썼다.

혼자가 좋고, 조용한 게 좋고, 사람들과 너무 자주 어울리고 싶지 않다고 하면 이상한 걸까? 고독을 즐기는 것은 개인의 선택이다. 고독은 외로움과는 다르다. 내가 고독을 즐기는 이유가 하나 더 있다. 나는 이제 사람들과 어울리는 시간이 힘들다. 사람들과 어울리고 나면 기운이 빠진다. 누군가와 밥을 먹거나 친구가 놀러오면, 심지어 내가 아주 좋아하고 존경하는 사람일지라도 한동안은 혼자 있고 싶다. 정말이지 기운을 회복할 시간이 필요하다. 우리는 혼자 있으면 불행하거나 우울해지는 사람과 고독을 즐기는 사람을 구별해야 한다.[41]

로니는 외로움과 고독은 비슷해 보이지만 다른 개념이라고 지적하며, 외로워하는 것과 고독을 즐기는 것은 다른 문제라고 말했다.[42] 행복하게 사는 독신은 외롭다는 감정과 배우자, 가족, 친구가 없다는 부정적인 감정에 빠져들지 않는다. 그들은 가족 개념을 확대하고 다양한 사회적 네트워크를 구축하는 데 능숙하다. 마찬가지로 다양한 수단을 이용해 사회적 자산을 획득하고 고립을 피하며 사람들과의 교류를 줄이지 않으려고 노력한다. 이에 대해서는 4장에서 더 자세히 살펴보겠다.

많은 노년기의 독신이 혼자 산다. 그래서 필연적으로 많은 시간을 고독하게 보낸다. 고독하게 지내는 시간이 많다 보면 때로는 함께할 사람이 있으면 좋겠다는 생각이 든다. 하지만 행복하게 사는 독신은 그 시간조차 조화롭게 보낸다. 그들에게 고독은 외로움이나 고립을 의미하는 것이 아니라 단지 혼자 시간을 보낸다는 의미다. 어떤 이들은 적극적으로 그 시간을 즐기고, 어떤 이들은 그저 삶의 일부로 받아들인다.[43]

시카고 대학교 심리학과 교수인 존 카시오포John Cacioppo는 인지사회신경과학센터Center for Cognitive and Social Neuroscience를 운영하며 외로움을 연구해 그 분야에서 주목받는 연구서를 집필했다.[44] 그는 인터뷰에서 외로움에 관해 설명하며 이렇게 말했다.

"혼자라는 것과 외롭다는 것은 같은 말이 아닙니다. 하지만 우리 사회는 종종 그 둘을 같은 의미로 오인하죠. (…) 고독을 즐기면서도 죄책감 때문에 배우자를 찾는 사람들이 있습니다. 하지만 그 뒤에 더 큰 죄책감에 빠지죠. 행복한 독신은 행복한 부부만큼 잘 살아요."[45]

노년기의 독신들이 더 행복해지려면 외로움, 독신, 고독의 의미를 다시 정립할 필요가 있다. 그래야 외로움을 피할 실제적인 방법을 찾아 불안감을 줄이고 더 행복해질 수 있다. 다음은 60대 여성 다이앤이 남긴 글이다. 그녀는 두 차례 이혼하고 현재 시애틀에 살고 있다.

아주 오래전, 나는 누군가와 결혼했다. 그 결혼 생활이 끝나고 처음으로 독립이라는 것을 했다. 처음에는 너무 외로워 죽을 것만 같았다. 하루를 보내고 집에 돌아왔을 때 대화를 나눌 사람도, 안아줄 사람도, 어깨를 만져줄 사람도 없었다. 그때를 돌아보면 웃음이 난다. 혼자 산 지 고작 6개월째였다. 6개월! 하지만 그때는 그 시간이 영원할 것 같았다. 이제 20년째다. 지금은 혼자가 편하다. 이제 나는 꼭두새벽부터 70년대 로큰롤에 맞춰 춤을 출 수도, 욕실을 카를로스 실바 신전으로 만들 수도 있다. 좋든 나쁘든 내 맘대로 할 수 있다.[46]

다이앤은 이혼 후 처음에는 외로움으로 힘들었지만 점차 혼자 사는 생활에 익숙해지고 독립적인 생활을 즐기게 되었다고 이야기했다.

우리가 부부들에 관해 잘 모르는 사실이 하나 있다. 대개 부부는, 특히 나이 든 부부는 혼자 보내는 시간이 거의 없고, 어떤 일이든 함께해야한다고 생각한다. 어쩌면 외로움으로 가장 상처받기 쉬운 사람들이 그들일 수 있다. 진정한 고독을 경험해보지 못했기 때문이다.

부부가 고독에 대한 '근육'을 단련하지 않는다면 동년배의 독신들보다 외로움과 사회적 고립감에 더 쉽게 상처받을 수 있다. 다이앤도 첫 번째 이혼 후 그랬다. 독신으로만 산 사람은 혼자라는 말을 중립적인 의미로 받아들이거나 긍정적인 의미로 생각한다. 하지만 사회생활이나 일상에서 고독을 경험하지 못한 사람들은 나이 들어 이혼이나 사별을 겪을 때 정신적으로 매우 힘들 수 있다. 다이앤은 독신으로서 자신의 모습을 재발견하는 과정을 겪고 나서야 고독을 즐기며 혼자인 생활에 편해질 수 있었다.

앞서 소개한 소피아를 기억하는가? 그녀는 다른 사람의 손길을 너무 그리워했다. 하지만 그녀 또한 외로움 속에서 희망을 발견하고 고독을 즐기게 된 과정을 글로 남겼다. 다음은 1년 뒤에 그녀가 블로그에 남긴 글이다.

나는 지금의 삶이 매우 만족스럽다. 요즘은 내가 가장 좋아하는 일인 글쓰기에 매진하느라 시간 가는 줄 모른다. 인터넷 라디오 쇼도 진행하고, 친구들과 함께 연극도 한다. 며칠 뒤에는 라스베이거스로 여행을 가야 해서 정신이 없다. 얼마 전에 재미있는 생각이 들었다. 만약 다시 누군가를 만나 결혼하게 된다면 이렇게 재미난 일들을 하지 못할지도 모른다고.[47]

분명히 그녀에게는 아직 두 가지 감정이 존재한다. 하지만 그녀는 이런 과정을 거치며 혼자인 삶의 장점들을 찾을 수 있었다. 그녀는 여러 활동으로 바쁜 시간을 보내면서 불과 1년 전에 가졌던 절실한 욕망을 기억했다. 그 욕망은 쉽게 사라지지 않을 것이다. 하지만 행복해지고자 한다면 자신의 상황을 다른 각도에서 바라보며 자신감을 키울 필요가 있다.

홀로 나이 든다는 것에 대한 두려움은 독신은 대개 불행하고 외롭다는 선입견에서 비롯된다.[48] 하지만 행복하게 사는 독신에게 혼자라는 말은 불행하다는 의미가 아니다. 많은 사람이 자신의 삶을 누군가와 함께하고 싶어 하고, 배우자나 자녀와 함께 인생을 꾸미고 맞춰가고 싶어 한다. 하지만 행복하게 사는 독신들은 다른 길을 택한다.

진정한 자유를 꿈꾼 시인이자 사상가인 헨리 데이비드 소로[Henry David Thoreau]는 이런 말을 남겼다.

"나는 대부분의 시간 동안 혼자 있는 것이 더 유익하다고 생각한다. (…) 고독만큼 마음 맞는 동반자를 만난 적이 없다."

건강 책임지기

아담은 32세 독신남이다. 성공한 사업가로, 베를린 외곽에 있는 멋진 아파트를 소유하고 있다. 특이하게도 그는 인터뷰에서 결혼을 하고 싶은 이유로 가장 먼저 건강 문제를 꼽았다. 언젠가 건강이 나빠질 날이 올 테니 한시라도 빨리 의지할 사람을 찾고 싶어 했다. 물론 자신의 생각이 논리적이지 않다는 것도 잘 알고 있었다. 돌봄이 필요한 나이가 됐을 때 이혼할 수도, 자신을 돌볼 수 없는 상대를 만날 수도 있을 테니 말이다. 하지만 두려움이 더 커서 빨리 결혼해야 한다는 생각이 강했다.

아담의 사례는 노년기의 건강 문제에 관해 젊은층과 노년층 간의 상당히 흥미로운 시각차를 보여준다. 언뜻 보면 잘 이해되지 않지만 젊은 사람들은 나이 든 사람들보다 노년기의 건강 문제를 더 걱정한다. 퓨리서치센터가 발표한 특별 보고서에 따르면 18~64세 남녀가 예상하는 노년기의 모습과 실제로 노년기에 있는 사람들의 경험 사이에는 상당한 차이가 있었다. 18~64세 남녀의 57%는 노년에 기억력이 감소할 것이라고 예상했다. 하지만 65세 이상 응답자 중 25%만이 실제로 그렇다고 생각했다. 그 차이는 65~74세, 75~84세, 84세 이상 그룹에서 계속 이어졌다. 또 18~64세 남녀의 42%가 나이가 들면 심각한 질병에 걸릴 것이라고 예상했다. 하지만 65세 이상 응답자 중 21%만이 실제로 그렇다고 생각했다. 마지막으로 이번 장의 주요 관심사이자 가장 핵심적인 문제인 외로움에 관한 응답을 살펴보면 '나이가 들면 외로움 문제가 예상되는가'라는 질문에 젊은층은 29%가 그렇다고 응답했지만, 노년층에서 실제로 그렇다고 답한 사람은 17%에 불과했다.[49]

사람들은 나이에 따른 어려움을 실제로 경험해도 생각보다 잘 대처한다. 노후를 행복하게 보내는 독신들의 특징 중 하나는 일어날 수 있는 돌발 사태를 예측하고, 그것에 대비하고자 한다는 것이다. 그래서 인터뷰 응답자 중 일부는 여유 자금을 저축하고, 일을 계속하고, 만일의 경우를 대비해 유언장을 작성했다. 이처럼 노년기의 독신들에게 행복이란 자신과 타인에 대한 책임감뿐 아니라 신체적·경제적 제약을 관리하는 현실적인 문제와도 관련된다.

특히 노년기에는 거동이 불편해지거나 건강 문제가 있을 때 도움을 받아야 하므로 재정적인 수단이 중요하다. 그래서 보험을 들거나 저축하는 등 노후 대비용 자금을 계획하고 준비한다. 하지만 모든 사람에게 그만큼의 돈이 있는 것은 아니다. 이런 이유로 세계 여러 나라에서 새로운 해법들이 등장하고 있다.

예를 들어 공동 주거 형태는 주거비 절감 뿐 아니라 노년기의 외로움 해소에도 일정 부분 도움이 된다.[50] 실제로 UN 인구과는 21세기 초부터 독신 노인을 위한 공동 주거지를 제안했다.[51] 프랑스에서는 페미니스트 단체를 이끄는 테레사 클레르Theresa Clerc가 혼자 사는 노인 여성을 위해 여성 전용 주거 공동체를 만들어 자체 운영 중이다.[52] 이곳은 비상시를 대비해 의료진의 방이 마련되어 있는 것만 제외하면 요리사와 간호사 같은 전문 요원 없이 입주민끼리 도움을 주고받는 시스템으로 운영된다. 다른 지역에서도 비슷한 사례가 나타나고 있다. 토론토에는 여러 세대가 모여 사는 공동 주거 모델이 있다. 이곳에서는 젊은 세대와 나이 든 세대가 각자 다른 역할과 책임을 맡아 도움을 주고받는다.

〈뉴욕타임스〉는 이런 현상과 관련해 여러 공동 주거 형태를 보도한 바 있다.[53] 그중 하나는 오하이오에서 건설업에 종사하는 60대 여성 크리스틴 퍼킨스Christine Perkins의 아이디어였다. 그녀는 오하이오 시골에 친구들과 함께 살 집을 지었다. 그녀의 집은 노인들이 살기 편하도록 지어진 것이 특징이다. 예를 들면 콘센트를 벽면 중간에 설치해 전기 코드를 꽂을 때 허리를 굽히지 않아도 된다. 크리스틴은 친구들이 알츠하이머 말기 같은 심각한 질병이 아니라면 서로 의지해 살면 좋을 것 같아 집을 짓게 되었다고 이야기했다.

독신 노인이 젊은 사람과 집을 같이 쓰면서 자신의 필요를 충족하는 방법도 있다. 대신 젊은 사람은 집세를 아낄 수 있고, 나이 많은 룸메이트에게서 사회적 도움을 받을 수도 있다. 물론 대부분의 문화권에서는 아직 보기 힘든 형태이지만 일부 지역에서는 이런 새로운 현상이 나타나고 있다. 조나단이 그런 예에 속한다. 조나단은 예루살렘에서 공부하는 20대 중반의 가난한 대학생이다. 임대 계약 기간이 끝날 무렵 갑자기 컴퓨터에 문제가 생겨 그의 은행 계좌에서 돈이 과다하게 인출되는 일이 발생했다. 그는 부모님의 도움을 받을 수 있는 형편이 아니었기에 방세를 내지 못해 결국 살던 집에서 나가야 했다. 그무렵, 70대 독신남 제이콥은 지역 게시판에 이런 광고를 냈다.

룸메이트 학생 구함

- 숙식 제공
- 조건: 일주일에 몇 시간씩 고령의 집주인을 돌봐야 함

제이콥은 거동이 불편했다. 그가 받는 적은 연금으로는 입주 도우미를 고용하거나 다양한 사회생활에 들어가는 비용을 감당할 수 없었다. 그는 남는 방 하나를 활용하기로 했다. 그리고 간단한 인터뷰를

거친 뒤 조나단을 룸메이트로 맞았다. 조나단은 청소, 장보기 같은 간단한 일을 도와주는 대신 방세를 면제받았다. 제이콥은 돈 한 푼 들이지 않고 입주 도우미를 고용한 셈이었고, 더불어 말동무도 얻었다.

인식하지 못했겠지만 두 사람은 세대 간 홈셰어링을 실천한 것이다. 현재 학생들을 대상으로 하는 홈셰어링 프로그램이 세계적으로 많은 인기를 얻고 있다.[54] 지금은 주로 비영리 단체에서 운영 중이지만 잠재적 이점이 많고 효율성이 좋으며 세대 간의 다양한 문제를 해결한다는 장점이 커 정부 정책으로도 매력적인 아이디어다. 독신 노인들에게는 장점이 확실하다. 돈을 거의 들이지 않고 집안일이나 개인 용무에 필요한 물리적 도움을 받을 수 있고, 말동무가 생긴다는 장점이 있으며, 안정감도 높아진다. 조금이나마 방세를 받기도 하므로 추가 소득이 발생한다는 장점도 있다.

인기를 얻고 있는 또 다른 모델은 손주가 조부모와 함께 사는 형태다. 손주가 방세를 내지 않고 살면서 조부모를 돌봐주는 방식이다.[55] 혼자 사는 노인이 여행객에게 남는 방을 임대하는 방법도 있다. 방을 빌려주는 노인은 여행객 덕분에 말동무도 얻고 안정감도 느낀다. 실제로 프리버드클럽www.thefreebirdclub.com이라는 새로운 웹 사이트가 에어비앤비Airbnb의 특성과 지역 공동체 플랫폼을 결합하여 이 아이디어를 응용하고 있다. 특히 이 웹 사이트는 이메일에 익숙하지 않은 노년층이 투숙객과 쉽게 소통할 수 있도록 문자메시지 기반 서비스를 제공하는 등 플랫폼 환경을 조정했다. 이 플랫폼은 전 세계 시니어를 위한 비즈니스 및 지역 공동체 단위로 운영되고 있어 무엇보다 노년기의 독신들이 가장 큰 수혜를 본다. 사실 이 업체의 창업자는 자신의 아버지가 혼자가 된 후 집에 손님들이 찾아오는 것을 매우 즐기는 모습을 보고 사업을 계획했다.[56]

마지막으로 한 가지 더 언급하자면 노년기의 독신들은 자신이 사는 지역 사회와 이웃에게서 자신에게 필요한 것들을 잘 찾는다. 혼자 사는 고령자들에게 전화를 걸어주는 자선단체나 정부 운영 단체도 점점 많아지고 있다.[57] 캘리포니아에는 주 전역에 걸쳐 250개 정도의 어르신 돌봄센터가 운영되고 있다.[58] 더 중요한 점은 많은 자선단체에서 지역 사회 내 노인들에게 각종 수업과 운동 프로그램, 만남의 장을 제공하며 도움을 주고 있다는 것이다. 50대 여성 섀넌은 〈뉴욕타임스〉에 오랜 이웃들의 관계를 소개했다.

나는 더 나이가 들면 나보다 나이 많은 이웃을 돌보며 살 계획이다. 그들도 자식은 있지만 대부분 멀리 산다. 가장 좋은 사회 보장 시스템은 나이가 들기 전에 자신만의 공동체를 만드는 것이다. 이웃에게 도움이 될 만한 일을 하고, 그들과 호의를 주고받으며 그들의 말에 귀 기울여주고, 진정으로 나의 존재가 필요해지는 그런 유대감을 다지는 것이다. 한 가지 방법은 안정된 공동체 안에서 사는 것이다. 나는 도시에서 한참 떨어진 작은 시골 마을에서 25년째 살고 있다. 동네 이웃은 대부분 60대 후반에서 70대 초반이다. 다들 멋진 분들이다. 내가 은퇴할 때쯤이면 그들은 보살핌이 많이 필요한 나이가 된다. 그때가 벌써 기다려진다.[59]

앞서 소개한 아담의 이야기로 돌아가자. 그는 노년기에 올 신체적 제약을 걱정했다. 도움이 필요한 시기는 아주 먼 미래이고, 결혼해도 이혼이나 사별할 가능성이 크고, 실제 경험과 생각 사이에는 상당한 차이가 있고, 결혼하지 않고도 도움을 받을 수 있는 방법은 많다. 그런데도 아담은 여전히 혼자 나이 드는 것을 두려워한다. 왜 그는 두려움을 떨쳐내지 못하는 걸까?

어떤 연구는 이것이 단지 물리적인 두려움 때문이 아니라 어린 시절부터 각인된 정서적 두려움에 기인한다고 설명한다.[60] 아이들은 자라는 동안 주변의 또래 친구들과 함께한다. 일반적인 교육 시스템이 기본적으로 그렇게 이루어져 있다. 아이들은 유치원부터 중고등학교, 대학교에 이르기까지 또래 친구들에게 둘러싸여 생활한다. 또래 친구들은 나를 지켜주고 아껴주는 존재다. 그러다 시간이 지나면 각자의 길을 찾아 서서히 어른들의 세계를 경험한다. 그곳은 사람들 간의 결속력이 크지 않고 보호받는다는 감정도 덜하다. 그래서 또래 친구나 자신을 지켜주던 사람과 떨어지는 시기에 배우자를 찾는 동기가 최고조에 이르는 것인지도 모른다.

흥미롭게도 두려움을 덜고자 누군가를 필요로 하는 마음은 계속 유지되지 않는다. 연구 결과를 보면 결혼이나 다른 요소들을 고려한 후에도 배우자가 있기를 바라는 마음은 나이가 들수록 급격히 감소한다.[61] 미혼이거나 애인이 없는 25~34세 남녀의 약 4분의 1이 결혼할 마음이 없었고, 이 비율은 55~69세 독신으로 가면 약 3분의 2로 늘어난다. 아예 결혼 경험이 없는 그룹도 같은 결과가 나왔다. 결혼에 대한 사회심리학적 압박감은 그래프로 보면 종 모양 곡선에 가깝다. 그 곡선의 최고점이 초기 성인기에 해당한다. 즉 24~34세에 해당하는 시기가 결혼에 대한 욕구가 가장 높다.

행복하게 노후를 보내는 독신들은 성인이 된 후에도 결혼의 필요성을 느끼지 않고 다양한 사회적 환경에서 안정감을 느끼는 데 성공한 사람들이다. 독신 여성을 위해 주거 공동체를 만든 테레사 클레르, 친구들과 살 집을 지은 크리스틴 퍼킨스, 대학생과 같이 사는 제이콥은 혼자 살면서도 누군가가 자신의 삶에 함께하도록 자신의 인생을 스스로 책임지고, 주도적인 삶을 살았다.

편견과 고정관념 뛰어넘기

나이 많은 독신들은 사회적 도전을 두 배로 경험한다. 즉 나이에 대한 편견과 독신에 대한 편견을 동시에 겪는다.[62] 오랜 기간 혼자 산 사람은 무슨 문제가 있을 것이라는 비난을 사고,[63] 나이 많은 사람은 아프고, 지루하고, 힘들게 살 것이라는 편견을 산다.[64] 30년간 북이스라엘에서 산 이탈리아 출신의 54세 조반니는 이렇게 말했다.

"식당에 혼자 앉아 있으면 사람들이 이상한 눈으로 쳐다봐요. 예전부터 그랬던 건 아니에요. 몇 년 전까지만 해도 해변에 혼자 앉아 있으면 아가씨들이 먼저 다가와 인사하곤 했어요. 그런데 요즘에는 그렇지 않아요. 그런 곳에 혼자 가면 이상해 보이나 봐요. 나이 때문 아니겠습니까?"

조반니는 사회적 편견을 이중으로 경험한다고 이야기했다. 혼자라는 자체로도 불편함을 경험하지만 나이가 들수록 그 느낌은 더 강해졌다. 젊었을 때는 혼자 바닷가 같은 특정 장소에 가도 괜찮았지만 지금은 어떤 상황에서든 괜찮지 않다. 하지만 행복하게 사는 노년기의 독신들은 이런 사회적 압박과 편견을 해결하기 위해 자신의 정체성을 조절한다.

'자신을 어떻게 인식하는가'는 노년기의 독신들 사이에서도 결혼 경험 여부에 따라 다르다. 특히 결혼 경험이 없는 미혼들은 좋은 본보기다. 연구 결과들을 보면 독신으로만 살아온 사람들은 결혼을 자신의 정체성을 정당화하는 수단으로 쓰지 않았고, 자신이 처한 사회적 상황에 맞는 행동 방식을 습득해왔다. 그로 인해 결혼한 사람들과 비교해 자신만이 누릴 수 있는 장점들을 더욱 잘 즐긴다.[65] 다시 말해, 그들은 사람들과 어울리는 기회를 찾는 데 익숙해 인맥이 잘 구축되어 있어 그 인맥을 중심으로 자기 정체성을 확립한다.

따라서 사람들의 비난과 편견을 받아도, 혹은 인생에 급격한 변화가 닥쳐도 자기 인식에 영향을 미칠 가능성이 적고, 결과적으로 행복에 영향을 미칠 가능성도 적다.[66] 실제로 증거들을 보면 결혼 경험이 없는 노년기의 독신들은 결혼했다가 나중에 독신이 된 사람들보다 스트레스를 덜 받고, 혼자 사는 삶을 더 즐기고, 사회적 지원을 덜 필요로 한다.[67]

그래서인지 행복하게 사는 노년기의 독신들은 결혼한 지인들과 자신의 삶이 별반 다르지 않다고 생각했다. 몇몇 사람은 독신이라는 이유로 가끔 난처한 상황을 겪었다. 하지만 결혼한 사람들과 라이프 스타일이 다르다는 이유로 '아웃사이더'나 열등한 존재로 인식되지 않기를 바란다는 점을 내내 강조했다. 기본적으로 다른 사람과 다를 바 없고, 따라서 편견을 가질 필요가 없다는 말이 그들에게는 힘이 되었다. 어떤 사람들은 독신의 장점을 강조하고 그들의 삶에 무엇이 의미 있는지 강조하면서 새로운 정체성을 확립했다. 올해 60세인 미혼녀 메리는 인터뷰에서 이렇게 말했다.

"정말 현명한 사람은 혼자 있는 시간을 자신의 진정한 모습을 발견하고 성장하는 시간으로 삼죠. (…) 어떤 일을 하고, 어떤 말을 들을지는 개인의 몫입니다. 그 사이에서 균형을 맞추는 거죠. 자신이 좋으면 되는 겁니다. 혼자 사는 삶은 정말 괜찮은 선택이랍니다."

메리는 독신의 장점을 강조하고 혼자 있는 시간을 자기 성장과 발전의 기회로 삼았다. 그러한 생각을 확립한 후로는 독신으로 살아도 아무 문제가 없다고 확신했다. 이는 기본적으로 긍정심리학에서 다루어지는 개념이다. 즉 그녀는 자신과 자신이 하는 개인적인 경험에 긍정적인 태도를 강화하는 방법으로 부정적인 생각에서 오는 영향을 줄이거나 막고자 노력했다.[68]

그렇다면 긍정심리학은 실제로 노년기 독신들의 행복에 도움이 될 수 있을까? 긍정심리학에서는 긍정적 표현, 글쓰기, 자기 보상 연습 등의 방법을 활용한다.[69] 문제는 메리가 주장하듯 '과연 그런 방법들이 그들이 행복해지는 데 도움이 되는가' 하는 것이다.

노년기의 독신에 초점을 맞춘 연구는 많지 않다. 하지만 긍정심리학을 이용한 접근이 그들에게 상당한 영향을 미칠 수 있다는 증거는 충분하다. 연구 결과들을 보면 노년기의 행복과 육체 건강, 인지 기능, 사회적 자산 사이에는 매우 긍정적이고 밀접한 상관관계가 있다.[70]

하지만 자기를 긍정적으로 평가하는 인식이 추가되면 재미있는 현상이 일어난다. 어떤 이들은 비록 신체 건강이 나빠지고, 인지 기능이 떨어지고, 사회적 자산이 줄어도 여전히 자신에 대해 긍정적으로 생각하고 자신을 행복한 사람이라고 평가한다. 즉 자신에 대한 긍정적인 평가는 다른 많은 객관적 요인들을 상쇄할 수 있는 중요한 요인이다.[71]

이는 죽음을 대하는 태도와도 밀접한 관련이 있다. 노년층에게 죽음은 언제라도 일어날 수 있는 일이다. 젊은 사람과 달리 나이 든 사람은 대부분 부모님의 죽음을 경험했고, 친구나 형제자매가 큰 병으로 고통받는 모습을 목격한다.[72] 하지만 행복하게 살아가는 독신들은 죽음이 삶에서 일어나는 '또 다른 이벤트'일 뿐이라고 생각한다. 그래서인지 죽음을 조금은 덜 두려워했다. 그들은 죽음에 관해 스스럼없이 이야기하고, 다른 사람들과 마찬가지로 늘 죽음에 관해 생각했지만 긍정적인 태도와 마음의 준비가 되어 있다는 점은 확실히 달랐다.

친밀한 관계를 나눌 대안 찾기

다섯 번째 주제는 친밀한 관계를 나눌 대안 찾기다. 사회적 지원은 모든 나이대에 도움이 될 수 있다. 특히 노년기의 독신들은 자신들만의 독특한 특성과 요구, 자원, 도전 과제들을 고려할 때 사회적 자산, 즉 사회적 네트워크를 다양하게 개발하는 방법으로 많은 도움을 받는다. 노인 1,003명을 대상으로 설문 조사한 결과를 보면 사회적 지원은 노년층의 삶의 만족도를 예측하며, 그 효과는 나이가 많아질수록 커진다.[73] 다른 연구 결과는 사회적 지원이 노년기 독신의 불안감을 줄이고 건강하고 활동적인 생활 방식이 나타나도록 돕는다는 것을 보여준다.[74] 노년기의 독신에게는 특히 우정이 중요한 역할을 한다. 사회화할 수 있는 기본 대상인 배우자나 자녀가 없기 때문에 친구가 중요한 역할을 하는 것이다.

사람들은 대부분 같은 또래 집단에서 친구를 사귄다. 하지만 노년기의 독신은 다양한 종류의 우정을 즐긴다.[75] 기혼, 미혼, 남녀노소 누구와도 친구가 될 수 있다.[76] 이전 연구 결과들을 보면 일반적으로 노년층의 부부는 배우자가 이성 친구와 만나는 것을 꺼림칙하게 생각하거나 잠재적 위협이 될 수 있다고 생각했다.[77] 하지만 최근 연구 결과를 보면 노년기의 독신은 이런 규범적인 제약으로부터 훨씬 자유로워 이성 친구를 더 쉽게 사귄다.[78] 이처럼 다양한 친분을 유지하는 것이 노년기의 독신에게는 큰 도움이 된다. 바바라가 쓴 글을 보자. 그녀는 올해 68세로, 남편과는 24년 전에 사별했다.

나는 항상 내가 아는 모든 사람에게 먼저 연락한다. 그러면 누군가와 약속을 잡을 수 있다. 이 방법은 언제나 효과적이다. 사람들에게 자주 연락하면 나도 좋고, 사람들도 좋아한다. 혼자 있는 시간이 너무 길어지면 우울해진다. 나는 예순다섯 살에 은퇴한 후로 가능하면 바쁘게 지내려고 노력한다. 정원을 가꾸고, 여행을 다니고, 요양원에서 열심히 자원봉사도 한다.

며칠 동안 내가 집에만 있으면 친구들은 전화를 걸어 안부를 묻는다. 물론 나도 그렇게 한다.[79]

바바라는 많은 친구를 만나고 여러 가지 활동을 하며 바쁘게 지낸다. 열심히 사회 활동에 참여하고 친구들에게도 자주 연락한다. 그렇게 했더니 자신도 행복하고, 친구들도 좋아한다고 했다. 52세 켄드라가 남긴 글도 살펴보자.

외로움을 느끼는 데는 나이 제한이 없다. 아픈 것도 마찬가지다. 남들에게 도움을 베풀고 힘이 되어주면 나도 도움이 필요할 때 관심과 지원을 받을 수 있다. 하지만 내가 이기적이고 자기중심적으로 살면 필요할 때 아무런 도움을 받지 못할 것이다.[80]

켄드라는 나이 들어서 혼자 사는 삶을 생각하며 결혼해서 사는 친구들과 비교해 부족한 것이 없는지, 더 외롭지 않을지 고민한다. 그녀가 생각한 답은 아주 명확하다. 인간관계에 투자하는 것은 보람 있고 가치 있는 일이다. 그녀는 거기서 힘을 얻고 결혼에 집착하는 사회에서 자신만의 의미를 찾는다.

사회적 지원은 주변 친구나 확장된 의미의 가족, 지역 공동체 안에서도 찾을 수 있다. 더욱이 오늘날 노년기의 독신들은 기술을 사용해 지인들과는 물론이고 전혀 모르는 사람들과도 소통을 나누며 사회적 자산의 혜택을 누린다. 실제로 다양한 온라인 커뮤니티와 헬프

서비스, 지원 네트워크가 그들에게 큰 도움이 된다.[81]

다음 글은 두 노년기의 독신이 〈시니어플래닛^{Senior Planet}〉의 기사 댓글난에서 소통한 내용이다.[82]

고든   저는 2017년 1월에 아내와 사별했습니다. 마음을 나눌 사람이 그립군요. 전 87세입니다. 저를 좋게 보는 쉰다섯 된 친구가 한 명 있긴 하지만 그분은 결혼한 몸이고 남편을 떠나면서까지 가족에게 상처를 주고 싶지는 않다고 해요. 어떻게 생각하십니까?

　　　　　　　　　　　　　　　　　　- 2007년 6월 26일 오후 8:25

비비안   저도 혼자예요. 33세, 26세인 자식들이 있죠. 일은 계속합니다만 저녁마다 혼자 식사하는 것이 정말 외롭네요.

　　　　　　　　　　　　　　　　　　- 2017년 6월 29일 오전 11:54

고든   비비안님, 페이스북에서 저를 찾아보시면 제 모습을 보실 수 있습니다. 얼마 전에 세상을 떠난 제 아내 사진도 있죠. 답글 달아주셔서 감사합니다.　　　　　　- 2017년 6월 29일 오후 1:14

비비안   안녕하세요. 답글 남겨주셔서 감사합니다. 저녁 먹고, 영화 보고, 이야기 나눌 사람이 있으면 좋을 것 같아요. 페이스북 찾아보겠습니다. 뭐 좋아하세요? 어떤 분이신지 궁금합니다. 좋은 하루 보내세요.

　　　　　　　　　　　　　　　　　　- 2017년 7월 5일 오후 1:54

고든과 비비안은 아마도 페이스북에서 대화를 이어갔을 것이다. 그리고 서로에게 친구가 되어주고자 만남을 약속했을 것이다. 많은 사람이 나이가 든 사람들은 스마트폰, 인터넷, SNS 사용을 어려워할 것이라는 고정관념을 가지고 있다. 하지만 최근 조사들을 보면 그들도 새로운 기술을 점점 더 익숙하게 사용하고 있다.[83] 지난 수십 년간 인터넷 사용과 디지털 기술에 대한 접근이 노년층의 삶의 만족도를 높이는 데 중요한 역할을 해왔고, 특히 사회적 약자와 어려움을 겪는 집단에 크게 작용했다.[84] 사회적으로 고립되고 외로움을 느끼기 쉬운 노년기의 독신에게는 친구와 가족, 특히 젊은 세대와 소통할 기회가 늘어나는 것이 좋다.

또한 노년기의 독신은 가족의 의미를 기혼자들과 다르게 이해한다. 특히 친척 관계를 매우 중요시한다. 노년기의 기혼자들이 배우자에게 많이 의지한다면, 독신들, 특히 자녀가 없는 독신들은 나중을 대비해 가족 관계를 폭넓게 활용한다.[85] 대개는 가족 구성원으로서 자신의 역할을 매우 진지하게 생각한다. 최근 연구 결과들을 보면 독신은 기혼자보다 그러한 역할을 더 중요하게 생각한다.[86] 실제로 인터뷰를 해보니 독신들은 넓은 의미의 가족에게 시간과 노력을 많이 투자하는 방법으로 노후를 대비했다. 특히 형제자매와 가깝게 지내는 경우가 많았고, 한집에서 같이 사는 경우도 많았다.[87]

노년기의 독신에 관한 연구 중 조카의 역할에 초점을 맞춘 연구도 있다.[88] 조카와는 보통 어릴 때부터 가깝게 지내는 경우가 많고, 서로의 가족사를 잘 알고, 가치관이 비슷한 경우가 많아 나이가 들면 조카,

특히 결혼하지 않은 조카와 도움을 주고받기가 좋다. 이와 관련해 나이를 정확히 알 수 없는 한 여성 블로거는 이런 글을 남겼다.

> 나는 조카를 지나치게 아낀다. 자식처럼 대한다. 물론 자식과 같지 않다는 건 알지만 나에게는 의미가 있다.[89]

넓은 의미의 가족에 투자하는 방법 외에도 지역 기반 공공 서비스는 노년기 독신들의 외로움을 줄이고, 그들이 직면한 특수한 과제들의 부정적인 효과를 줄이는 데 대단히 중요하고 효과적인 역할을 한다. 예를 들면 노인센터처럼 다양한 활동과 모임을 갖춘 공공 서비스는 비상시에 쉼터 역할을 하고 안정감을 제공한다. 더욱이 그런 곳은 비슷한 처지에 있는 사람들과 함께 시간을 보내고 싶어 하는 노인들의 욕구를 충족시킨다. 그곳에서 동년배 사람들과 관심사를 나누고, 그 연령대에 적합한 여러 활동에 참여할 수 있다. 연구 결과들을 보면 특히 노년기의 독신 여성이 노인센터 활동에 적극적으로 참여해 사회적 네트워크를 쉽게 확장한다.[90] 이런 공공 서비스는 자녀가 없거나, 자녀와 멀리 떨어져 살거나, 소수 집단에 속하는 노년기의 독신에게 더욱 중요한 역할을 한다.[91] 즉 노인센터는 사회적 지원과 공공 서비스의 효용성을 높인다.

마지막으로 동물 치료법이나 애완동물을 키우는 것만으로도 불안감과 우울감을 줄일 수 있다. 또한 분노나 자해 같은 부정적인 행동 패턴을 줄여주고, 활동성을 높여주며, 육체적·정신적 건강에 도움을 준다.[92] 65세 여성 타티아나는 커피숍에서 인터뷰하는 동안 현재 특별하고 의미 있는 관계가 없다고 말했다. 인터뷰가 끝나고 잠시 자리를 비운 뒤 테이블로 돌아왔을 때, 그녀는 자신의 반려견을 돌봐주고 있던 사람과 대화를 나누고 있었다. 그 순간, 그녀에게 가장 중요하고 의미 있는 관계는 반려견이라는 사실을 깨달았다. 그에 대해 문자 그녀는 자신의 반려견은 소중한 친구이자 자신의 인생을 채워주는 중요한 존재라고 말했다.

동물 치료법이나 애완동물을 키우는 효과에 관한 많은 연구가 정신 건강 문제를 위한 치료 목적으로 동물과의 관계에 초점을 맞춘다. 하지만 최근 밝혀지고 있는 연구 결과들을 보면 애완동물을 키우는 긍정적 효과로 사회적 고립을 줄이고 독신이나 노인의 단조로운 생활에 활력을 준다는 증거가 많다.[93] 특히 개는 집 밖으로 나가 운동을 시켜야 하는 동물이라 그런 면에서 더 도움이 된다. 애완동물과 야외를 돌아다니면 사람들과 교류하고 대화를 나눌 기회가 많아진다.[94] 노년기의 독신은 은퇴한 경우가 많고, 다른 사람들과 상호작용할 기회가 적기 때문에 그러한 활동이 특히 중요하다.

독신으로 행복하게 나이 드는 법

노년층의 독신 인구는 어떤 면에서 전반적인 독신 인구를 대변한다. 많은 사람이 인생의 노년기를 혼자 보낸다는 두려움에 직면할 때 결혼을 선택한다. [95] 하지만 각종 연구 결과를 종합해보면 결혼이 노년기의 외로움을 해소하고 행복 지수를 높이는 유일한 해법이라는 생각에 의문이 생긴다. 내가 찾은 결론은 일반적으로 사람들은 노년기에 겪을 외로움이 두려워 결혼을 선택하는 경향이 있지만, 독신으로만 살아온 사람들은 혼자 사는 삶을 더욱 잘 준비하는 전략을 가지고 있다는 것이다. 그들은 자신의 상황을 있는 그대로 받아들이고, 고독을 즐기는 법을 배우며, 도움을 받을 수 있는 인맥을 구축하고, 편견과 고정관념을 극복하고, 이성 관계를 대체할 다른 대안을 찾는 등의 방법으로 혼자 사는 삶에 더 잘 적응하고, 더 행복해하며, 덜 외로워했다.

그렇다고 해서 이 결론의 인과관계가 곧바로 명확해지지는 않는다. 가령 '그들이 행복하기 위해 사용하는 전략들을 현실에 적용할 때 실제 어느 정도로 개발될 수 있는가'라는 문제가 제기될 수 있다. 예컨대 원래 고독을 즐기던 사람들은 독신의 삶을 사는 것이 어렵지 않을 것이다. 그러나 독신이라고 해서 모두가 고독을 즐기는 것은 아니다. 이렇게 본다면 이 책에서 설명하는 전략들을 실제로 현실에 적용할 수 있을지 더 심각한 의문이 들 수 있다.

결론에서 다시 제시하겠지만 인터뷰에서 나온 많은 이야기를 종합해보면 독신들이 선택하는 전략들은 습득되고 학습될 수 있다. 사람들은 오랫동안 독신으로 지낼 것이라는 사실을 깨닫는 순간 이런 전략들을 채택하는 능력이 갑자기 두드러진다. 그런 사례가 인터뷰 과정과 인터넷 글에서 자주 나타났다. 앞서 소개한 소피아가 가장 훌륭한 예다. 그녀는 블로그를 시작하기까지 9년이 걸렸다. 하지만 자신의 상황을 깨닫고 현실을 받아들인 후로는 1년 만에 특정 전략들을 선택해 자신의 삶을 풍성하게 만들었다. 그런 전략들은 원래 그녀가 일상적으로 사용했던 것이 아니다. 생활 방식을 바꾸고 적극적으로 행복해지려고 노력하는 과정에서 나중에 찾게 된 것이다.

이누이트 전설은 우리에게 다음과 같은 교훈을 전한다. 우리는 혼자가 되는 순간을 선택할 수는 없지만 외로워하지 않는 삶을 선택할 수는 있다. 막 결혼한 젊은 부부가 이혼 후, 또는 배우자가 죽고 난 후 겪을 외로움을 가늠하지 못하듯 이누이트 전설에 나오는 노파도 가족에게 버림받을 것을 예상하지 못했다. 하지만 노파는 새로운 현실을 받아들이고 곤충들과 친구가 되어 결국 더 행복한 삶을 살았다. 마찬가지로 자신의 의지로 혼자 사는 것이 아닌 사람도 새로운 전략들을 채택해 자신 앞에 놓인 많은 기회를 최대한 활용할 수 있다.

독신들은 나이가 많아져도 얼마든지 자신의 삶을 즐길 수 있다. 이누이트 전설에서 노파를 죽일 것 같았던 여우는 오히려 노파에게 젊음과 활기찬 미래를 선물했다. 우리는 대개 혼자 사는 삶은 외롭고 힘들 것이라고 예상한다. 하지만 지금까지 살펴보았듯 혼자인 삶도 살다 보면 적응하게 되고, 외롭지 않고 행복할 수 있는 방법을 찾게 된다. 내가 만난 노년기의 독신들은 혼자 살면서 겪을 수 있는 노후의 어려움에 대처하고자 사회, 경제, 주택 문제에 관해 창의적인 해법을 찾았다. 우리는 그들에게서 많은 교훈을 얻을 수 있다. 그들이 어떻게 어려움을 이겨내고 행복하게 사는지 이해할 수 있다면 독신과 독신이 아닌 모두를 더 행복하게 할 방법을 알아낼 수 있을 것이다. 더 중요하

게는 '우리는 왜 결혼하는가?'라는 더욱더 근본적인 논의도 시작할 수
있을 것이다.

3

사회적 압력
극복하기

...

Defying Social Pressure

　

나는 이스라엘의 최대 도시 텔아비브에 위치한 커뮤니티 센터로 들어갔다. 얼마 전에 한 워크숍의 운영자로부터 초대 메일을 받아서였다. '독신으로 행복하게 사는 법'이라는 주제로 몇 회에 걸쳐 열리는 워크숍이 그날 저녁 그곳에서 시작될 예정이었다.

나는 기대감으로 마음이 떨렸다. 독신들이 행복한 삶을 즐기기 위해 전문가의 도움을 받는다니. 기회를 놓치고 싶지 않았다. 때마침 입구에 안내판이 보였다.

'익명의 독신자 모임 → 4층'

한 계단씩 오를 때마다 기대감도 커졌다. 새로운 변화의 시작을 목격할 것 같은 예감이 들었다. 곧 시작될 워크숍이 사막 한가운데에서 찾은 오아시스처럼 느껴졌다. 이곳은 가족 중심 가치관이 깊이 자리 잡은, 그래서 OECD 회원국 중에서도 출산율이 가장 높은 나라가 아닌가. 이런 나라에도 반가운 변화가 찾아오고 있었다. 워크숍은 분명

신선한 자극이 될 것 같았다.

회의장에는 30~40대 중반으로 보이는 사람들이 가득했다. 워크숍이 시작되자 기분 좋은 긴장감이 감돌았다. 이스라엘 독신들에게도 드디어 새로운 변화가 시작되는 순간이었다.

"지금 싱글이라서 행복하신 분이 계시면 손을 들어주시겠습니까?"

워크숍 진행자의 질문에 한 여성이 손을 들었다.

"그럼 행복하지 않으신 분?"

이번에는 두 여성이 손을 들었다. 그중 한 사람은 조금 전에도 손을 든 여성이었다. 그러니까 그녀는 독신이 좋기도, 싫기도 한 모양이었다.

나는 속으로 '그럼 다른 사람들은 뭐지?' 하고 생각했다. 하지만 얼마 지나지 않아 답을 알 수 있었다. 뒤쪽에 앉아 있던 여성이 말했다.

"저는 행복해요. 그런데 주변에서 빨리 결혼하라고 재촉해요. 저는 그 말이 너무 싫어요."

그러자 회의장 가운데에 앉아 있던 한 남성도 입을 열었다.

"맞습니다. 제가 너무 까다로워서 그렇다는 말이 지긋지긋합니다."

또 다른 사람이 말했다.

"사람들은 제가 스스로를 사랑하지 않아서, 혹은 자신감이 없어서라고 말해요."

워크숍 진행자가 마이크를 들었다.

"좋습니다, 여러분. 감사합니다. 이제부터 제가 완벽한 배우자를 찾는 팁과 요령을 알려드리겠습니다. 여러분은 여기 계신 분들과 함게 데이트할 때 필요한 전략들을 연습하게 되실 겁니다. 그래서 모두가 곧 멋진 배우자를 찾게 되실 겁니다. 우선 결혼 정보용 개인 프로필을 완벽하게 작성하는 법과 마음에 드는 사람에게 매력을 어필하는 법을 알려드리겠습니다."

'어라? 이게 뭐지? 여기 앉아 있는 사람들 말은 그 뜻이 아닌데?'

나는 적잖이 당황했다. 물론 이곳에는 데이트하는 방법, 매력을 어필하는 방법, 프로필을 작성하는 방법 등을 알고 싶은 사람도 있을 것이다. 하지만 사람들이 괴롭다고 말한 그 부분은 어쩌라는 말인가. 독신으로서 행복하고 싶은 사람은? 분명 대부분의 참석자는 마법, 로맨스, 유니콘 따위를 찾지 않았다. 그들은 그저 현재 삶에 적응해서 그동안 경험한 사회적 압박에 맞서고 싶었다.

눈치를 챘어야 했는데, 너무 낙관적으로 생각한 내가 문제였다. '익명의 독신자 모임', 이 말이 모든 것을 말하지 않는가. '독신자'라는 단어 대신 마약 중독자, 알코올 중독자, 도박꾼을 넣어보면 참석자들에게 어떤 낙인이 찍혀 있는지 짐작할 수 있다. 독신으로 사는 것은 극복해야 할 상황, 더 심하게 말하면 빠져나와야 할 문제 상황인 것이다. 혼자 힘으로 안 되면 빨리 전문가의 도움을 받아야 한다. 다른 사람에게 말해서도 안 된다. 부끄러운 일이니까. 남들에게 보여주고 싶지 않은 두드러기처럼 숨겨야 한다.

다른 곳도 텔아비브와 사정이 크게 다르지 않다. 전 세계 많은 나라에서 사회적·문화적 인식이 남녀 관계와 결혼에 관한 개인의 결정에 중요한 동기로 작용한다. 아이들은 결혼해서 안정된 가정을 이루도록 교육받고 사회화된다.[1] 독신으로 사는 것은 사회와 개인이 볼 때 여전히 부정적인 모습으로 인식되고 있다. 여성에게는 더욱 그렇다.[2]

결혼에 대한 사회적 압박이 점점 늘어나고 있는 전 세계 독신들을 궁지로 몰아넣고 있다. 그렇다면 이런 궁금증이 생긴다. 이런 많은 사회적 압박에도 왜, 그리고 어떻게 점점 더 많은 사람이 독신이 되기를 원하는 것일까? 그들은 어떤 새로운 전략으로 사회적 낙인을 극복하고 스트레스를 이겨낼까?

이 질문에 대한 답을 찾으려면 먼저 독신에 대한 사회적 압박과 낙인, 차별은 어떤 문제점을 가지고 있는지 이해할 필요가 있다. 그것을 토대로 행복한 독신들이 사회적 압박을 극복하기 위해 사용하는 다섯 가지 전략을 자세히 살펴보겠다.

독신을 향한 사회적 낙인과 압박

···

영어의 '낙인stigma'은 '결점', '자국'이라는 뜻으로, 고대 그리스 문화에서 나온 단어다. 당시 낙인은 반역자나 범죄자, 노예의 몸에 새긴 문신이나 불도장을 의미했다. 낙인이 찍힌 사람은 도덕적으로 열등하고 불명예스럽다고 여겨져 일반 사람들과 멀리해야 하는 존재였다. 이후 낙인의 의미는 계속 진화하여 오늘날에는 다양한 의미로 해석되고 있으며, 신체장애, 정신장애, 인종, 민족, 건강, 학력 등을 포함한 여러 가지 면에서 개인에게 영향을 준다.[3]

일단 개인에게 낙인이 찍히면 그 개인의 감정과 신념에 부정적인 영향을 끼친다. 특히 정신 질환[4], 자존감 저하[5], 우울증[6], 부정적 자기 정체성 등 좋지 못한 심리적 문제를 초래하고, 위협적인 상황에서는 더 심각한 문제를 일으킬 수 있다.[7] 교육, 경제, 법적인 면에서도 부정적인 영향을 준다. 예를 들어 친구들이나 직장 동료들은 낙인이 찍힌 개인이 자신들이 속한 사회의 일원으로 충분히 성숙하거나 우호적이지 않다고 여겨 그 사람을 특정 활동에서 배제할 수 있다.[8] 더 심각한 경우, 그런 행위가 그 개인의 행동을 형성해 사회적·경제적 지위를 나빠지게 할 수도 있다.

놀랍겠지만 독신들은 많은 서구 국가에서 성인 인구의 다수를 차지하고 있음에도 심각할 정도로 낙인이 찍혀 있다. 서문에서 언급했듯 한 연구에서 1,000명의 학생에게 기혼자와 미혼자에 관해 떠오르는 이미지를 열거하도록 요청했을 때,[9] 기혼자는 성숙하고, 행복하고, 친절하고, 정직하다는 이미지로 연상된 반면, 미혼자는 미성숙하고, 안정감 없고, 이기적이고, 불행하고, 심지어 못생겼다는 이미지로 연상되었다.

뒤이은 연구에서 같은 학생들에게 기혼자와 미혼자를 25세와 40세로 구분해 묘사하도록 요청했다. 미혼자에 대한 부정적 특징은 나이가 많을수록 더 뚜렷하게 나타났다. 40세인 미혼자는 기혼자가 받은 점수와 비교해 특히 사회적으로 미성숙하고, 적응하기 힘들고, 질투가 많은 사람으로 여겨졌고, 일부 항목은 50% 이상 점수 차가 났다. 게다가 미혼의 생활 방식은 정상과 거리가 멀다고 여겨졌다. 결과적으로 미혼자는 그들과 다른 존재인 기혼자를 기준으로 규정되고, 배우자와 자녀같이 그들에게 없는 존재를 두고 비교당해 정상에서 벗어난 존재로 그려졌다.[10]

이런 사회적 규범은 독신에 대한 사회적 편견을 의미하는 '싱글리즘singlism'[11]과 독신을 사회적으로 고립시키고 결혼에만 초점을 두는 '결혼 지상주의matrimania'[12]라는 단어에서도 드러난다. 독신에 대한 부정적 이미지는 그들을 달갑지 않은 존재로 묘사하는 미디어와 인쇄물 덕분에도 확대·재생산된다.[13] 사회 전체에 퍼져 있는 이런 차별과 낙인, 고정관념은 배우자와 이혼하거나 사별한 뒤 혼자 사는 문제를 생각하는 사람들, 혹은 처음부터 독신으로 살기를 선택하는 사람들에게 사회·경제·교육·법적인 면에서 부정적 의미를 탄생시킨 주범으로 독신들의 마음속에 깊숙이 자리 잡았다.[14]

나는 독신에 대한 차별 정도를 추정하고자 유럽사회조사의 자료를 분석했다. 안타깝게도 차별에 관한 자료 중에는 싱글리즘에 관한 직접적인 항목은 없었다. 하지만 다른 차별 유형인 민족, 인종, 언어, 종교, 나이, 성별, 장애, 국적 등의 요소를 제거하는 방법으로 싱글리즘이 존재하는 정도를 측정하고 유추할 수 있었다. 결과적으로 독신은 기혼자보다 50% 더 많게 차별을 경험했다.

가장 걱정되는 부분은 독신으로 사는 삶은 보호할 가치가 없다고 여겨져 다른 취약 계층과 달리 편견에 더 자주 노출된다는 것이다. 결혼을 종용하는 문화는 남녀 관계, 그리고 가족 구조를 중시하는 사회 구조와 잘 어울린다. 보통 두 가지 범주, 즉 '사람들은 모두 결혼한다',

'어쨌든 혼자 살고 싶어 하지는 않는다'라는 생각만 지나치게 정상으로 여겨진다. 그래서 싱글리즘을 주장하는 사람들은 자신이 독신들을 이상한 사람으로 몰아간다는 것을 인식하지 못한다.

독신에 관한 편견은 대개 가족 내에서 가장 두드러진다. 로스앤젤레스에 사는 42세 여성 마르타는 부모님과 멀리 떨어져 살고 있지만 여전히 압박감을 느낀다고 했다. 그녀는 이렇게 말했다.

"우리 가족은 제가 혼자 사는 것을 탐탁지 않게 여겨요. 그래서 저도 마음이 좋지 않아요. 아버지와 어머니는 저를 볼 때마다 자기 남자 하나 못 찾는 멍청이라고, 제 걱정을 하지 않고 살고 싶다고 입버릇처럼 말씀하세요. 그럼 저는 결혼이 저를 지켜주는 진정한 보호막은 아니라고 말해요. 자기 아내를 버리는 남자들도 많다고요. 그러면 어머니는 저는 다를 거라고 말씀하세요."

불행하게도 마르타는 멍청하고, 부모님을 걱정시키고, 불안정한 존재라는 메시지를 받고 있다. 그것도 가족들로부터. 전 세계 독신들도 다양한 맥락에서 가족은 물론이고 친구, 직장 동료에게서 이와 같은 편견과 부정적인 인식을 경험한다. 독신에 대한 부정적인 태도는 나이가 많아질수록 증가한다. 특히 나이 많은 독신은 상처받기 쉽고 의존적인 성향이 많다고 여겨져 편견이 더 심하다.[15]

유감스럽지만 마르타가 좀 더 어렸다면, 남성이었다면 독신이라는 상태가 사회적으로 좀 더 용인될 수 있을지도 모른다. 독신 여성은 독신 남성보다 부정적 편견을 더 많이 경험한다.[16] 관련 연구에 따르면 이런 남녀 차이는 여성에게 더 많이 부여되는 차별과 편견, 사회적 기대가 원인이다. 즉 여성은 남성과 비교해 대개 사회적 지위와 권한이 낮고, 일반적으로 불공정한 조건에서 일하며, 전업주부가 되는 경우가 많다고 여겨진다.

전통을 중시하고 종교적이며 보수적인 사람들은 가족에 매우 중요한 가치를 두기 때문에 독신에 대한 부정적 인식이 더 강하다.[17] 그래서 보수적인 사회에서는 미혼모가 사회적으로 특히 비난받는다. 전통적인 규범으로 볼 때 엄마 혼자 아이를 기르는 상황은 정상에서 한참 벗어난 것이기 때문이다.[18]

독신을 차별하는 사례들

...

사회가 독신을 배제하고 차별하는 방법은 명시적이든 묵시적이든 종류가 많다. 이 주제를 깊이 다룬 연구는 많지 않다. 따라서 싱글리즘이 자주 목격되는 몇몇 현장만 잠시 살펴보겠다.

한 가지 유명한 사례로 샤일라 이븐슨Shaela Evenson을 꼽을 수 있다. 그녀는 결혼하지 않고 아이를 가졌다는 이유로 2014년에 버트센트럴 가톨릭스쿨Butte Central Catholic School에서 해고 통지를 받았다.[19] 이 문제는 몇 년간의 지루한 소송 끝에 로마가톨릭 헬레나 교구와 학구 사이에서 비밀리에 겨우 합의를 이루어냈다. 일부 면책 조항은 있지만 종교 단체와 학교는 미혼모 교사를 차별하거나 해고할 수 없다. 미국 법원은 이런 관행을 유죄로 판결한다. 그런데도 이븐슨 같은 사례는 끊이

지 않고 있다.[20]

또 다른 사례는 젤다 더 그로엔Zelda de Groen이라는 24세 영국 여교사 사건이다. 그녀는 남자 친구와 동거한다는 이유로 정통 유대교 보육원에서 해고를 당해 종교 차별과 성차별을 이유로 소송을 제기했다.[21] 젤다는 자신의 상사가 나이가 스물넷이면 결혼할 나이라고 말하는 등 굴욕감을 주었다고 주장했다. 고용 심판소는 그런 말은 '수치감, 모욕감을 주는 행위'라며 젤다에게 승소 판결을 내렸다.[22]

인종, 민족, 성적 취향에 따른 차별 관행은 이미 익숙하다. 단정할 수는 없어도 독신으로 사는 문제 역시 개인의 선택일 뿐임에도 많은 현장에서 해고나 고용 불가의 사유로 채택되고 있다(이와 관련된 정확한 통계 자료는 부족하다). 불과 2010년에만 해도 사우스캐롤라이나의 전 공화당 상원의원인 짐 더민트Jim DeMint는 "결혼하지 않고 동거하는 미혼 여성은 교사로 근무하면 안 된다"라고 말했다.[23] 시골 지역에서는 많은 독신이 학교 선발 위원회를 통과하지 못한다. 그들은 무언의 압력을 행사하거나 심지어 학생들 앞에 서지 말라고 대놓고 말하기도 한다.[24]

독신은 직장에서도 빈번하게 차별을 받는다. 그들의 일상이 결혼한 사람들만큼 가치 있거나 중요하지 않다고 여겨진다. 대개는 시간적인 여유가 더 많다고 여겨져 동료의 업무를 대신해주거나 초과 근무 요청도 자주 받는다. 결혼한 동료들이 가족과 시간을 보낼 때 혼자 사는 사람은 여행을 다니거나 더 쉰다고 인식한다. 그래서 초과 근무를 해도 약간의 보상만 받거나 아예 받지 못한다. 익명의 독신남이 작성한 글을 보자. 일반 사람들의 인식이 묘하게 잘 드러나 있다.

싱글리즘 문제는 직장에서 가장 많이 일어난다. 결혼한 사람들은, 특히 아이가 있는 사람들은 자신들의 시간이 독신들의 시간보다 더 중요하다고 생각한다. 자신들처럼 배우자와 부모로서 책임이 없다고 생각하는 것이다. 몇 주 전, 회사에서 이틀간 연수를 제공했다. 나는 연수 공지가 뜨자마자 곧바로 첫째 날에 등록했다. 둘째 날은 친한 친구와 파티를 할 계획이라 휴가를 낸 상태였다.

연수가 시작되기 이틀 전에 회사에서 미팅이 있었다. 미팅이 끝나자 여기저기에서 하소연이 시작되었다. "마침 그날 아이 병원을 예약해뒀지 뭐야. 다시 예약하려면 한참 기다려야 해", "어떻게 하지? 어린이집 일정이 있어서 그날 못 갈 것 같아" 등의 말들이 쏟아졌다. 그러더니 첫째 날 등록자 중에서 둘째 날과 바꿀 의향이 있는 사람이 있는지 물었다. 장비 이용 문제로 연수는 한 수업당 정해진 인원만 참석할 수 있었다. 그 자리에 있던 사람들이 일제히 나를 쳐다보았다. 혼자 사는 사람은 그런 일이 없을 테니 바꿔줄 수 있을 거라는 눈빛으로 말이다. 나는 미안하지만 둘째 날은 친구와 약속이 있어서 안 된다고 말했다. 그러자 그들의 눈빛이 바뀌었다. 나에게 '우리 애보다 너의 그 알량한 약속이 중요하단 말이지?'라고 말하는 것 같았다.[25]

이 이야기는 독신이 자신의 우선순위를 포기하고 더 열심히 일하도록 강요받는 수많은 사례 중 하나일 뿐이다. 독신들은 수입과 관련해서도 피해를 받는다. 연구 결과에 따르면 독신은 같은 직장에 있는 기혼자와 비교해 급여가 약 26% 적다.[26] 또한 많은 고용주가 직원의 배우자와 동거인에게 의료비 지원 등 여러 혜택을 제공하지만 독신인 직원에게는 그런 혜택을 제공하지 않는다.[27] 이런 관행과 차별은 승진에도 영향을 미쳐 독신은 대개 기혼자보다 승진이 늦다.[28]

싱글리즘은 기혼자에게만 혜택을 주는 입법 과정에서도 드러난다. 어떤 나라는 독신에게 해당 사항이 없는 정부 보험이나 사회 보장 등의 혜택을 기혼자와 그 가족에게만 제공한다.[29] 미국에서는 가족 및 의료휴가법Family and Medical Leave Act에 따라 기혼자가 배우자를 간호할 일이 있으면 특별 휴가를 사용할 수 있다. 하지만 독신에게는 가까운 사람을 간호할 수 있는 휴가가 거의 인정되지 않는다. 특히 서구 사회에서는 결혼 여부에 따른 차별을 법으로 금지한다. 하지만 보편적인 관례와는 거리가 있고, 설사 법이 존재하더라도 효과적으로 시행되지 않는다.[30] 캐런은 이런 문제점을 지적하며 독신 전용 페이스북 그룹에 글을 남겼다.

> 어제 재무 담당자를 만났어요. 저는 독신들이 퇴직 후에 그렇게 심하게 차별받는 줄 몰랐어요. 정말 화가 나네요. 진짜 돈 많은 대기업에는 세금 감면도 많이 해주면서. 그들이야말로 그 정도 세금은 감당할 수 있잖아요.[31]

세금과 법률에서 싱글리즘을 목격한 사람은 캐런 말고도 많다. 시사 매거진 《디아틀란틱The Atlantic》의 한 논평은 의료비, 세금, 퇴직연금, 사회보장제도 등의 비용으로 독신이 기혼자보다 최대 100만 달러나 더 많은 돈을 쓴다고 지적했다. 미국 연방 규정 5장 3절에는 '대통령은 결혼 여부에 따른 차별 금지 규칙을 정할 수 있다'[32]라고 적혀 있다. 하지만 논평에 따르면 법적으로나 재정적으로 기혼자에게만 해당하는 혜택이 1,000개가 넘었다.

독신에 대한 편견과 기혼자 선호 현상은 주택 분야에서도 확인된다. 한 연구진이 부동산 중개업자 54명을 대상으로 임대 계약 시 선호하는 대상을 조사했다. 그들에게 부부, 연인, 일반 남녀 한 쌍, 이렇게 세 가지 선택지를 주고 하나를 선택하게 했다.[33] 교육, 직업, 나이, 취미 등의 기타 조건은 비슷하게 제시했다. 중개업자의 61%는 부부를, 24%는 연인을 선택했다. 일반 남녀를 선택한 중개업자는 15%에 불과했다.

연구진은 중개업자 중 한 사람이 부부만 선호하고 독신과는 임대 거래를 원하지 않는다고 답하자 차별 문제를 제기했다. 그는 결혼하지 않고 사는 것 자체가 이유라고 설명하며 선입견이나 차별이 아니라고 주장했다. 이 사례로 보건대 인종주의나 성차별주의, 혹은 일반적으로 인정되는 다른 형태의 차별과 달리 싱글리즘은 차별로 잘 인식되지 않는다. 쉽게 이해되지 않지만 이런 차별 행위는 독신들의 행복에 지대한 영향을 미친다. 지금부터 그 문제를 살펴보겠다.

차별이 초래할 수 있는 문제

…

소수 집단 연구에서 알 수 있듯 독신 차별 행위는 독신의 정신 건강과 행복을 크게 위협할 수 있다(안타깝게도 싱글리즘의 영향을 연구한 임상 연구나 통계 연구는 아직 없다). 예를 들어 한 연구에서는 차별이 남녀 동성 애자의 정신 건강 저하에 미치는 잠재적 영향을 조사했다. 미국중년 발달국가조사National Survey of Midlife Development in the United States의 자료를 토대 로 분석한 결과, 차별은 심리적 고통, 정신 질환, 스트레스, 불안감 등 의 정신 건강 지표와 관련이 있었다.[34]

차별이 소수 민족의 정신 건강을 해칠 수 있다는 증거도 있다. 흑 인계 미국인 청년을 대상으로 한 연구는 참가자들이 보고한 인종 차 별 사건 수에 따라 정신 건강 문제를 예측할 수 있다는 점을 시사했 다.[35] 난민과 이민자의 정신 건강을 연구한 조사에서도 비슷한 결론 이 나왔다.[36]

더 최근에 이루어진 몇몇 메타 분석 연구는 차별이 정신 건강뿐 아 니라 신체 건강에도 영향을 미친다는 결론을 내렸다.[37] 실제로 차별은 소수 집단의 체중 증가와 비만, 고혈압 문제와도 상관관계가 크다.[38] 다른 연구 결과를 보면 흡연율, 알코올 섭취, 약물 남용 증가와도 관련 이 있다.[39] 여성은 소수 집단 여부와 관계없이 차별 관행이 신체 건강 에 영향을 미친다고 보고된다.[40]

'차별이 정신 건강과 육체 건강에 어떤 식으로 영향을 미치는가'는 차별 유형에 따라 다르다. 하지만 전반적으로 독신은 차별 유형과 관 계없이 고통을 받을 확률이 크다. 이는 내가 조사해서 찾아낸 결론이 다. 많은 인터뷰 응답자가 이 점을 지적하며 차별로 인한 부정적 영향 을 언급했다. 영국 맨체스터에 사는 53세 독신남 존은 이렇게 말했다.

"사람들 때문에 너무 부담스럽습니다. 제 문제인데 말이죠. '빨리 여자를 만나야지'라는 말이 한동안은 저를 힘들게 했습니다."

사별이나 이혼을 경험한 사람들은 일부 사회나 사회적 맥락에서 일반 독신보다 더 심각한 수준으로 낙인이 찍혀 있어 이런 감정이 더 강하게 나타난다.[41] 내가 분석한 자료를 보면 다른 조건이 같을 때 차별은 이혼, 별거, 사별한 독신들의 행복 지수에 기혼자보다 많게는 25%까지 나쁜 영향을 미친다.

차별의 부정적 효과는 비우호적인 사회 환경에서 더 많이 나타난다. 집단 내 도움이 개인의 정신 건강에 미치는 차별의 부정적 효과를 줄인다는 연구 결과들이 나오고 있다. 따라서 공동체의 지원이 부족하면 일부 독신과 노년기의 독신을 더 취약하게 만들 수 있다.[42] 하지만 차별적 관행과 사회적 압력은 물리칠 수 있다. 행복하게 사는 독신들은 자신의 문제를 스스로 해결했고, 더 적극적인 사람들은 이런 현상에 격렬히 맞섰다. 지금부터는 독신들이 행복하고 차별 없는 세상에서 사는 데 도움이 될 만한 전략들을 파헤쳐보겠다.

사회적 압력과 차별 물리치기

...

독신에 대한 문화적 혐오감과 정부의 차별 정책에도 불구하고[43] 점점 더 많은 인구가 독신으로 사는 것을 선택하고, 그 선택의 결과로 잘 살고 있다.[44] 전통적으로 독신들은 부정적 자아 인식에 익숙했다. 하지만 최근의 인구통계학적 변화 덕분에 덜 예민한, 심지어 싱글리즘 과 낙인에 영향을 받지 않는 '신세대' 독신이 등장하고 있다.[45] 더 최근 의 연구 결과를 보면 신세대 독신들은 과거의 독신들보다 더 행복하 다.[46] 하지만 '신세대 독신들에게 어떤 전략들이 도움이 되는가'에 관 한 연구는 아직 부족한 실정이다. 따라서 나는 인터뷰를 통해 독신들 이 사회적 압력과 낙인, 고정관념을 이겨내기 위해 선택한 전략들과 사례를 찾아보았다.

차별과 사회적 압력 인식하기

인터뷰에서 밝혀진 첫 번째 전략은 이해하기는 쉽지만 실행하기는 쉽지 않은 문제다. 바로 독신들에 대한 차별과 사회적 압력 인식하기 다. 연구 결과들을 보면 독신들 자신도 싱글리즘을 거의 인지하지 못 한다.[47] 독신 응답자 중 4%만이 자발적으로 독신을 '낙인찍힌 집단'이 라고 생각했다. 독신에게 낙인이 찍혀 있다고 생각하는지 묻자 독신 의 30%, 기혼자의 23%만 그렇다고 답했다. 다른 집단의 경우 남성 동 성애자의 100%, 비만인의 90%, 흑인계 미국인의 86%, 여성의 72%가 자신들을 차별받는 집단으로 인식했다. 이 결과를 본다면 싱글리즘 관행이 용인되고 있는 지금의 상황이 어쩌면 당연해 보인다.

더 중요한 사실은 싱글리즘을 인식하는 정도가 높을수록 독신들 의 자존감과 행복 지수도 높았다는 것이다. 이는 차별을 인식하는 것 자체가 싱글리즘으로 인한 영향을 덜어주는 중요한 방법임을 암시한 다. 내가 인터뷰와 여러 데이터를 분석했을 때도 행복한 독신은 자신이 경험한 사회적 압력을 인식한 사람들이었다. 실제로 그들은 자신의 문제를 적극적으로 해결하고 사회적 압력에 맞서고자 무엇보다 상황을 인식하려고 노력했다. 로리는 이와 관련해 글을 남겼다.

> 내가 이상한 사람이 아니었다. 세상에는 싱글리즘과 결혼 지상주의가 존재한다. 이제야 깨닫다니. 지금이라도 깨달아서 다행이다. 어떨 때는 정말 화가 난다. 하지만 알고 보면 늘 그래왔다. 다 이유가 있었는데 깨닫지 못했을 뿐이다.[48]

로리는 차별이 존재한다는 사실을 인식하고 깨달은 것만으로도 기분이 나아졌다. 독신들의 문제 인식이 정신 건강에 어떻게 도움을 주는지는 밝혀내기가 쉽지 않다. 하지만 다음 사실을 생각해보자. 다른 소외 집단도 사회 운동을 통해 자신들이 처한 상황을 인식하고 차별 문제를 공론화하여 정신 건강에 긍정적인 효과를 가져왔다. 특히 독신들이 자신들을 향한 부정적인 사회의 시각을 거의 인식하지 못한다는 사실로 보건대, 어쩌면 지금이야말로 독신들에게 그런 사회 운동이 필요한 시점일 수 있다. 로리는 이후에 글을 통해 이렇게 말했다.

> 사람들은 왜 그것이 차별이라고 생각하지 않는지 모르겠다. 하긴 나도 일을 시작한 20대 때는 사람들이 나를 그렇게 대하는 것이 옳다고 생각했으니까.[49]

자신에 대한 긍정적 인식 구축하기

두 번째 전략은 자신에 대한 긍정적 인식을 구축해 행복 지수를 높이는 것이다. 이는 다른 연구 결과에서도 많이 밝혀진 사실이다.[50] 664명의 청년을 대상으로 한 연구 결과를 보면 긍정적 대인 관계와 자기 인식은 희망적인 관점을 갖게 하고 행복 지수를 높였다.[51] 특히 개인주의 성향이 강한 문화에서 긍정적 자기 인식이 행복도를 높이는 데 도움을 준다는 연구 결과도 있다.[52]

하지만 긍정적 자기 인식이 어떻게 독신의 행복에 영향을 주고, 사회적 압력을 물리치는지는 확실치 않다. 독신과 기혼자에게 같은 역할을 하는지에 관한 연구도 아직 부족하다. 이런 점에서 자기 인식을 어떻게 구축할 것인가는 독신이 사회적 압력을 다루고 행복해질 방법을 찾는 중요한 열쇠가 될 수 있을 것이다.

내가 찾아낸 분석 결과를 보면 긍정적 자기 이미지와 자신감은 행복 지수를 높이는 데 확실히 결정적인 역할을 한다.[53] 특히 독신들은 자신들의 문제가 주로 사람들로부터 비난받고, 자신감이 억제되고, 부정적 자기 인식이 강화되고, 때로는 이 모든 문제가 자신도 모르는 사이에 이루어지는 등 사회적인 면과 관련되어 있기 때문이다.[54] 조지아 주 밀레지빌에 사는 60세 이혼녀 패트리샤는 인터뷰에서 이렇게 말했다.

"자신의 삶에 얼마나 확신이 있는지가 중요하다고 생각해요. 만약 제가 '혼자라서 싫다'라고 말하고 다닌다면 사람들도 그런 식으로 말하겠죠. 하지만 저는 전혀 문제를 못 느껴요. 제 선택이었으니까요.

저는 제 선택이 철저하게 옳다고 생각해요."

페트리샤는 인터뷰 내내 생기가 넘쳤다. 자신의 상황을 긍정적으로 바라보고 자신감에 차 있었다. 그녀는 자신이 내린 선택이 옳다고 믿었기 때문에 자신에 대해 긍정적인 이미지를 갖게 되고 독신 여성으로서 현실에 만족할 수 있었다고 말했다. 독일 프랑크푸르트에 사는 37세 독신녀 리나는 긍정적 자기 이미지와 자기 수용을 더욱 강조했다.

"저는 자기가 어떤 이미지를 보일 것인가에 달려 있다고 생각해요. 내가 있는 그대로의 나를 인정하면 다른 사람도 그렇게 받아들이는 거죠. 재미있는 이야기를 들려드릴게요. 제가 처음 독일에 왔을 때 교회 사람들이 결혼도 하지 않은 제게 아기는 언제 나을 생각이냐고 묻더군요. 그래서 전 일단 결혼부터 해야 한다고 대답했죠. 처음에는 사람들이 어리둥절한 표정을 지었지만 시간이 조금 지나니 다 괜찮아지더군요. 제가 말하고 싶은 건 자신을 있는 그대로 받아들이면 사람들도 그런다는 거예요. 어차피 그들은 크게 신경 쓰지 않아요."

긍정적 자기 인식과 이혼, 사별, 미혼 그룹의 행복 지수 사이에는 유사한 관계가 있다. 기혼 그룹보다 이들 집단에 더 강하게 나타난다. 즉 독신 그룹은 긍정적 자기 인식을 평가하는 점수가 높을수록 다른 점수도 높았다. 나이, 교육, 소득, 성별, 임신 등 다른 모든 변수를 고려하면 긍정적으로 자기를 인식하는 독신은 그렇지 않은 독신보다 행복 지수가 30% 가까이 높았다. 런던에 사는 31세 여성 마야는 그런 의미에서 이렇게 말했다.

"우리는 누구나 각자의 인생을 살아요. 인생은 나의 참모습에 좀 더 편안해지는 과정이고, 자신에게 좀 더 나은 감정을 느끼는 과정인 것 같아요."

낙관주의도 비슷한 역할을 한다. 낙관적인 시각은 인터뷰에서 밝혀진 중요한 주제 중 하나였다. 다른 사례에서도 낙관주의가 긍정적 자기 인식과 주관적 행복을 매개한다는 결과가 나와 내가 찾은 결론과 일치했다.[55] 스웨덴에 사는 46세 독신남 요르겐은 이렇게 말했다.

"저는 제가 독신이라는 생각이 들지 않습니다. 보호받는다고 느끼니까요. 전 행복해요. 크게 걱정하지 않아요. 그럭저럭 잘 살고 있습니다. 그러면 된 거 아닙니까?"

요르겐처럼 자신의 삶에 만족하고 불안감을 적게 느끼는 독신들은 결과적으로 더 행복한 삶을 살 확률이 크다. 내가 분석한 자료에서도 낙관적 관점을 지닌 독신들이 그렇지 않은 독신보다 행복 지수가 약 35% 더 높았다.

낙관주의가 마음을 안정시키는 역할을 한다는 것만은 분명한 사실이다. 문제는 '낙관주의가 기혼자들과 비교해 독신들의 긍정적이고 미래지향적인 인식에 더 중요한 역할을 하는가'다. 나는 그에 대한 답을 또 다른 통계 분석에서 찾았다. 그 결과를 보면 낙관주의는 특히 독신에게 중요한 역할을 한다. 즉 낙관주의를 평가하는 점수가 높으면 이혼, 사별, 미혼 그룹의 주관적 행복 지수도 기혼 그룹의 점수보다 높았다.

가령 다른 모든 중요한 특징이 비슷하고 결혼 여부만 다른 두 사람을 예로 들면, 그 두 사람이 똑같이 낙관주의에 가장 높은 점수를 보인다고 할 때 미혼자는 기혼자보다 0~10점 척도에서 0.7점 적은 점수로 시작했음에도 나중에는 기혼자와 행복 지수가 같았다(심지어 이 결과는 결혼 전에 더 행복했던 사람이 결혼을 선택한다는 선택 메커니즘은 고려하지 않은 값이다). 이 경우, 이혼 그룹과 사별 그룹도 0.2점 차로 격차가 크게 줄었다. 이것을 보면 낙관주의는 기혼자보다 독신의 행복에 더 강력한 역할을 한다는 것을 알 수 있다. 여기에 한 가지 가능한 설명은 자녀나 배우자 같이 외적 '안전망'이 없는 독신에게는 긍정적이고 미래지향적이고자 하는 내적 성향이 유용하게 작용한다는 것이다. 이런 내적 성향은 자신감과 독립심을 길러 힘든 일을 이겨낼 수 있게 한다.[56]

긍정적인 자기 인식의 또 다른 측면은 직업, 취미, 친구가 성취감과 자존감을 높이는 데 중요한 역할을 한다는 것이다. 뒤에서 더 자세히 살펴보겠지만 독신들은 물질적인 면을 덜 중요하게 생각하고, 더 사교적이며, 일에서 더 많은 의미를 찾는다. 여러 연구 결과를 보면 독신은 흥미롭고, 도전적이고, 성취감 있는 일을 추구하고, 기혼자들보다 직업에서 내적인 의미를 더 많이 얻는다.[57]

내가 분석한 데이터도 이 결과를 뒷받침한다. 사별 그룹과 미혼 그룹은 성취감과 자존감 덕분에 기혼 그룹보다 0.4점 더 높은 점수를 보였고, 이혼 그룹은 0.2점 더 높은 점수를 보였다. 다시 말해, 성취감과 자존감만으로도 기혼자와 독신의 격차가 상당히 줄어든다. 이유는 간단하다. 독신들은 주로 가족 밖에서 의미를 찾는데, 그런 행위가 그들의 자존감 향상에 도움을 주기 때문이다.

지금까지 살펴보았듯 긍정적인 자기 인식을 구성하는 세 가지 요소인 자신감, 낙관주의, 자존감은 독신이 자기 인식을 더 나은 방향으로 개선할 수 있는 길을 제시한다. 사실 그것이 말처럼 쉽지만은 않다. 오늘날은 소득[58], 교육 수준[59], 가족의 지원[60], 종교[61] 같은 다른 요소도 자기 인식에 영향을 미칠 가능성이 크다. 가령 한 연구 결과를 보면 교육 수준이 높고, 가족의 지원이 많으며, 종교적 제한이 적을수록 자기를 수용하는 정도가 높았다.[62] 개인주의 같은 문화적 요인도 자존감에 영향을 준다.[63] 따라서 독신의 긍정적 자기 인식에 도움을 주려면 삶에 필요한 다양한 요소를 내적인 측면과 외적인 측면으로 나누어 주도면밀하게 검토해야 한다.

우호적인 환경 찾기

세 번째 전략은 독신에게 우호적인 환경을 찾는 것이다. 로스앤젤레스, 런던, 도쿄 같은 주요 대도시에서는 일명 '독신 친화적 환경'이 발달하고 있다. 이제 그런 곳들은 나이에 상관없이 혼자 사는 것을 멋지다고 여긴다. 젊은 세대에만 한정된 이야기가 아니다. 중장년층 역시 독신 친화적 네트워크의 장점을 충분히 즐기고 있다.[64] 52세 독신남 저스틴은 로스앤젤레스를 매우 좋게 평가했다.

"LA에는 독신이 많아요. 이런 대도시는 활기가 넘쳐요. 모든 사람이 결혼해서 아이를 낳고 살아야 하는 분위기가 아니거든요. 그래서 전 LA가 너무 재밌어요."

LA 같은 대도시는 개인 생활을 중시하고, 독신에 대한 부정적인 시각이 적으며, 다른 사람과 소통하고 수많은 활동을 즐길 수 있도록 다양한 기회를 제공한다. 그래서 1장에서 설명했듯 독신들이 대도시로 몰리는 것이다.

대도시만이 아니다. 도시 외곽과 종교적인 지역에서도 독신 친화적 환경이 발달하고 있고, 미국 전역의 교회에서도 이제 무시하기 힘든 주제로 떠오르고 있다.[65] 2013년의 한 기사는 가톨릭 신자의 독신 비율이 계속 늘고 있는 현실을 고려해 가톨릭교회가 독신을 인정하고, 나아가 축복할 것을 촉구했다.[66] 다음은 기사의 일부다.

목사님은 40분간의 설교가 끝나자 준비해온 노트에서 눈을 떼고 즉석 연설을 시작했다. "여러분 중 40%가 독신이시죠. 그러니 독신에 대해서도 뭔가 말을 해야겠군요." 나는 귀가 번쩍 뜨였다. 목사님은 학식이 깊고, 조금 전에 결혼을 주제로 한 심오한 설교도 마친 터라 독신에 관한 이야기도 그만큼 깊이가 있을 것 같았다. 나는 귀를 쫑긋 세웠다. "독신 신자들께 제가 당부하고 싶은 말은 이겁니다. 결혼 전까지 성관계는 하지 마세요. 대신 결혼하고 나면 그동안 못했던 것을 실컷 보충하십시오." (그리고는 윙크를 두 번 날리셨다.)

(…) 독신들은 독신 남자가 세운 교회에서 대단히 소외당한다. 이것은 문제가 있다. 하나님은 우리가 결혼하지 않거나 아이를 낳지 않더라도 학위를 따거나 사업을 시작하거나 학자금 대출을 갚는 등의 '중대한' 일을 도우시고, 이웃을 위해 봉사하고 서로를 위해 기도하는 일 같은 '일상적인 일'에서도 능력을 발휘하신다. 우리는 우리의 삶에서 신이 행하는 모든 일을

축복해야 한다. 그것이 하나님께서 이전에 행하신 일과 닮았든 그렇지 않든 관계없이. 따라서 우리는 우리 주변의 독신들을 축복할 이유를 찾아야 한다.

이 기사는 가톨릭계 전반에 큰 울림을 전했다. 그리고 그 임무를 진지하게 받아들이기로 한 성직자들을 포함해 많은 사람에게 지지를 얻었다. 이처럼 독신을 위한 우호적인 환경을 제공하고, 그들의 목소리를 대변하고, 사회적 위치를 확실히 설정하면 독신의 긍정적 자기인식을 높일 수 있다. 이런 환경은 독신으로 사는 삶을 정상으로 규정해 독신의 자존감을 낮추는 싱글리즘과 결혼 지상주의를 줄게 한다.[67] 독신에게 우호적인 환경이 많아질수록 그들은 자존감을 높이고 행복 지수를 높일 공간을 더 적극적으로 찾는다.

또한 현재 많은 곳에서 미시적 관점의 독신 친화적 환경이 만들어지고 있다. 가령 공동 주거지와 공동생활 방식도 독신에게 유용하다.[68] 이런 환경을 제공하는 다양한 모델이 최근 몇 년간 개발 중이며, 그중 하나가 시장 수요에 맞춰 독신을 겨냥해 만들어진 위리브WeLive다. 위리브는 세계적 오피스 공유 업체인 위워크WeWork의 자매 회사로, 현재 워싱턴과 맨해튼에서 운영되고 있다. 위리브는 자신들의 사업 모델을 이렇게 홍보한다.

위리브는 공동체와 융통성, 그리고 모든 사람이 똑같이 중요하다는 기본 신념 위에 세워진 새로운 생활 방식이다. 위리브는 행사장 기능을 겸비한 우편물실과 세탁실, 공용 주방, 루프 덱roof deck, 욕실 공간에 이르기까지 사람들과 의미 있는 관계를 조성하게 해줄 물리적 공간을 제공해 전통적 주거 모델에 도전장을 내민다.[69]

이런 공용 공간은 독신들에게 비판적이지 않고 안정적인 분위기를 제공해 결혼에 대한 사회적 압박에 적응할 수 있게 한다. 세탁 시간이나 식사 시간을 함께한다는 장점뿐 아니라 소속감을 키워주는 유연한 사회적 네트워크에 접근할 수 있어 비슷한 가치관을 가진 사람들에게 매력적인 장소가 된다. 위리브의 홍보 글을 다시 한 번 살펴보자. '사람들과 의미 있는 관계를 조성하게 해줄 물리적 공간을 제공한다'라는 문장에서 '의미 있는 관계'란 한 사람에게만 헌신하는 오랜 관계라기보다 '다수의 사람', 말 그대로 '의미 있는 관계'를 만든다는 의미일 것이다.

이런 맥락에서 성 소수자 사회는 흥미로운 점을 시사한다. 사실 퀴어 집단은 퀴어와 독신이라는 이중 낙인을 상대해야 한다. 성 소수자의 생활 방식과 관습을 조사한 연구를 살펴보면 노년층의 성 소수자 집단은 다른 집단에 비해 특히 공동 주거 환경에 살면서 우호적 환경의 장점을 누린다.[70] 그들은 사회적 낙인에 더 익숙하고 다른 집단보다 결혼에 대한 압박을 적게 느껴 일반 독신들보다는 더 쉽게 모여 사는 것으로 보인다. 자신들이 이미 '아웃사이더'라고 생각하는 경향이 강해 적어도 마음 맞는 친구들과 모여 살면서 얻는 이득을 충분히 누리고자 하는 것이다.

같은 정체성을 가지고, 같은 어려움을 이겨내고, 자신이 처한 상황을 충분히 공감해주는 사람이 주변에 많으면 행복 지수를 높임과 동시에 우울 지수는 낮출 수 있다. 실제로 연구 결과들을 찾아보면 퀴어끼리 모여 사는 집단은 사회적 자산을 더 많이 즐기고, 더 행복하게 지낸다.[71] 특히 삼중, 사중의 낙인에 직면한다고 볼 수 있는 노년기의 소수 민족 성 소수자들은 동질감을 느낄 수 있는 사람이 주변에 많을 때 얻는 장점이 크다.[72] 결론적으로 독신들이 자신에게 우호적인 환경을 찾을 수 있다면 사회적 자산 증가라는 이점과 함께 사람들과 교류하며 공감대를 경험하는 부가적인 혜택도 누릴 수 있다.

차별 관행에 맞서기

네 번째 전략은 차별 관행에 직접 맞서는 것이다. 이는 소수 민족과 성 소수자 집단에는 특별히 새로운 방법이 아니다. 그들은 이미 오래전부터 사회에서 자신의 권리와 위치를 찾고자 싸워왔고, 이미 많은 정부와 단체에서 인정도 받았다.[73] 하지만 독신들에게는 아직 일반적이거나 허용적인 방법이 아니다. 필요하다고 느끼는 사람이 각자 알아서 개별적으로 맞선다. 〈아이리시 타임스〉에 소개된 로스의 사례가 그렇다. 그는 이렇게 언급했다.

종종 고개를 갸웃하며 안됐다는 목소리로 이렇게 말하는 사람들이 있다. "어머, 아직 싱글이세요?" 그럴 때마다 나는 더 안됐다는 목소리로 이렇게 답해주고 싶다. "어머, 아직 싱글이 아니세요? 아직 독립을 못하신 거예

요?" 그런 말은 한 개인의 삶을 무기력하게 만든다.[74]

로스는 결혼 생활을 공격할 의도는 없다. 그가 자기방어적 모습을 보이는 이유는 사는 방식에 여러 길이 있다는 사실을 지적해 사람들의 관점을 변화시킬 수도 있다고 생각하기 때문이다. 그러한 경험들이 모이면 독신들은 사회적으로 더 인정받고, 나아가 결혼에 대한 사회적 압력을 물리칠 수 있다.

49세 이혼녀 레이첼은 로스보다 좀 더 직설적이다. 그녀는 '독신의 행동 변화 촉구'라는 제목으로 투지에 찬 글을 블로그에 올렸다.

기본적인 수준의 지원 때문에 결혼과 가족 중심의 현 제도를 받아들인다면 우리는 제도적 불의를 저지를지도 모른다. 이제 우리는 따뜻한 사회로부터 우리를 점점 멀어지게 하는 힘에 맞서 행동을 취해야 한다. 우리 독신들은 서로 도와야 하는 책임을 무겁게 인식하고, 사회 구조에 포함되는 지원을 얻기 위해 싸워야 한다. 독신으로 사는 우리는 진정한 독립이 사실은 서로에게 의존하는 일임을 누구보다 잘 안다. 이 사실을 바탕으로 더 따뜻한 사회를 만들고자 협력해야 한다. 그리하여 점점 더 많아지는 독신들이 계속 독신으로 살고자 할 때 직업과 나이에 상관없이 지원을 받을 수 있게 해야 한다.[75]

레이첼은 모든 사람이 각자 책임을 맡길 원한다. 그녀의 주장대로 된다면 독신으로 살면서 자유 의지를 표현하는 사람들이 결혼을 선택한 사람들과 다르다는 이유로 비난받지는 않을 것이다. 그녀가 간절히 바라는 사회는 독신에 대한 사회적 낙인이 사라지고, 더는 그들의 이익을 배제하거나 반대하지 않는 곳이다.

이런 변화의 목소리가 이제 곳곳에서 점점 더 크게 들려온다. 하지만 아직 갈 길이 멀다.[76] 다행인 것은 여러 연구 결과를 보면 그러한 움직임이 실제로 사회 변화를 일으킬 뿐 아니라 움직임에 동참하는 사람들에게 희망과 용기를 준다는 사실이다. 이는 그동안 다른 사회 운동들이 어떻게 진행되어 왔는지를 통해서도 알 수 있다.[77] 따라서 차별 관행에 적극적으로 맞서는 방법은 사회적 정체성을 형성하고, 그 사회에 존재하는 문제점을 일부 완화한다고 할 수 있다. 이런 의미에서 본다면 차별 관행에 맞서는 움직임이야말로 독신들에게 자기 효능감을 높여주기 위한 첫걸음이다.

자기 효능감 높이기

다섯 번째 전략은 독신들이 긍정적인 시각을 가지고 자기 효능감을 높이는 것이다. 이 전략은 긍정적 자기 인식을 키우는 방법과는 다르다. 개인에게 초점을 맞춘 것이 아니라 독신이라는 상황에 대한 개인의 인식을 다루기 때문이다. 이 경우, 행복한 독신들은 자신의 상황을 긍정적으로 바라보고, 그 선택이 자신의 행복에 너무 많은 영향을 주지 않게 조절한다. 34세의 한 미혼녀는 자신의 블로그에 이런 글을 남겼다.

혼자 사는 것은 모험이다. 특히 어느 날 갑자기 혼자가 된 사람에게는. 혹은 혼자 사는 것이 전혀 편하지 않았는데 어느 날 '이렇게도 편하게 살 수 있구나'라는 사실을 깨달은 사람에게는. 그것이 자신을 위해 할 수 있는 가장 중요한 일이다.[78]

최근 연구자들은 독신의 삶과 그들에 대한 고정관념을 연구할 때 모든 독신을 같은 집단으로 보기보다 크게 두 그룹으로 나누어야 한다고 주장한다. 즉 하나는 '선택적 독신'이고, 다른 하나는 '상황적 독신'이다. 선택적 독신은 자신의 현재 상황에 만족하고 특별히 배우자를 찾지 않는 사람이고, 상황적 독신은 결혼을 희망하며 배우자를 찾는 사람이다. 물론 두 그룹을 자유롭게 오갈 수 있다. 하지만 그들이 독신인 상태를 어떻게 느끼는지, 그 상태를 어느 정도 수용하는지는 차이가 있다.[79]

독신인 상태에 만족하는 사람들은 그것이 일시적이든 영구적이든, 특히 자기 효능감이 중요한 역할을 한다. 심각한 사회적 문제에 가장 자주 직면하는 사람이 그들이기 때문이다. 언뜻 이해가 안 될 수도 있지만 선택적 독신이 상황적 독신보다 부정적인 시각을 더 자주 경험한다.[80] 특히 선택적 독신은 상황적 독신보다 더 불행하고 외로운 사람으로 인식되고, 상황적 독신은 더 성숙하고 사교적인 사람으로 인식된다. 이유를 설명하자면 선택적 독신은 결혼 지상주의라는 사회 규범에 저항하는 사람으로 인식되기 때문에 사람들로부터 비난을 사지만, 상황적 독신은 연민을 산다.[81]

자기 효능감은 독신들이 현재 삶에 더 만족하게 하고, 사회와 주변 사람들이 더 포용적인 시각을 갖도록 인식의 틀을 바꾸는 데 도움을 준다. 인터뷰에서 나온 말을 종합해보면 독신들은 주변인들을 어떻게 이해하느냐에 따라 독신에 대한 편견을 이겨내고, 현재 삶과 사회적인 위치를 만족하는 정도가 달랐다.

긍정적 시각을 갖는 방법은 여러 가지다. 그중 빠르고 간단한 방법으로 독신들에게 자기 효능감을 키워주고자 쓰인 최근의 많은 출판물을 꼽을 수 있다. 회의적인 시각도 있지만 각종 연구 결과에 따르면 긍정적인 사고를 장려하는 책을 읽으면 삶의 만족도에 장기적이고 긍정적인 효과가 있다.[82]

서른아홉 가지 결과를 메타 분석한 자료를 살펴보면 긍정적인 심리적 개입은 개입 이후 3개월, 6개월 간격으로 측정한 주관적 행복에 유용한 효과를 보인다.[83] 가령 강좌를 듣거나 워크숍에 참석하거나 상담을 받는 등 자기 효능감에 대한 개입을 강화하면 사회적 긴장과 차별을 직시해 결과적으로 삶의 만족도를 높일 수 있다.

이 장의 서두에서 언급한 '익명의 독신자 모임'을 떠올려보자. 그중에는 결혼이라는 선택지를 시도해보고 싶은 사람도 있을 것이다. 하지만 대부분은 현재 상황에서 편해질 방법을 찾고 싶어 했다. 독신들이 자신의 현재 상황을 편하게 받아들이도록 도와주는 워크숍은 많지 않다. 그런 의미에서 통찰력이 돋보이는 참신한 워크숍이 많이 개발되어 독신들에게 시급한 문제들이 빨리 다루어질 필요가 있다.

그렇다면 무슨 내용을 다룰 수 있을까? 결혼 생활과 관련해 개설

되는 수많은 세미나를 생각해보자. 심리학자나 교육자는 독신의 삶에 초점을 맞춘 워크숍과 세미나를 개발할 수 있을 것이다. 실제로 많은 지원 단체가 이혼이나 사별을 경험한 사람들이 상실감과 아픔을 극복하도록 돕고 있다. 하지만 단순히 과거를 극복하는 것만으로는 부족하다. 그들도 새로운 현실을 즐길 수 있어야 한다. 이 점이 중요하다. 따라서 워크숍이나 세미나가 개설된다면 이 점이 충분히 반영되어야 한다.

같은 맥락에서 학교도 독신에 관한 정보를 교육 과정에 반영해야 한다. 어떤 아이들은 자라서 결혼을 하지 않을 것이고, 거의 모든 아이가 성인이 된 후 어느 시점에는 분명히 독신으로 살 것이다. 독신으로 사는 법, 결혼 지상주의 문제를 다루는 법은 사회생활에 필요한 기술이라 생각하고 모든 사람이 익혀야 한다.

이 책은 행복하게 사는 독신들의 삶을 여러 측면에서 살펴본다. 특히 이번 장은 독신으로서 행복한 삶을 시작하는 데 중요한 역할을 한다. 지금까지 설명한 다섯 가지 전략, 즉 차별과 사회적 압력을 인식하고, 긍정적인 인식을 구축하고, 우호적인 환경을 찾고, 차별 관행에 맞서고, 자기 효능감을 높이는 방법은 한 개인과 관련된다고 볼 수 없는 사회적 사슬을 끊는 데 꼭 필요한 일들이다. 독신들은 사회가 지운 무거운 짐을 벗고 나면, 독신으로 살아남는 법, 그리고 진정으로 행복하게 살아가는 법을 스스로 찾을 수 있을 것이다.

4

잠은 혼자,
놀 때는 여럿이

Sleeping Alone, Bowling Together

로만 폴란스키Roman Polanski 감독이 1965년에 세상에 내놓은 〈혐오〉
는 고립의 세계와 독신의 심리를 파고든 영화다. 심리 공포물에 속하
는 이 영화는 런던에서 언니와 함께 살며 미용실에서 일하는 여주인
공 캐롤 르도Carole Ledoux의 심리 묘사에 집중한다. 아름다운 외모를 지
녔지만 내성적인 성격을 가진 캐롤은 어느 멋진 청년의 계속되는 구
애를 거절하고 그와 어떤 형태로도 관계를 맺지 않는다. 어느 날 캐롤
의 언니가 남자 친구와 휴가를 떠나자 심리적으로 불안정한 상태였
던 캐롤은 점점 광기에 휩싸인다. 영화 끝부분에는 정신 착란을 일으
킨 캐롤이 어두컴컴한 집 안 곳곳에 괴물이 몸을 숨기고 있다고 상상
하는 장면이 나온다.

폴란스키 감독은 이 영화에서 독신과 남녀 관계의 세 종류를 보여
준다. 첫 번째는 일방적인 남녀 관계의 모습이다. 캐롤 언니의 남자
친구는 참을성이 없고 무심하다. 한편 캐롤의 직장 동료 브리짓은 울

분에 찬 목소리로 남자 친구에 대해 이렇게 성토한다.

"나쁜 놈! 뭐든지 다 해줄 것처럼 말하더니!"

또한 폴란스키 감독은 미용실에서 일하는 캐롤이 어떤 사회의 일원인지를 강조한다. 즉 그녀가 일하는 곳은 여성들이 진정으로 자신이 원하는 바를 표현하지 못하고, 남자들의 욕구를 만족시키며 노예처럼 일하도록 설계된 사회다(폴란스키 감독은 미성년자와 부도덕한 성관계를 맺은 이력이 있어 크게 비난받았다).

두 번째는 남녀 관계를 거부하는 사람들의 모습이다. 폴란스키 감독은 인간의 가장 깊고도 공통된 두려움을 조명한다. 그것은 바로 사회적 고립과 정서적인 외로움이다. 캐롤은 누구에게도 관심받지 못하는 미혼 여성에 관한 고정관념을 전형적으로 그려낸 인물이다. 자신의 아름다운 외모를 이용하려 하지도 않고, 계속해서 자신을 고립시키다 결국 비극적인 죽음을 맞는다.

세 번째는 비평가들 사이에서 잘 드러나지 않는, 독신의 삶과 사회적 상호작용을 강조한 부분이다. 캐롤은 언니 집의 창문 너머로 수녀들이 수도원 뒷마당에서 공놀이하는 모습을 줄곧 지켜본다. 이 영화에는 우정이 남녀 관계를 대체할 수 있다는 생각이 충분히 드러나지 않는다. 영화가 1960년대 작품임을 고려한다면 종교적 맥락 밖에서는 쉽게 나올 수 없는 선택이었을 것이다. 그럼에도 폴란스키 감독은 이 대안을 가장 이성적이고 매혹적인 선택으로 그린다. 수녀들은 영화상에서 정서적·사회적으로 서로에게 의지하는데, 그 모습에서 폴란스키 감독과 주인공을 매료시킨 단단한 사회 구조가 탄생했다.

이제 우리는 연인 관계를 원치 않는 캐롤을 정신 이상자로 보지 않는다. 이 영화가 나왔을 때는 18세 이상 성인의 72%가 기혼자였으나 오늘날은 50%대에 그친다.[1] 하지만 우리 사회가 어떻게 캐롤이 가졌던 공포를 극복했는지, 어떻게 독신들이 사교적이고 활동적인 집단이 되었는지는 여전히 의문이다.

지금의 독신들이 외로움이나 두려움과 관련된 공포를 극복하고자 어떤 전략을 사용하는지 살펴본다면 그 의문을 해소하는 데 조금이나마 도움이 될 것이다. 이 장에서 다루어질 사회적 자산에 관한 연구도 사회성이 독신들에게 어떤 면에서 도움이 되는지를 이해하는 데 유용한 도구가 될 것이다. 그런 의미에서 우리 모두 캐롤이 수도원 뒷마당에서 즐겁게 노는 수녀들을 바라보며 어떤 심정이었을지, 그래서 독신들이 지금보다 더 행복해지려면 무엇이 필요할지 고민해보는 시간을 가져보면 좋겠다.

혼자 산다는 것의 의미

...

사회의 일원이 되려면 반드시 배우자가 있어야 할 것 같다. 마치 사회의 최소 단위가 두 사람이어야 한다는 듯이. 연구 결과들을 보면 결혼의 가장 큰 장점은 늘 함께할 동반자가 있어 안정감이 생긴다는 것이다.[2] 따라서 결혼은 삶의 만족도를 크게 떨어뜨릴 수 있는 외로움을 해결하는 가장 일반적인 예방책으로 여겨진다.[3]

메건은 30대 미혼녀로, 뉴욕에서 좋은 직장에 다니며 여유 있게 산다. 그녀는 친구도 많고 직장 동료들과도 잘 어울린다. 하지만 일요일만 되면 우울한 기분에 사로잡힌다. 그녀는 블로그에 이런 글을 남겼다.

일요일 아침이 오는 것이 두렵다. 오래전부터 그랬다. 일요일 아침에 눈을 뜨면 혼자라는 생각이 머리를 엄습한다. 이런 내가 싫다. 나를 위로해줄 남자의 손길이 그립다. 일요일 아침의 여유를 누군가와 함께하고 싶다. 나는 아침에 눈을 뜨면 몽롱한 상태로 모닝 섹스를 하고, 침대에 누워 빈둥거리다 커피를 마시고, 여유롭게 산책을 즐기는 상상을 자주 한다.[4]

메건처럼 많은 독신이 함께할 가족이 없어 주말을 힘들어한다.[5] 크게 두 가지 이유가 있다. 첫째, 주말에는 직장에 나가지 않아 여유 시간이 많다. 둘째, 함께 시간을 보낼 사람이 적다. 주말에는 사회적 상호작용이라는 욕구를 채워줄 동료나 고객을 만날 수 없다. 배우자나 가족이 있으면 주말의 여유를 함께 즐기고 대화 욕구를 채울 수 있다. 이런 욕구들이 충족되지 않을 때 독신은 심리적 고통을 겪고 삶에 대한 만족도가 떨어질 수 있다.[6]

사라도 일요일마다 비슷한 문제를 겪고 있다. 그녀는 독신들이 주로 느끼는 외로움에 관해 블로그에 글을 남겼다. 그녀는 특히 가족이 다 같이 교회에 가고, 식당에 가고, 나들이 가는 모습을 볼 때가 힘들다고 토로했다. 그래서 남편과 아이가 없는 자신이 혼자 교회나 다른 모임에 참석해도 괜찮은지 늘 고민한다고 말했다.

> 차에 올라탈 때 잠시 고민했다. 식당에서 혼자 밥을 먹을 정신적 에너지
> 가 남아 있는지가 일요일마다 하는 고민이다. 집에서 샌드위치를 먹는 편
> 이 낫겠다고 생각했다. 그래서 차를 돌렸다. 금방이라도 눈물이 쏟아질 것
> 같았다. 내내 속으로 생각했다. '괜찮아. 내 곁에는 하나님이 계시잖아. 난
> 혼자가 아니야. 울지 말자. 하나님, 도와주세요.' 일요일마다 교회에 갈지
> 말지를 두고 고민한다. 혼자 가서 혼자 있다가 혼자 돌아와 혼자 밥을 먹어
> 야 하니까. 일요일은 정말 별로다.[7]

사라는 일요일에 혼자 외출할 때마다 기분이 이상해진다. 독신들
은 사라처럼 평소에는 괜찮다가도 특정 사회 활동에 참여할 때 불편
함과 어색함을 느낀다. 이런 감정은 사회적 편견이 반영된 경우가 많
다. 앞서 살펴보았듯 사회가 독신들을 부담스러운, 심지어 위협적인
존재로 본다는 증거는 많다. 독신들은 더 폭력적이고, 덜 안정적이고,
도움이 필요한 사람들로 여겨진다.[8] 영화 〈혐오〉는 독신들이 결국에
는 현실을 감당하지 못하고 정신 이상자가 될 수도 있다는 우리의 뿌
리 깊은 공포심을 강조했다. 그것을 잘 묘사했다는 점에서 폴란스키
감독의 명작으로 꼽힌다. 영화는 캐롤이 자신에게 구애를 한 남성과
언니의 집주인을 살해하는 장면으로 막을 내리며 독신의 최후에 대한
집단적 공포심을 극명하게 드러냈다.

독신들은 정신적 어려움 말고도 실직, 질병, 사고 등의 문제, 혹은

집안일 문제로 신체적·물질적 어려움을 겪을 수도 있다. 배우자나 자녀가 있는 사람은 바로 옆에 있는 가족에게 도움을 받을 수 있다. 그래서 그런 상황을 더욱 잘 대처할 수 있다고 여겨진다.[9] 배우자는 내가 실직했을 때 경제적인 면에서 안전망이 될 수 있고, 병에 걸리거나 다쳐서 밥 먹고 옷 입는 등의 일상생활에 어려움이 있을 때도 확실히 도움이 될 수 있다. 따라서 사라가 1년 뒤에 블로그에 올린 글도 공감이 된다. 그녀는 혼자 사는 사람들의 어려움을 다시 한 번 이야기했다.

혼자 사는 것이 싫을 때가 있다. 특히 두 가지 상황에서 그렇다. 우선 병뚜껑을 열지 못할 때다. 며칠 전에 소스 병뚜껑을 열지 못해 애를 먹었다. 바닥에 던져서 깨버릴까 심각하게 고민했지만, 그럴 수는 없었다. 결국 수건으로 감싸서 모서리를 때려가며 5분간 실랑이를 벌인 끝에 겨우 열었다. 손이 엄청 아팠다.

다음은 아플 때다. 솔직히 아플 때만큼은 혼자가 정말 싫다. 사실 이때는 외로움이 문제가 아니다. 정말 영양실조로 죽을지도 모른다는 생각이 든다. 그 힘든 상황에서 몸을 일으켜 주방까지 가야 하고 요리하는 동안 음식 냄새를 맡아야 한다. 하지만 도저히 그러고 싶은 마음이 들지 않는다. 그래서 며칠간 쫄쫄 굶기도 한다.[10]

사라는 도움이 필요할 때 특히 무력감을 느끼고 병뚜껑 열기 같은 일상적인 일에서 어려움을 겪는다. 그런 도움이 필요하다는 상황 자체가 싫다. 병뚜껑을 열어주고 통조림을 따주는 긴급센터는 없다. 당장 필요한 도움을 받지 못할 때 사람들은 무력감을 느낀다. 더 큰 문제는 나이가 들어 식사나 거동에 어려움을 겪을 때다. 많은 독신이 혼자서도 멋지게 살 수 있다고 말한다. 하지만 그들도 일상에서 꼭 필요한 작은 일에 물리적 도움이 필요할 수 있다. 사실 사람들은 막연한 판타지 때문이 아니라 나중에 병들고 약해질 수 있다는 두려움 때문에 종종 결혼을 선택한다. 결혼이 그때를 대비한 일종의 보험인 것이다.

과연 결혼이 답일까

...

일반적으로 사람들은 힘들 때 결혼이 안전망 역할을 할 것이라고 생각한다. 그러나 이런 통념이 진실인지는 면밀한 연구가 필요하다.[11] 이 점을 확인해보려면 장애인을 대상으로 그들에게 결혼이 지원 시스템으로서 어느 정도 역할을 하는지를 측정해볼 필요가 있다. 우리는 장애가 있는 사람들이 어려움을 겪을 때, 특히 그들이 일상적인 도움을 계속 필요로 할 때 가까운 가족과 친구들이 바로 손을 내밀어줄 것이라고 기대한다. 그리고 그런 상황에서는 결혼이 더욱 큰 힘을 발휘할 것이라고 예상한다.

하지만 유럽사회조사의 자료를 분석해보면 30세 이상 기혼 그룹의 장애인 비율이 3.1%인데 반해, 미혼 그룹과 이혼 그룹의 장애인 비율은 각각 6.3%, 7.2%다. 이전의 연구에서도 장애가 생기면 관계가 끝나는 비율이 높았다.[12] 이런 결과들을 보면 도움이 필요한 사람들이 오히려 독신으로 살거나 심지어 이혼할 확률이 더 크다. 기혼 그룹과 이혼 그룹의 차이는 더욱 놀랍다. 장애인들은 비장애인보다 이혼율이 42%나 더 높았다. 많은 사람이 결혼이 힘들 때를 대비한 보험이라고 생각하지만 장애인에게는 해당 사항이 없는 것 같다.

장애인만이 아니다. 실직한 사람들도 혼자 남겨질 위험이 크다. 몇몇 연구 결과를 보면 배우자가 실직하면 이혼 확률이 커진다.[13] 많은 부부가 배우자가 실직하면 도움이 되어주기는커녕 관계를 서둘러 끝낸다. 잔인해 보이지만 배우자가 실직하면 소득 등 결혼의 장점이 줄어든다고 생각해 결혼 생활을 유지할 가치가 없다고 판단하는 것 같다.[14]

여러 연구 결과를 보면 장애인과 실직자들은 이혼 확률도 크지만 결혼 생활을 유지한다 해도 외부 사람들과 관계가 약해져 배우자가 짊어져야 하는 부담이 커진다는 문제도 있다. 일부 학자들은 전통적인 가족 단위가 가족 구성원에게만 지지와 관심이 집중된 나머지 가족 외부 세상과 멀어질 수 있다고 설명하며 이런 현상을 일컬어 '탐욕스러운 결혼'이라고 표현했다.[15] 따라서 결혼 생활이 유지된다 해도 주변의 사회적 자산이 줄어 나중에는 부담감을 견디지 못하는 상황이 될 가능성이 크다.

남성들은 특히 탐욕스러운 결혼 생활의 함정에 빠지기 쉽다. 그들은 결혼 이후 종종 친구들과 친척들에게 금전적인 면에서 더 옹색해진다.[16] 기혼 남성이 미혼 남성보다 수입이 더 많다는 점을 고려한다면 이 점은 특히 주목할 만하다.[17] 기혼 남성은 수입이 더 많음에도 주변인들에게 투자를 적게 한 결과, 도움이 필요한 시기에 경제적·정서적 지원을 받지 못해 더 취약한 상태가 된다.[18] 38세 독신녀 엘리노어는 기차에서 한 중년 부인과 나눈 대화를 소개했다. 대화는 중년 부인이 엘리노어가 독신임을 알고 난 후 반응에서 시작된다.

부인   저런! 그럼 나중에 늙으면 누가 아가씨를 보살펴주죠?

나   글쎄요. 아주머니는요?

부인   나야 남편과 자식들이 있으니 당연히 그들이 돌봐주겠죠.

나   정말 그럴까요?

내가 "정말 그럴까요?"라고 말했을 때, 부인은 자리를 잘못 잡았다고 생각했을 것이다. 나는 그녀의 노후가 안전하지 않을 수도 있는 이유를 설명했다. "인생은 불확실하답니다. 확실히 보장되는 건 아무것도 없어요. 남편과 자식이 있는 모든 여성이 노후를 따뜻하게 보살핌 받는다면 정말 좋겠죠. 하지만 현실은 꼭 그렇지 않아요."

나는 계속해서 설명을 이어갔다. "제 친구의 이모님은 평생 혼자서 활기차게 사시다가 얼마 전에 돌아가셨어요. 아주 안락하고 편안하게요. 이모님은 남편도, 자식도 없었지만 돌아가시기 전까지 가족과 친구들로부터 극진한 보살핌을 받으셨죠. 우리에게 정말 필요한 사람은 그런 사람들이 아닐까요? 나를 아껴주고 기꺼이 손 내밀어주는 사람 말이에요."[19]

엘리노어는 결혼이 노후를 대비한 최고의 보험이라고 말하는 중년

부인에게 의문을 제기했다. 앞서 언급한 통계 자료에 의하면 배우자가 있다고 해서 안전한 미래가 보장되는 것은 아니다. 오히려 도움받을 수 있는 다른 자원이 줄어들 수 있다. 전통이 끊임없이 도전받고 있는 현대 사회에서 결혼에 대한 불신은 가족 단위와 대단히 흡사하게, 때로는 그보다 더 효과적으로 기능하는 다양한 인적 네트워크 개발로 이어지고 있다.

개인의 네트워크화

...

한때는 가정이 한 개인을 지원하는 시스템의 기둥 역할을 맡았다. 하지만 지금은 인적 네트워크 단위로 개인의 삶이 조직되는 변화가 일어나고 있다. 이런 최근의 현상을 일컬어 '네트워크화된 개인주의networked individualism'라고 한다.[20] 이 추세는 개인주의, 독신 인구 증가, 기술 발달에 따른 개인 간 연결성 증가 등의 요인으로 더욱 가속화되었고, 그로 인해 독신들은 사회생활을 더 독립적으로 조직하고 있다.[21] 특히 젊은 독신 인구는 일상에서 우정의 역할이 강화됨에 따라 전통적으로 가족이 제공하던 정서적 · 사회적 · 물질적 · 경제적 지원을 사회적 네트워크에서도 얻는다.[22] 젊은 세대뿐만이 아니다. 모든 연령층의 독신들은 자신을 사랑하고 아껴주며 필요할 때 의지할 수 있는 부모와 형제자매, 친구들이 곁에 있다.[23] 실제로 중장년층의 독신들도 친구들로부터 도움을 받아 혼자 사는 생활에 만족감을 느끼는 경향이

점차 증가하고 있다.[24]

앞서 살펴본 장애인 연구로 돌아가자. 장애인의 사회적 상황을 살펴보면 네트워크화된 개인주의라는 현실을 좀 더 잘 이해할 수 있다. 30세 미혼녀 훈니는 자신의 장애 문제를 도와주는 친구들에 관해 블로그에 이런 글을 남겼다.

> 나는 정말 운이 좋다. 나에게는 내가 힘들 때 도와주는 든든한 친구들이 있다. 나는 혼자 움직이는 것이 힘들고 차도 없어서 멀리 갈 일이 있을 때는 주변 사람들의 도움을 받는다. 필요할 때 내게 도움을 준 모든 사람에게 정말 고맙다는 말을 전하고 싶다.[25]

훈니는 자신의 장애 문제를 도와줄 배우자나 자녀가 없다. 대신 도움의 손길을 내미는 친구들이 있다. 그녀는 특정인에게만 부담을 주지 않기 때문에 자신의 인적 네트워크가 매우 단단하다고 생각한다. 그녀의 생각대로 모두가 조금씩 도움을 나눠준다. 실제로 기혼자들은 자연스럽게 내향적인 성향이 되기 쉽다. 하지만 독신들은 가족과 친구들에게 더 적극적으로 도움을 주고, 필요할 때 다시 도움을 받는다. 또한 독신들은 다양한 사회생활을 적극적으로 유지하는 반면, 기혼자들은 부부 관계에 더 많은 에너지를 들인다. 인디애나에 사는 47세 독신남 필은 인터뷰에서 이렇게 말했다.

"저는 인맥을 최대한 넓히기 위해 다양한 분야의 사람들을 만나요. 정기적으로 만나 어울리는 사람들이 많죠. 최근에 정말 모임이 많았어요. 필요할 때 가능한 한 많은 옵션을 즐기고 싶어 다양한 사람들을 만나요."

각종 연구 결과들을 보면 독신은 기혼자보다 사교적이고, 경험을 공유함으로써 자신들의 정체성을 강화하며, 도움이 필요한 사람들에게 더 관심을 가진다. 또한 더 많은 사람에게서 정서적·실제적·물질적 도움을 받는다.[26]

내가 분석한 통계 자료에서도 배우자나 연인이 없는 사람들이 친구나 가족과 더 많은 시간을 보냈다. 가장 사교적인 그룹은 미혼 그룹이었고, 이혼/별거 그룹, 사별 그룹, 동거 그룹이 뒤를 이었다. 기혼 그룹이 가장 덜 사교적이었다. 즉 기혼자들은 가족 외 관계를 소홀히 하고 가족 안에서 더 편안함을 느끼는 반면, 독신들은 종류에 상관없이 사회적 유대감을 더 많이 추구한다.

누군가는 '이런 연구들은 대부분 특정 시점에서 조사한 것이기 때문에 결혼이 사회적 자산을 약화시키는 원인이 아닐 수 있다'라고 주장할 수 있다. 다시 말해, 기혼자들이 친구 관계를 소홀히 하는 것인지, 원래 친구 관계를 소홀히 하던 사람이 결혼을 많이 하는 것인지가 불분명하다는 것이다.

하지만 최근 가족가구국가조사National Survey of Families and Households에서 진행한 종적 연구 결과는 전자의 가정을 지지한다.[27] 이 연구는 2,000명이 넘는 참가자를 대상으로 6년간 친구 및 가족과의 관계 정도와 참석하는 친목 모임의 횟수를 조사했다. 표본을 추출할 당시 모든 참가자는 50대 미만 독신으로 정했다. 연구 종료 시점에 표본을 세 그룹,

즉 미혼 그룹, 3년 안에 교제를 시작한 그룹, 4~6년 전에 교제를 시작한 그룹으로 나누어 차이점을 비교했다. 결과적으로 미혼 그룹이 친구, 가족, 동료, 이웃과 가장 많은 시간을 보냈다. 반면 기혼자들은 교제 시작 시기와 관계없이 일관되게 사회적으로 더 위축되는 모습을 보였다. 즉 사회적 거리감은 교제가 시작되는 시기에만 나타나는 일시적인 효과가 아님을 알 수 있다.

흥미로운 사실은 각종 연구 결과에서 탐욕스러운 결혼이 최근 수십 년간 더 탐욕스러워졌다는 것이다.[28] 기혼자들을 대상으로 1980년과 2000년에 그들의 사회적 행동에 나타난 차이점을 비교한 결과, 2000년 시점의 기혼자들이 친구 집을 방문하고, 취미 생활을 유지하고, 야외 활동을 하는 등의 사회 활동 빈도수가 줄었다. 같은 시기 독신들은 개인적인 인맥을 형성하는 데 더 능숙해졌다. 이렇게 본다면 기혼자들은 갈수록 외로움과 사회적 고립에 노출되는 반면, 독신들은 현실에 더욱 잘 적응하고 심지어 최근 수십 년간은 전성기를 누리는 것 같다.[29]

탐욕스러운 결혼이라는 추세는 독신과 기혼 그룹의 인터넷 사용을 비교할 때도 드러난다. 자료를 분석해보면 독신들은 부부들보다 최신 기술과 인터넷을 이용해 친구나 가족들과 더 많이 교류했다. 다른 조건이 같다면 이혼/별거 그룹이 친구나 가족과의 교류에서 인터넷 사용이 가장 능숙했고, 미혼 그룹과 사별 그룹이 뒤를 이었다. 더 자세히 살펴보면 미혼 그룹은 12%, 이혼/별거 그룹은 15% 차이로 기혼 그룹을 앞섰다.

가상 세계는 인적 네트워크와 공동체를 형성할 때 도움이 되는 측면이 있다. 과도한 인터넷 사용과 인맥 형성이 심리적으로 위험 요소가 될 소지는 있다.[30] 하지만 소셜 네트워킹[31], 정보 교환[32], 취미 활동 공유[33] 등을 사람들과 만나는 채널로 활용하면 사회적 자산을 늘릴 수도 있다. 소셜 네트워크에 외로운 감정을 표현하면 독신들의 사회적 영역에 긍정적 영향을 미친다는 증거도 있다.[34] 현대 사회의 독신들은 이런 방법을 통해 사람들과 교류하고, 교제 범위를 넓히며, 실질적·정서적 도움을 찾는다.

독신들이 현대 사회에 적응한 과정을 들여다보면 어떻게 지금처럼 독신 인구가 증가하고, 그들에 대한 사회적 낙인이 줄어들고, 독신 집단이 번영할 기회를 제공했는지 이해할 수 있다. 특히 결혼과 가정의 역할이 매우 중시되는 종교적 사회에서도 독신들을 위한 네트워크와 공동체가 자리를 잡았다.

흥미롭게도 이스라엘의 정통 유대교 독신들의 경우, 독신 공동체가 출현한 이후 결혼 전까지 독신의 삶을 더 많이 경험한다.[35] 다수의 정통 유대교인들은 지금도 배우자를 만나 가정을 이루는 것이 삶의 큰 목표이지만 그런 와중에도 친구들과 유대감을 강화하고 새로운 독신 공동체를 계속 만들고 있어 독신으로 지내는 기간이 더 길어지고 있다. 전통적·종교적 배경의 독신 공동체와 인적 네트워크에 관한 연구는 아직 제한적이다. 하지만 독신 인구가 증가하는 추세로 볼 때 세계적인 성장 추세는 계속될 것으로 보인다.

이 시점에서 우리는 다음과 같은 질문들을 제기할 수 있다. 독신을 위한 새로운 공동체는 지금까지 이루어진 연구가 무엇을 인정하지 못했는지 알고 있을까? 사회적 자산은 독신이 행복하게 살아가는 데 정확히 어떤 도움을 줄까? 사회적 자산은 독신의 삶의 만족도를 높여주고 결혼 제도의 대안이 될 만한 가치가 있을까? 아니면 단지 일시적이고 어설픈 솔루션에 불과할까?

사회적 자산은 왜 독신들에게 특히 중요한가

...

최근 수십 년간 사회적 자산이라는 개념이 주목을 받고 있다. 사회적 자산은 주로 '상호 이익을 위해 공공의 행위를 돕는 규범과 네트워크'라는 의미로 쓰인다.[36] 최근에는 사회적 자산과 행복의 관계를 밝히려는 연구들이 진행되고 있다.[37] 몇몇 연구 결과에 따르면 사회적 자산은 행복을 예측하는 강력하고 직접적인 변수다.[38] 사교 모임, 비정치 단체, 비경제 조직의 참여도와 삶의 만족도 사이에 밀접한 상관관계가 있다는 연구 결과도 있다.[39] 이는 특히 노년층의 경우, 사회적 유대감과 소속감에 대한 인식이 정신 건강과 관련되어 있어 더욱 중요한 문제다.[40]

세계 데이터 세트 분석 결과를 보면 사회적 맥락의 변수가 주관적 행복에 관한 국가 간 편차의 많은 부분을 설명한다.[41] 각종 연구 결과 역시 교회 출석수로 측정하는 종교적인 부분의 사회적 자산이 행복과 긍정적인 상관관계가 있다고 밝힌다.[42] 다음 표를 보자. 대부분의 유

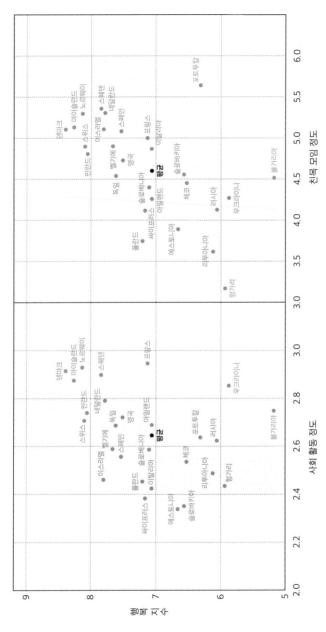

출처: 유럽사회조사

타원형 부분은 신뢰도 95% 범위

럽 국가에서 사회적 자산과 개인이 매긴 행복 지수 사이에 높은 상관관계가 있음을 알 수 있다.

사회적 자산은 개인의 행복에 직접적인 영향을 주기도 하지만 간접적으로도 관여한다. 예를 들면 일부 연구진은 사회적 자산이 증가하면 건강에 대한 인식이 높아지고 신체 활동이 권장되므로 육체적인 면에서 더 건강해지고 결과적으로 삶의 만족도가 올라간다고 주장한다.[43] 더욱이 사회적 자산은 경제적 지원을 늘리고 외부 스트레스를 다루는 능력을 높여주어 삶의 만족도를 높일 수 있다.[44]

지금까지 언급한 이런 연구 결과들은 특히 독신들에게 중요한 의미가 있다. 앞서 살펴보았듯 독신들은 사회적으로 더 활동적이며 네트워크화된 개인주의를 발전시킨다. 그에 따라 독신들은 건강에 대한 인식과 경제 문제 같은 직간접적인 방법으로 행복과 복지에 관계되는 부가적인 장점을 누린다. 런던에 사는 40세 독신녀 안나는 자신의 블로그에 이런 글을 남겼다.

나는 친구들을 집으로 초대하는 것이 좋다. '외톨이'처럼 혼자 집에 틀어박혀 지내는 것은 너무 싫다. 나는 우리 집이 사람들에게 작은 안식처가 되기를 바란다. 음악이 흐르고, 가볍게 와인을 즐길 수 있는 그런 곳이 되었으면 한다. 내가 사랑하는 사람들이 우리 집에 오는 것을 편안하게 생각했으면 좋겠다. 집은 나를 위한 성지나 보호소가 아니다. 내가 사는 장소일뿐이고, 내 모습을 보여주는 공간이라고 생각한다.

그러니 나, 혹은 나처럼 혼자 사는 여성과 우연히 마주친다면, 우리가 어쩔 수 없이 이렇게 사는 불행한 영혼이라고 생각하지 말아주시길. 내가 알기로 많은 사람이 이제 이런 삶을 선택하고 있다. 우리는 행복하고, 독립적이며, 자유롭다. 언제든지 우리에게 편하게 들러주면 좋겠다. 와인 한 병과 함께. 그리고 즐겁게 대화를 나눴으면 좋겠다. 우리에게는 의미가 크다.[45]

안나는 혼자 사는 삶을 즐기지만 친구들을 초대해 함께 시간을 보내는 것도 중요하다고 생각한다. 그녀는 독신에 대한 사람들의 편견을 알고 있다. 하지만 자신은 이런 방식으로 살아도 행복하다고 말한다. 안나와 같은 많은 독신이 친구, 형제자매, 부모, 친목 단체와 가깝게 지내며 정서적·실제적 도움을 받는다.[46]

독신들은 주변 사람과 가깝게 지낼 때 삶의 만족도가 높아질 뿐 아니라 힘든 상황을 이겨내는 회복력도 높아진다. 가령 이혼은 정신 건강에 부정적인 영향이 크다. 하지만 오늘날과 같이 자유로운 분위기의 사회에서는 소셜 네트워크의 장점을 이용해 이혼이나 별거에 따른 낙인과 사회적 영향을 줄일 수 있다.

그들은 경제적·정서적 면에서 이혼 후 겪게 되는 문제들에 대처하는 한편, 고립감이나 소외감을 느끼는 대신 소셜 네트워크를 이용해 고통을 나누고, 조언을 구하며, 때로는 새로운 친구를 만나 함께 여가 활동을 즐긴다. 실제로 최근 연구들은 소셜 네트워크가 이혼한 사람들의 삶의 만족도에 도움을 준다는 것을 보여준다.[47]

한부모 가정 역시 친구와 가족의 도움으로 혜택을 받는다. 사실 그들은 다른 한부모 가정과 양육 부담을 나눌 수도 있어 인맥을 폭넓게 유지할 때 얻는 이점이 크다.[48] 오늘날 한부모 가정은 양부모 가족 중심 사회에서 조금씩 벗어나고 있는 현대 사회에 빠르게 적응하고 있고, 양육 문제에 도움을 받기 위해 다양한 소셜 네트워크를 개발하고 있다. 혼자 아이를 키우는 32세 재키는 배우자가 있을 때보다 혼자 아이를 키울 때 더 많은 도움을 받는다고 말했다.

"저는 '한부모'라는 말을 쓰지 않아요. 한부모라고 하면 외롭다고 생각되지만 사실 그렇지 않거든요. 함께할 수 있는 친구와 가족이 많아 외롭다거나 혼자라는 생각이 거의 들지 않아요. 사실 혼자 아이를 길러보니 예전보다 더 많은 도움을 받는 것 같아요."[49]

재키는 주변 사람들로부터 실질적으로도, 정서적으로도 도움을 받고 있어 외로움을 거의 느끼지 않는다고 했다.

유럽사회조사 자료로 만든 통계 분석 역시 재키의 주장을 지지한다. 사회적 자산은 독신들의 행복 지수를 높이는 중요한 방법으로, 기혼자와 독신 사이의 '행복 지수 격차'를 크게 줄이는 역할을 한다. 이점을 정확히 이해하려면 독신과 기혼자의 행복 지수가 기준점에서 차이가 난다는 점을 상기해야 한다. 그 차이는 0~10점 척도에서 1점 이하인 약 0.7점으로 측정된다. 하지만 앞서 설명했듯 원래 더 행복했던 사람들이 결혼할 가능성이 크다는 점인 선험적 선택 요인의 영향을 고려한다면 실제 수치는 그보다 더 작아진다.

한 종적 연구는 삶의 만족도에 있어서 기혼자와 독신의 점수 차 중 0.3점은 선택 효과에서 나온다는 사실을 알아냈다.[50] 즉 결혼을 선택한 사람들은 결혼 전에도 행복했다는 의미다. 그렇다면 결혼이 행복에 기여하는 효과는 약 0.4점 차에 불과하다. 게다가 앞서 언급했듯이 효과는 '허니문' 효과가 사라지는 2년을 전후로 점차 줄다가 기준점까지 돌아가므로 결국 장기적인 면에서 보면 장점이 훨씬 적다.[51]

나는 이 0.4점 차와 국가 간 차이, 나이, 성별, 교육, 수입 등 개인 차이를 고려하여 삶의 만족도를 분석했다. 결과적으로 사회 활동과 친목 모임이 최대 0.8~0.9점까지 행복 지수에 긍정적인 영향을 미쳤다. 게다가 이 결과는 건강한 생활 방식, 직업의 의미, 탈물질주의 가치 등 독신의 행복 지수에 기여하는 다른 요인들과는 무관하다.

이 결과에서 도출할 수 있는 첫 번째 결론은 기혼자들보다 사회적 상호작용을 더 적극적으로 하는 독신들은 행복 지수에서 그들을 앞설 수 있다는 것이다. 사교 모임이나 사회 활동에 적극적으로 참여하는 독신 남녀는 일반적인 기혼 남녀를 1점 차로 앞지를 수 있고, 표준 편차로는 2점을 더 추월할 수 있다. 즉 0~10점 척도로 본 행복 지수에서 거의 1점이나 더 앞선다. 얼마 안 되는 차이로 보일지 모르지만 퍼센트로 따지면 상위 20%, 심지어 10% 그룹에 속하게 하는 수치다. 다시 말해, 사회 활동에 참여하는 독신들은 오랫동안 유의미한 방법으로 행복 지수를 높일 수 있고, 실제로도 종종 그렇다. 따라서 독신들은 그들에게 여러 불리한 조건들, 즉 차별 정책과 기혼자들에게만 적용되는 혜택, 결혼에 작용하는 선택 메커니즘 때문에 행복 지수의 기준점이 기혼자들보다 낮음에도 불구하고[52] 그것을 쉽게 극복할 수 있다.

하지만 여기서 우리는 좀 더 복잡한 질문을 제기할 수 있다. 앞서 말한 대로 독신들이 정말 사회적 자산을 활용해 기혼자들보다 행복 지수를 높인다면, 사회적 자산이 독신들에게 더 '효과적'으로 작용할까? 다시 말해, 사회적 자산이 비슷한 정도라면 기혼과 독신에 따라 행복에 영향을 미치는 방식이 다를까? 독신들은 모든 종류의 사회적 상호작용에서 더 많은 혜택을 볼까?

이 질문에 대한 내 답은 확실히 '그렇다'다. 내가 조사한 바에 따르면 사회적 자산은 동거인이나 기혼자보다 독신들의 행복에 더 큰 영향을 미친다. 즉 독신들은 기혼자들보다 더 사교적인 면도 있고, 같은 정도의 사회적 상호작용으로도 기혼자들보다 어느 정도 더 큰 혜택을 보기 때문에 행복의 '격차'를 줄인다.

5명의 사람을 예로 들어보자. 이들은 기혼자, 동거자, 독신자, 이혼자, 사별자이고, 나이, 교육, 수입 등의 조건은 같다. 만약 이들이 지역 단체에서 봉사활동을 하고, 사교 모임에 참석하는 등 사회적으로 매우 활동적이라면, 독신 그룹에 해당하는 후자의 세 사람은 기혼자와 동거자보다 행복 지수가 최대 약 0.5점 더 높다.[53] 다시 말해, 사회성은 독신들의 행복에 큰 도움이 될 뿐 아니라 기혼자나 동거자보다 근본적으로 더 유익하게 작용한다. 결론적으로 독신은 사람들에게서 도움을 받고, 안전망을 넓히기 위해 더 효율적인 방법으로 사람들과 상호작용한다고 할 수 있다. 인터뷰에서도 같은 결론을 확인할 수 있었다. 49세 남성 데이브는 이혼 후 다양한 사회 활동에 참여하며 도움을 받고 있다고 말했다.

"배구 클럽에 들어갔고, 사이클도 타고 있습니다. 수영도 하고 있고요. 교회에 나가면서 성가대 활동도 시작했어요. 여러 방면의 사람들과 두루 어울리고 있습니다."

데이브는 다양한 사회 활동에 참여해 삶이 더 풍요로워졌고, 활기
가 넘쳤다. 그가 많은 활동에 참여하는 이유는 다양한 사람들과 어울
려 더 활동적으로 살고자 하는 것이지, 배우자를 찾고 싶어서가 아니
다. 내가 이 점에 대해 질문하자 그는 단호하게 이렇게 말했다.

"많은 사람을 만나서 어울릴 수 있는 좋은 방법이기 때문입니다.
그 이상도, 그 이하도 아닙니다."

이 문제를 좀 더 깊이 살펴보면, 행복에 기여하는 요인으로 비공식
적인 의미의 사회적 자산인 사교 모임과 공식적인 의미의 사회적 자
산인 사회 활동 중 더 효과적인 방법은 후자다. 독신 남성과 독신 여
성은 사교 모임과 사회 활동에서 기혼자들보다 더 효과적으로 혜택을
본다. 하지만 친구나 친척을 방문하는 것 같은 비공식적인 모임보다
는 친목 단체나 봉사활동 같은 공식적인 사회 활동에서 만족도가 더
높았다.

사회적 자산은 독신의 행복에 왜 중요한가

...

지금까지 살펴본 증거들은 부연 설명이 필요하다. 다음 질문을 생
각해보자. 독신들은 삶의 만족도를 높이기 위해 왜, 그리고 어떻게 사
회적 상호작용을 활용할까? 더 중요한 문제로 어떻게 독신들은 기혼
자들보다 사회적 자산에서 더 많은 이득을 얻을까? 나는 독신들을 인

터뷰하고 블로그 글들을 분석해 이 질문에 대한 다섯 가지 중요한 답을 찾았다. 지금부터 그것들을 살펴보겠다.

첫째, 독신들은 더 다양한 사람들을 만나고 더 다양한 활동에 참여하기 때문에 사회적 자산에서 더 큰 만족감을 얻는다. 앞서 소개한 필도 인터뷰에서 "인맥을 최대한 넓히기 위해 다양한 분야의 사람들을 만난다"라고 이야기했다. 독신들은 이 폭넓은 인맥 덕분에 살아가면서 마주치는 많은 상황에서 효과적이고 적절한 도움을 받는다. 더욱이 독신들은 기혼자들보다 절친한 친구, 절친한 관계가 많다. 독신들은 성인이 된 후로도 형제자매와 더 많이 어울리는 경향이 있고, 전반적으로 행복 지수를 높여주는 친구들과 유의미한 관계를 형성해 사회적 유대감을 다양화한다.[54] 즉 독신들은 속마음을 털어놓을 만큼 가까운 친구가 많고, 그만큼 다양한 인맥이 잘 유지되므로 기혼자들보다 고립감도 적게 경험한다. 위스콘신 출신의 43세 이혼녀 아그네스는 이렇게 말했다.

"전 친구가 많아요. 우정에 많은 시간을 투자하죠. 저는 저를 필요로 하는 친구들을 돕고, 반대로 제가 친구들을 필요로 하면 그들도 저를 돕죠. 하루하루가 매우 행복해요."

실제로 인맥이 넓고 두터울수록 정신적으로 더 건강하다는 연구 결과가 있다.[55]

독신들이 사람들과 상호작용하는 방법은 매우 다양하다. 클럽과 단체에서 활동할 수도 있고, 공원에서 봉사활동을 할 수도 있고, 공동 육아에 참여할 수도 있다.[56] 행복하게 사는 독신들은 삶의 만족도를 높이기 위해 다양한 사회적 기회를 활용하여 인맥을 넓힌다. 능동적으로 인맥을 넓히는 사람이 있는가 하면, 새로운 사람들을 만나는 과정에서 자연스럽게 넓히는 사람도 있다. 뉴욕에 사는 30대 독신녀 엘시는 연말연시에 경험한 재미있는 일화를 소개했다.

독신들은 휴가 시즌이 되면 특히 외롭다. 결혼하고 싶지는 않지만 그렇다고 소외되고 싶지도 않다. 하지만 우리는 부부들로 꽉 찬 가족 모임에서 알게 모르게 찬밥 신세가 된다.

새해를 알리는 폭죽이 터졌을 때 나는 깜짝 놀랐다. 그 자리에 있던 사람들이 모두 잔을 부딪치며 포옹을 주고받았다. 나는 그 자리의 엑스트라가 아니라 주인공처럼 느껴졌다. 그 뒤 나는 다른 사람들과 함께 지금까지 한 번도 해본 적 없는 행동을 했다. 우리는 지붕 위로 올라가 건너편에서 들려오는 파티 소리를 들으며 모르는 사람들을 향해 새해 인사를 외쳤다. 잠시 침묵이 흐르더니 외침이 돌아왔다.

2010년에 새롭게 깨달은 사실을 마음속에 간직하고 싶다. 우리는 다 같은 인간이다. 그러므로 사람들에게 마음을 더 열어야 한다. 우리의 인생은 결혼과 그 결혼으로 인한 좁은 가족 관계 안에서 이루어지는 것이 아니다. 나는 비록 혼자 살지만 사실은 혼자가 아니다. 우리는 수많은 사람과 이 지구에서 함께한다. 그들도 우리와 똑같이 걱정과 근심, 희망과 기쁨을 안고 살아가고 있다.[57]

엘시는 일 년 중 독신들이 가장 외롭다고 느끼는 연말연시에 친구들과 교감을 나누며 즐겁게 시간을 보냈다. 이후 그녀는 또 다른 무리의 사람들을 만나 새로운 사회적 상호작용을 나누며 마음의 문을 열었다. 그녀는 그날 계속된 새로운 경험 덕분에 행복감을 느낄 수 있었다. 그래서 자신이 혼자 사는 것은 맞지만 사실은 혼자가 아니라고 생각했다.

내가 만난 독신 중 자신의 삶에 만족스러워하는 사람들은 자신만의 인맥을 구축하고 시민단체와 자선단체에서 봉사활동을 하며 지역사회에 도움을 주는 사례가 많았다. 즉 행복한 독신들은 앞서 소개한 데이브처럼 다른 사람에게 선의를 베푸는 데 많은 시간을 들였다.

둘째, 독신들이 사회적 자산을 효과적으로 사용하는 이유는 인맥을 형성하는 과정이 더 유연하기 때문이다. 연구자들은 기혼자의 경우 나이가 들수록 단조롭고 보수적인 사회 활동에 참여하는 반면, 독신은 변화에 유연하고 개방적이며 자신의 필요에 따라 사회적 틀을 구축하는 데 더 능숙하다고 주장한다.[58] 배리 웰먼Barry Wellman은 '네트워크화된 개인주의'를 설명하면서 가족 단위보다 개인 단위의 네트워크가 변화에 더 적응하기 쉬워 필요할 때 더 효과적으로 도움을 준다고 주장한다.[59]

독신들은 개인의 특수한 필요에 따라 의식적으로나 무의식적으로 인맥을 관리한다. 하지만 기혼자들은 제약이 따르는 경우가 많다.[60] 결과적으로 이 적응성 덕분에 독신들의 행복에 기여하는 사회적 자산의 힘이 증대된다. 스코틀랜드 출신의 75세 미혼남 케네스는 인터뷰에서 이렇게 말했다.

"저는 독신인 친구들 덕분에 행복해요. 몇 해 전 여름에 친구들과 별장을 빌려서 놀았어요. 정말 우스꽝스럽게 놀았죠. 얼마나 재미있었는지 몰라요. 데이트도 좋지만 친구들과 함께 있으면 너무 즐거워요. 친구가 많으면 사실 데이트도 필요하지 않은 것 같아요. 한 친구와는 축구를 하고, 다른 친구와는 테니스를 쳐요. 전 자유로워요. 항상 새로운 사람들을 만날 수 있다는 사실이 너무 좋아요."

셋째, 사회적 자산이 상대적으로 독신들에게 더 효과적인 이유는 독신들은 사람들과의 관계를 더 세심하게 다루고, 중요하게 생각하기 때문이다. 이것은 탐욕스러운 결혼 현상과 맥을 같이한다. 즉 기혼자들이 주로 부부 관계에 관심을 둔다면, 독신들은 가족과 친구를 포함해 폭넓은 인간관계에 관심을 둔다.[61] 따라서 독신들은 인맥을 중요하게 생각하고 깊은 관계를 유지한 덕분에 더 많은 도움을 받는다. 파리에 사는 50대 이혼남 필립은 이렇게 말했다.

"제가 믿고 의지하는 사람들은 로맨틱한 관계와 상관없이, 성적인 목적과 상관없이 만나는 사람들이라고 생각하면 됩니다."

필립을 포함한 많은 독신이 사회적 자산에 큰 의미를 두기 때문에 삶의 만족도에 영향을 줄 정도로 사회적 자산의 질을 높인다.[62] 그에 반해 기혼자들은 부부 관계에 더 관심을 두어 필요할 때 도움을 받을 기회가 줄고, 2장에서 살펴보았듯 특히 노년기가 되었을 때 심리적 고충을 겪기도 한다.[63]

넷째, 사회적 자산이 독신들에게 강점으로 작용하는 이유는 오늘날의 사회적 자산을 더 효율적으로 만들어주는 기술과 관련이 있다.

온라인 서비스, 기술, 독신이 주가 되는 미디어의 발달로 독신들에게 도움과 지원이 집중되는 현상이 더 가속화되고 있다.[64] 앞서 설명했듯 독신은 기혼자보다 사람들과 어울리는 수단으로 현대 기술을 더 많이 사용한다. 인터뷰 내용과 블로그 글을 분석해보면 독신들은 그런 기술을 활용해 사회적 자산을 더 효율적인 수단으로 만든다. 2장에서 소개한 고든과 비비안은 한 온라인 기사 댓글난에서 코멘트를 주고받으며 대화를 이어갔다. 아마 실제 만남으로도 이어졌을 것이다. 이제 페이스북에는 독신들만을 위한 그룹이 넘쳐난다. 나 또한 독신들이 자신의 삶에 관해 쓴 수많은 블로그 글을 찾았다. 그런 점만 봐도 현대 기술이 자신을 표현하고 감정을 공유하는 방법으로 독신들에게 어떤 영향을 미치는지 짐작할 수 있다.

2017년, 〈텔레그래프〉는 밸런타인데이를 앞두고 독신들을 위해 데이트와 무관한 애플리케이션들을 소개했다.[65] 그중 투어리나Tourlina는 혼자 여행하는 여성을 대상으로 개발된 애플리케이션이다. 같은 곳의 여행을 계획하고 있는 다른 여성들과 정보를 나눌 수 있는 것이 특징이다. 밋업Meetup은 독신들이 비슷한 관심사를 주제로 교류할 수 있다. 왓츠앱WhatsApp, 페이스북, 인스타그램은 말할 것도 없다. 이런 기술 덕분에 독신들은 언제, 어디서나 더 많은 사람과 더 신속하게 교류할 수 있다.

다섯째, 독신들이 사회적 자산을 잘 활용하는 마지막 이유는 최근의 시장 개발과 관련이 있다. 시장은 싱글을 겨냥한 신제품과 서비스를 개발하고 공동 주택의 커뮤니티 공간 같은 새로운 주거 형태를 선보이며 독신 인구가 증가하는 상황에 적응해왔다. [66] 독신들은 그런 장소에서 새로운 사람을 만나고 사회적 유대감을 키운다. 독신 인구를 직접 겨냥한 친목 행사, 실버타운, 동호회 등도 독신들이 사람들과 더 쉽게 어울릴 수 있도록 돕는다. 그에 반해 기혼자들은 그런 서비스의 주요 고객층이 아니므로 개인 간의 연결성을 높이며 빠르게 성장하고 있는 신산업에서 소외되고 있다.

요약하자면 독신들은 그들의 소셜 네트워크가 더 다양하고, 유연하고, 정교하고, 효율적이기 때문에 기혼자들보다 사회적 자산을 더욱 잘 활용한다. 이런 이유가 아니더라도 사회적 자산은 오늘날 독신들의 행복 지수를 이해하는 핵심 요소다.

앞서 언급한 영화 〈혐오〉의 주인공 캐롤은 공놀이를 하며 즐거워하는 수녀들을 우두커니 지켜보기만 했다. 만약 캐롤이 오늘날을 살아간다면 다양한 사회 활동 기회를 누릴 것이다. 집이라는 공간에 갇혀 있을 필요도, 남자 친구를 욕하는 직장 동료의 끝없는 불만을 참고 들을 필요도 없다. 자신에게 맞는 모임을 찾아 어디든 갈 수 있다. 종교적 가치에 순응하고, 아웃사이더로 취급받고, 인생의 방관자로 남을 필요가 없다. 페이스북, 밋업, 투어리나 같은 수많은 소셜 네트워크 덕분에 독신들은 이제 애인이나 배우자가 없어도 다양한 재미를 즐길 수 있다.

캐롤처럼 '진심으로' 독신이 되고 싶어 하는, 말 그대로 그냥 혼자 사는 것이 더 좋은 사람들을 위해 개인과 개인을 이어주는 길이 계속 열리고 있다. [67] 앞서 소개한 안나의 글을 다시 읽어보자.

우리가 어쩔 수 없이 이렇게 사는 불행한 영혼이라고 생각하지 말아주시길. 내가 알기로 많은 사람이 이제 이런 삶을 선택하고 있다. 우리는 행복하고, 독립적이며, 자유롭다. 언제든지 우리에게 편하게 들러주면 좋겠다.

특히 현대 사회의 신세대 독신들은 언젠가 결혼해 미래의 배우자에게 도움을 받을 것이라고 기대하지 않는다. 그것도 그들이 사회적 자산을 더 광범위하게 사용하는 이유 중 하나일 것이다. 다음 장에서 살펴보겠지만 그들은 자유와 독창성, 새로운 경험을 더 소중하게 생각한다. 바로 이런 가치들이 빠르게 증가하고 있는 새로운 독신, 즉 잠은 혼자 자고, 놀 때는 여럿이 함께하기를 점점 더 고집하는 사람들을 상징한다.

5

탈물질주의 세계에서
독신으로 살기

Singling in a Postmaterialist World

청첩장이 예쁘게 꾸며져 있다. 분위기도 근사하다. 오늘은 분명 기억에 남을 결혼식이 될 것이다. 어떤 사람은 친구를 초대하고, 어떤 사람은 가족과 단출하게 보낸다. 혼자 축하하는 사람도 있다. 근사하게 차려입은 오늘의 주인공은 한껏 들뜬 표정이다. 하지만 주인공 옆에는 아무도 서지 않을 것이다. 이 결혼은 자신과 하는 것이기 때문이다.

아직 일반적인 모습은 아니지만 이런 '솔로 웨딩'이 점점 늘고 있다. 교토에 가면 독신 전문 여행업체가 판매하는 이틀짜리 솔로 웨딩 패키지를 볼 수 있다. 2,500달러가량 하는 이 패키지에는 웨딩드레스, 부케, 미용, 리무진 대여, 기념 앨범 등이 포함되어 있다. 이런 유형의 서비스가 이제 미국, 동아시아, 유럽에서 성행하고 있다. 전체 패키지를 원하지 않아도 걱정할 필요는 없다. 가상 패키지나 책자 안내서로 솔로 웨딩의 다양한 옵션을 선택할 수 있다.[1]

솔로 웨딩은 대중 매체에도 등장했다. 미국 드라마 〈글리〉에 나온 수 실베스터가 2010년에 방영된 에피소드에서 자신과 결혼할 것이라고 발표했고, 그보다 앞서 나온 〈섹스 앤 더 시티〉에서는 캐리가 자신과 결혼하겠다고 말하며 선물 등록부를 공개해 잃어버린 마놀로블라닉 구두를 되돌려 받았다.[2]

물론 이런 식의 행사는 다소 과한 면이 있고, 심각한 논란거리가 되기도 한다. 하지만 이는 전 세계 젊은이들에게 점점 더 많이 공유되는 일련의 가치관, 즉 개인주의와 탈물질주의 가치를 반영하고 있다.[3] 스탠퍼드 대학교 졸업생 도미니크 유케파즈Dominique Youkhehpaz는 솔로 웨딩 전문 웹 사이트 'Selfmarriageceremonies.com'을 운영하며 웨딩 카운슬러로 일하고 있다. 그녀는 22세 때 자신과 결혼한 뒤 '숨 쉴 때마다 결혼 서약을 느낄 수 있도록' 코걸이를 달았다.[4] 그녀가 운영하는 웹 사이트는 솔로 웨딩의 의미를 이렇게 표현한다.

솔로 웨딩은 한 개인의 내면에서 나오는 사랑, 신뢰, 책임감, 해방감, 온전함을 위한 뜻깊은 의식입니다. 나를 탈바꿈하는 의식이자 내 마음속 진실이 무엇인지 선언하고, 내가 가진 가능성을 발휘하며 살 준비가 되었다는 것을 알림과 동시에 그것을 축복하고자 하는 의식입니다. 더불어 삶이라는 소중한 선물을 엄숙하게 받아들이고 감사하기 위한 약속입니다. 우리가 가장 소중히 여기는 가치에 따라 진실하게 사는 것이 진정한 자유이며, 우리는 이 의식을 통해 어떤 일이 있어도 사랑하며 살겠다는 의지를 보일 것입니다.[5]

이 글은 전 세계 독신들에게 진실하게 자신을 표현하고, 주체적으로 살라고 요구한다. 상투적인 표현처럼 보일 수 있지만 이 글이 말하는 가치들은 지난 세기에 걸쳐 세계적으로 인간 사회가 겪은 크나큰 변화의 단면을 보여준다. 솔로 웨딩은 책임감과 순응이라는 기존의 사회 가치관이 독립과 자기표현이라는 새로운 가치관으로 변화한 사실을 보여주는 하나의 예다. 이것은 말뿐인 의미의 변화가 아니라 사회 전체가 뒤흔들린 변화다. 선진국에서 시작해 전 세계로 퍼져가며 사회 집단, 더 작게는 노동과 번식의 기능적 단위였던 가족 중심의 사회에서 벗어나 개인의 열망을 지원하는 사회로 옮겨가고 있음이 증명되고 있다.

그 변화는 우리 삶에서 일어나는 모든 사회 기능과 대인 관계 기능에 관한 우리의 사고에 영향을 미쳤다. 한때 우리 사회의 초석을 담당했던 가족의 의미가 달라졌다는 점이 여기서 특히 중요한 역할을 했다. 결혼, 임신, 육아와는 다른 열망들이 많은 사람의 마음속에 자리 잡기 시작하며 이른바 탈물질주의 시대가 탄생했다.

탈물질주의 시대를 향한 변화의 흐름을 분석하고 독립과 자유라는 새로운 가치가 독신의 행복에 어떻게 도움이 되었는지 살펴본다면 그 가치가 개인의 행복을 저해할 수 있다는 주장에 어떤 문제점이 있는지 알 수 있을 것이다. 내가 분석한 바로는 적어도 독신에 관해서는 정반대의 결과가 나왔다. 이번 장에서는 개인주의와 탈물질주의의 가치가 어떻게 독신의 삶을 더욱 풍요롭고 견실하게 만들 수 있는지 살펴보면서 현대 사회에서 독신으로 행복하게 살아가는 또 다른 비결을 알아보도록 하겠다.

탈물질주의 시대

...

'탈물질주의'라는 단어는 미국의 사회과학자 로널드 잉글하트Ronald Inglehart가 자신의 저서 《조용한 혁명The Silent Revolution》에서 처음 사용했다.[6] 잉글하트는 1970년대까지 물리적 안전과 경제 발전 같은 물질주의 가치관이 보편적으로 우선시되었다고 말한다. 특히 이때는 대공황과 두 차례의 세계대전, 그리고 냉전기를 겪으며 전 세계 사람들의 마음속에 불확실성과 불안감이 뿌리 깊게 자리 잡은 시기였다.

하지만 1970년대 이후, 서구 국가를 중심으로 조용한 혁명이 일어났다. 이때부터 사람들은 삶의 질을 높이는 문제를 최우선 가치로 삼았다. 탈물질주의를 외치는 사람들은 독창성, 환경 보호, 표현의 자유, 인권 같은 목표를 강조하기 시작했다. 이런 변화는 생존을 위협받는 시대에서 생존이 보장되는 시대로 옮겨왔음을 의미했다. 경제 호황이 계속되는 가운데 새로운 평화 조약이 속속 체결되고 복지 제도가 급증하면서 세대 간에 추구하는 가치도 달라졌다. 그와 동시에 공정 무역, 참정권 보장, 환경 정의를 주장하는 움직임이 생겨나면서 사회의 정치적·문화적 규범도 점차 달라졌다.

1장에서 언급했듯 많은 사람이 물질주의에서 벗어나려고 노력함에 따라 개인주의와 독립성이라는 가치를 수용했고,[7] 혼자 사는 삶을 삶의 방식 중 하나로 생각했다.[8] 잔혹한 전쟁과 열악한 생활 환경이 먼 추억이 되고, 경제 발전과 구매 지수가 상승하는 시대에는 가족 안에서 안정감을 찾고 위로받는 행위가 불필요해진다. 경제 대공황과 세계대전 중에 태어난 세대가 극심한 물자 부족을 경험하며 질서와 경제적 안정, 강력한 군사력을 갈망했다면, 20세기 후반에 태어난 세대는 자기표현과 즐거움, 자유, 독창성 같은 가치를 추구했다.[9] 전자의 사람들이 안정된 가정을 얻고자 고군분투하며 일찍 결혼해 그 결혼을 지키려고 노력했다면, 후자의 사람들은 전통적인 가족관에서 벗어났다. 그리고 그중 많은 사람이 자신만의 탈물질주의 가치를 추구하고자 독신의 삶을 선택했다.[10]

결혼의 탈제도화는 두 단계에 걸쳐 일어났다고 할 수 있다. 우선 결혼의 역할이 사회적 기대치를 충족시키고 인류를 존속시킨다는 목적에서 동반자적 관계를 제공한다는 목적으로 확대되었다.[11] 두 번째 단계로 제도적 결혼에 목매는 대신 개인의 선택과 자기 계발의 중요성이 높아졌다.[12]

흥미롭게도 이 두 단계는 이미 1940~1950년대에 에이브러햄 매슬로Abraham Maslow가 정확히 예견했다. 매슬로는 인간의 욕구에 관해 쓴 자신의 유명한 저서에서 인간은 먼저 물질적·육체적 욕구가 충족되어야만 다음 욕구들인 애정과 소속에 대한 욕구, 자기 존중과 자아실현의 욕구가 중요해진다고 지적했다.[13] 이런 의미에서 본다면 결혼의 탈제도화는 물질주의에서 탈물질주의로 변화된 관점을 정확히 반영하는 것이고, 인간의 욕구 단계를 한 계단 오른 것이라 할 수 있다.

탈물질주의 시대의 독신 여성

...

탈물질주의 가치라는 획기적 변화를 구체화한 한 가지 중요한 움직임은 여성 해방과 페미니즘 운동이다. 특히 여성들의 자아실현 욕구가 강해지면서 결혼 제도에도 큰 영향을 미쳤다. 1960년대부터 시작한 제2의 페미니즘 물결은 미국에서 점차 다른 서구 세계, 그 너머 세계로까지 번지면서 자유와 독립 같은 탈물질주의 가치가 강조되고, 개인주의가 논의의 중심에 서기 시작했다.[14]

하지만 1990년대 초부터 시작된 제3의 페미니즘 물결은 성 역할을 재구성하며 여성들에게 진정한 의미의 해방을 가져다주었다.[15] 제1의 페미니즘 물결이 여성의 법적 지위 향상에 초점을 맞추었으나 여성을 여전히 가족 단위의 일부로 보았다면, 제2의 페미니즘 물결은 여성에게 사회적으로 자율권을 넘겨주었으나 그것이 가족이라는 맥락 안에서만 이루어졌다. 반면 제3의 페미니즘 물결은 가족의 역할과 성생활, 노동 분담에도 역할 변화가 일어나 여성들이 진정으로 자신이 원하는 삶을 살게 했다.[16] 이러한 일련의 가치관의 변화로 여성은 많은 사회적 제약에서 벗어나 결혼 제도 밖에서 성장하고 발전했다. 뉴욕에 사는 35세 독신녀 멜리사는 블로그에 이런 글을 남겼다.

지난 10년간 나는 내가 원하는 대로 꿈꾸고, 그 꿈을 좇는 기쁨과 특권을 누렸다. 일리노이와 델라웨어에서 스타가 되는 꿈을 좇았고, 시드니에서는 5개월간 호주인의 삶을 맛보았다. 혼자라서 누릴 수 있는 진정한 자

유를 즐겼다.[17]

멜리사는 독신으로 살아서 세계를 여행하며 색다른 삶을 경험할 수 있었다고 말했다. 독신이 아니었다면 쉽지 않았을 것이다. 실제로 배우자가 있으면 그 배우자의 욕구와 직장, 비자, 가족, 언어, 문화 장벽 등의 문제가 동반된다.[18] 이유야 어떻든 멜리사는 자유로운 몸이어서 유연하게 살 수 있었고, 그것을 다행이라고 생각했다.

여성들이 누리는 이런 자유가 전 세계 모든 나라에서 똑같이 허용되는 일반적인 현상은 아니다. 어떤 나라들은 여전히 물질주의에서 탈물질주의로 넘어가는 변화의 초기 단계에 있어서 여성들이 독창성과 자아실현을 위해 목숨을 걸기도 한다.

2012년, 〈뉴욕타임스〉는 카불에서 활동하는 비밀 문학 모임인 미르만 바헤어Mirman Baheer에 대해 다루었다.[19] 이 모임은 강제 결혼과 조기 결혼을 거부하는 아프간 여성들이 모여 만든 것으로, 회원들은 함께 공부하고 시를 쓰며 감상을 나누었다. 그들은 자르미나라는 여성을 추모하며 그녀에 관한 비극적인 이야기를 기자에게 전했다. 카불 외곽에 살았던 자르미나는 모임에 자주 참석할 수 없어 가족들 몰래 전화로 회원들에게 자신이 쓴 시를 들려주었다. 그러던 어느 날, 자르미나의 오빠들이 그 사실을 알고 그녀를 끔찍하게 구타했고, 부모는 딸의 의사도 물어보지 않고 한 남자와의 결혼을 준비했다. 자르미나는 결국 결혼을 거부하고 자살을 택했다. 한 여성이 부모와 형제자매, 나아가 사회 전체에 저항하고 비극적인 결말을 맞은 극단적인 사례다.

카불 사회에서 일어나는 변화의 단면을 보여준 이 사건은 자아실현과 자기발전을 위한 여성들의 힘겨운 투쟁과 탈물질주의 가치가 얼마나 밀접한 관련이 있는지 극명하게 드러냈다.[20] 이런 과정들은 결혼 패턴에도 영향을 미쳤다. 1장에서 살펴보았듯 점점 더 많은 전 세계 여성이 직업 능력을 개발하고 학업을 우위에 두며 결혼을 미루어 혼자 사는 기간이 길어지고 있다.[21]

여성 해방은 결혼 문제를 넘어 모성에 관한 결정에도 영향을 미친다. 단적인 예로 여성들은 직업적 자원이 늘수록 아이 낳기를 미루거나 아예 포기한다.[22] 익명의 39세 블로거는 이렇게 밝혔다.

> 나는 아이 낳는 문제를 유연하게 생각한다. 나에게는 나만의 공간과 시간, 혼자 있는 시간이 중요하다. 이기적이라고 생각할 수도 있지만 나는 이대로가 좋다.[23]

이런 '고백'이 점점 많아지고 사회적으로도 용인되는 모습을 보면 개인주의적 가치관이 점점 보편화되고 있음을 알 수 있다. 성 평등을 강조하는 사회 분위기도 여성들의 학업적·직업적 발전에 한몫하고 있어 결혼과 임신, 양육에 대한 여성의 부담을 줄여준다.[24]

〈BBC〉, 〈허핑턴포스트〉, 〈가디언〉 등 많은 주요 언론이 이런 현상을 보도해왔다. 최근 한 언론은 아이 낳은 것을 후회한다고 말한 엄마들의 인터뷰를 소개해 주목을 받았다.[25] 특히 결혼율과 출산율이 급감한 독일에서는 《엄마라는 축복은 거짓말이다The Mother Bliss Lie》라는 책이 유명세를 치렀다.[26] 이런 현상들은 아이를 갖지 않겠다는 생각이 점점 일반화되고 주류가 되고 있음을 증명한다. 그래서 많은 여성이 직업적인 목표를 높게 두고, 도전정신을 발휘할 자유를 누리고, 결과적으로 결혼과 가족이라는 선택지를 더 쉽게 포기한다.

탈물질주의 시대에 독신의 삶은 어떤 매력이 있는가

...

여성의 사회 진출 현상은 탈물질주의 시대를 드러내는 하나의 단면에 불과하다. 탈물질주의의 가치는 독창성, 도전정신, 자아실현 같은 가치를 포함해 여성과 남성 모두에게 영향을 준다. 중요한 점은 사람들은 안정감을 느낄수록 자신만의 목소리를 내고 잠재적 가능성을 최대한 끌어내고 싶어 한다는 것이다.[27] 그 결과, 많은 사람이 결혼해서 가족을 이루는 삶을 포기한다. 다음은 익명의 31세 블로거가 남긴 글이다.

나는 세상에 나가려면 활기차고, 적극적이며 야망을 품기 위해 혼자만의 성스러운 시간이 필요하다. 그것도 아주 많이. 하지만 깊이 만나는 사람에게는 그런 시간이 우선순위에서 밀린다. 내 '모든' 자유 시간을 그 사람과 함께하고 싶다는 생각 때문에 그런 시간이 점점 사라진다. 이전 관계를 돌아보면 혼자 조용히 생각할 수 있는 나만의 시간을 갖기가 매우 힘들었다.[28]

이 글에서 말하는 자유란 자유롭게 세계를 여행한다는 의미를 넘어선다. 그보다는 자신이 하는 일에 독창적이고 적극적이며 야망을 성취하는 욕구에 집중한다는 의미다. 바꿔 말하면 누군가와 깊은 관계를 맺으면 목표에 집중하지 못해 더 발전하지 못할 수도 있다는 뜻이다. 독일에 사는 34세 독신남 안젤로도 이와 비슷하게 말했다. 그는 자기표현이 성적인 의미와 관련이 크다고 생각해 그 점을 특히 강조했다.

"독신이라는 말은 가능성 있고 유용한 결과가 예상되는 모든 상황에서 자신을 성적으로 표현하는 데 자유롭다는 뜻이죠. 제가 아끼는 모든 사람이 저에게 감정적으로 다가올 수 있고 접근할 수 있다는 의미입니다. 반면 깊은 관계를 약속하는 행위는 이런 자유로움에 찬물을 끼얹는 행동이 되기 쉽죠."

안젤로와 멜리사, 그리고 앞서 소개한 익명의 두 블로거 외에도 많은 사람이 이 대열에 합류하고 있다. 여러 자료를 분석해보면 기혼자들은 독신들과 다른 가치를 지닌다. 기혼 그룹은 즐거움, 자유, 독창성, 도전정신 등 탈물질주의 가치를 측정하는 여러 지표에서 다른 모든 그룹보다 평균적으로 점수가 가장 낮다. 또한 그런 가치들은 높은 교육 수준, 건강, 재산, 세속주의, 사회 활동과 밀접한 관련이 있다. 동거 그룹과 이혼 그룹은 모든 부분에서 점수가 가장 높다. 반면 미혼 그룹은 엇갈린 반응을 보인다. 즐거움과 자유 부분에서는 높은 점수가 나오지만 독창성과 도전정신 부분에서는 기혼 그룹과 비슷한 점수가 나온다. 하지만 이 결과는 앞서 언급했듯 '상황적 독신', 즉 결혼하기를 원하지만 하지 못한 독신들의 의견이 더 반영되었기 때문일 수 있다.[29] 한편 사별 그룹은 기혼 그룹보다 자유 부분에서만 더 높은 점수가 나오고, 즐거움, 독창성, 도전정신 부분에서는 더 낮은 점수가 나온다.

지금까지 내용을 살펴보면 탈물질주의 가치를 선택하는 행위는 결혼을 미루거나 거부하는 현상과 확실히 관련이 있는 것 같다. 1장에서 자세히 언급했듯 이제 이런 현상은 우리 사회 전반에 완전히 자리를 잡았다. 탈물질주의 가치가 증가함과 동시에 결혼율 감소가 나타난 것이 우연일지는 모르나 개인주의, 자본주의, 여성의 자아실현, 심지어 도시화도 결혼율 감소에 한몫한 것만은 사실이다. 하지만 우리가 이 장에서 중점적으로 다루어야 할 사항은 다음 질문이다. 그렇다면 탈물질주의 가치를 추구하는 독신은 그렇지 않은 독신이나 기혼자보다 더 행복할까?

독신은 탈물질주의 가치로 행복해지는가

...

독신들이 대체로 탈물질주의 가치관을 지닌 것은 분명하다. 하지만 그로 인해 그들이 더 행복하고 만족스럽게 사는지는 의문이다. 특히 탈물질주의 가치를 다소 과하게 드러내는 솔로 웨딩 같은 형태에는 비판의 목소리가 높다. 팀 티먼Tim Teeman 기자는 솔로 웨딩을 저격하며 유명 온라인 매체인 〈데일리비스트Daily Beast〉에 기사를 실었다.

솔로 웨딩은 자기중심적이고 이기적인 사람들을 겨냥한 최악의 마케팅 전술이다. 우스꽝스러운 행위이지만 전혀 우습지 않다. 자신과 결혼하는 행위는 지지나 안정을 구하려는 독신들에게 필요한 답이 아니다. 오히려 자신을 포기하는 행위일 뿐. 그러한 의식에는 아무런 힘도 없고, 거창한 페미니스트적 목소리도 없으며, 개인의 목소리도 없다. 단지 상징주의를 가장한 애처로운 연극에 불과하다.[30]

티먼 기자는 독신으로 산다는 것 자체도 반갑지 않은데 그것을 선택의 문제, 심지어 축하거리로 만드는 행위는 절대 인정할 수 없다고 말한다. 그의 결론은 단순하다. 개인주의 가치를 지니고 독신의 삶을 선택하는 행위는 이기적이고 애처로우며 자신을 포기한다는 의미라는 것이다. 전국동성애자언론인협회에서 2016년 올해의 기자상과 인터뷰어상을 받은 사람치고는 다른 소수 집단에 대한 시각이 너무 편향적이다. 이런 시각은 독신들을 미성숙하고, 자기중심적이고, 불행하다고 보는 인식의 연장선일 뿐이다.[31]

솔로 웨딩에 대한 이런 비평에도 불구하고 이 논쟁에 대한 진짜 답은 실증적 방법으로 찾을 수 있다. 의식적으로 격식을 갖춰가며 결혼 대신 독신을 선택하는 행위는 사람들을 불행하게 할까? 솔로 웨딩은 정말 연극에 불과할까? 개인주의와 독립의 가치를 중요하게 생각하는 신세대 독신들은 정말 행복해질 수 없을까?

이 질문에 가능한 답들을 제시하기 전에 먼저 탈물질주의 가치를 지닌 독신은 불행하다는 네 가지 주장을 살펴보겠다. 첫째, 즐거움과 자유 같은 탈물질주의 가치를 추구한다고 해서 반드시 더 행복해지는 것은 아니라는 주장이다. 이렇게 주장하는 사람들은 자유 가치를 중요하게 생각하면 더 불행해질 수 있다고 말한다. 이런 논리는 자본주의에 관한 담론에 주로 등장한다. 가령 중국에는 자본주의를 채택한 1990~2000년에 자유 가치가 늘어나 행복 지수가 떨어졌다는 주장이 있다.[32] 동유럽 국가에도 1990년대에 공산주의 체제에서 시장 중심 체제로 전환되면서 비슷한 현상이 나타났다.[33] 이를 주장하는 사람들은 자유 가치가 경쟁과 스트레스, 불평등을 증가시킨다고 목소리를 높인다. 독신들은 끊임없이 불안감에 시달린다는 주장도 있다. 새로운 경험을 명목으로 계속 무언가에 도전하다가 결국 빈손으로 끝나는 공허한 인생이 될 수도 있다는 것이다.

둘째, 탈물질주의 가치가 행복을 보장하지 않는다고 주장하는 사람들은 독신들이 결혼을 선택하지 않은 데 따른 경제적·심리적·실제적 어려움을 이겨내고 불확실성이라는 부담을 극복한다 해도 그보다 더 중요한 차별 문제를 겪는다고 지적한다.[34] 사실 독신이 더 좋다고 생각하거나 자유 가치를 중요하게 생각하는 사람들이 차별에 더 심하게 노출된다. 3장에서 살펴보았듯 사회 제도는 물론이고 개인들도 오늘날의 독신을 부정적으로 바라본다.[35, 36] 한 조사에 따르면 혼자 사는 삶에 만족하고 적극적으로 독신의 삶을 선택한 사람은 그렇지 않은 독신보다 부정적인 시각을 더 많이 경험한다.[37] 선택적 독신이 주류에 역행하는 사람으로 비쳐 비난을 받는다면 상황적 독신은 단지 짝을 찾지 못했을 뿐이므로 불행한 사람으로 여겨진다. 간단히 말해

탈물질주의 가치를 추구하는 사람은 시대의 흐름에 역행하는 사람이므로 사회적으로 더 배척당한다는 논리다.

셋째, 탈물질주의 가치를 추구하고 독신의 삶을 선택하는 행위는 경제적·심리적·실제적·물리적 면에서 심각하게 부정적인 결과를 초래한다는 주장이다.[38] 가령 한 연구진은 젊은 사람들은 결혼의 장점을 잘 모른다고 생각하고, 탈물질주의 가치 때문에 계속 독신으로 머물러 있으면서 오히려 행복해질 기회를 놓친다고 주장한다.[39] 실제로 기혼자들이 재정적 면에서 독신들보다 상황이 낫고, 정신적·육체적 건강 지표가 더 높다는 증거도 있다.[40] 따라서 독신으로 사는 것이 좋다고 생각하는 사람들은 더 오랜 기간 독신으로 살 가능성이 크고, 이런 문제점이 계속되면 되었지 해결될 가능성이 적으므로 경제적·육체적·정신적 면에서 불이익을 입을 수 있다는 것이다. 가령 누군가가 혼자 살아서 집세로 더 많은 돈을 쓰고 있다면 그 상황이 나아질 수 있다고 기대할 수 없어 경제적 불안감이 더 심각한 문제가 될 수도 있다.

넷째, 매슬로식 관점에서 나온 네 번째 주장은 탈물질주의 가치를 추구하는 독신들이 욕구의 불균형 문제를 겪을 수도 있다는 것이다. 하나를 잃는 대신 다른 하나를 얻는, 즉 안정된 관계를 포기하는 대신 자아실현을 이룬다면 충분히 합리적인 거래로 보인다. 하지만 매슬로식 관점은 그런 거래가 불가능하다고 본다. 즉 자아실현은 인간의 욕구 단계 중 가장 높은 위치에 있고, 아래 단계의 욕구를 희생하고는 도달할 수 없다는 것이다. 다시 말해, 인간의 욕구는 위계가 있는데, 독신들은 인간 사이의 상호작용과 정서적 만족이라는 더 기본적인 욕구를 충족하지 않고 그보다 높은 단계에 있는 자유와 자아실현이라는 욕구를 찾으려 하기 때문에 이 위계 구조에 맞지 않게 접근한다는 논리다. 이렇게 주장하는 사람들은 일 중독자들이 가족과 함께하는 삶을 포기하고 경력 개발에 시간을 쏟듯 탈물질주의를 추구하는 독신들은 세계 여행 같은 새로운 경험을 추구하지만 그보다 낮은 단계의 정서적 욕구는 돌보지 않는다고 목소리를 높인다. 즉 낮은 단계의 욕구가 충족되지 않았기 때문에 문제가 된다는 것이다.[41]

그래도 행복하다면

...

개인주의와 탈물질주의 가치는 독신 인구 증가를 초래한 원인도 되지만 내가 조사한 바에 따르면 독신들에게 이점도 제공한다. 간단히 말해, 탈물질주의 가치를 지닌 독신은 독신으로 사는 삶을 더욱 잘 준비한다. 탈물질주의 가치는 그들의 행복에 다소 불이익을 초래할 수 있지만 그 단점을 상쇄할 만큼 큰 장점을 가지고 있다. 이것이 아마도 탈물질주의 시대에 독신이 되고자 하는 사람이 더 많아지는 이유일 것이다. 34세 독신녀 사샤는 탈물질주의 가치의 장점을 열거하며 이 문제와 관련해 우리에게 깨달음을 준다.

올해 들어 내가 혼자 사는 것이 감사하다는 생각이 든다. 솔직히 작년까지는 그렇게 생각하지 못했다. 올해 일 년 동안 쉬면서 혼자 여행을 다녔다. (…) 이번 추수감사절을 맞이하여 독신이라서 좋은 점을 생각해보았다. (…) 남녀 관계는 시간 소모가 많다. 혼자 몸일 때는 일 외적인 시간은 오로지 나만의 시간이라 내가 무엇을 할 때 즐거운지 알아낼 수 있다. 그 시간을 적극적으로 사용하자. 그리고 그것에 감사하자. 혼자 살면 다른 사람에게 의존하지 않고 내 인생을 더 즐길 기회를 얻는다. 혼자 여행할 자유와 인생을 탐험할 자유를 얻는다.[42]

사샤는 독신으로서 힘겨웠던 삶에서 탈물질주의 가치를 껴안은 뒤 자유를 즐기고, 개인적 성장에 감사하며, 새로운 세상을 발견하는 등 인생의 즐거움을 경험하고 감사함을 느끼는 삶으로 변화를 겪었다. 그녀는 '시간 소모가 많은' 남녀 관계가 아닌, 자신에게 에너지를 쏟는다. 사실 이제 그녀는 혼자인 삶이 더 좋은 것 같다. 적어도 한동안은 그럴 것이다.

릭은 오리건에 사는 69세 독신남이다. 그는 인터뷰에서 독신에 관한 관점을 이렇게 밝혔다.

"독신으로 살면 자신만의 유쾌한 시각을 가질 수 있어요. 제일 좋은 점은 무엇이든 내가 원하는 대로 할 수 있다는 겁니다. 전적으로 자신의 선택이죠."

내가 분석한 데이터 결과도 사샤가 찾은 내면의 평화와 릭이 말한 유쾌한 시각을 뒷받침한다. 탈물질주의적 신념은 독신에게 보이는 더 큰 행복감과 관련이 있다. 그래서 행복감은 탈물질주의의 가치와 밀접하게 관련되고, 성별, 교육, 재산 같은 부차적인 변수를 설명한다.

예를 들면 자유나 즐거움에 점수를 가장 높게 준 미혼 그룹은 그러한 가치를 중요하지 않게 생각하는 기혼 그룹보다 행복 지수가 약 10% 높다. 마찬가지로 독창성과 도전정신을 높게 평가하는 독신들은 행복 지수가 약 15% 높다. 사별, 이혼/별거 그룹에서도 같은 패턴이 나타난다. 즉 탈물질주의 가치를 지닐 때 행복 지수가 더 높다.

더 중요한 사실이 있다. 독신들은 기혼자들과 비슷한 수준의 지표일 때조차 탈물질주의 가치에서 더 많은 혜택을 본다. 즉 탈물질주의 가치를 추구하는 독신들이 훨씬 더 행복할 뿐 아니라 1~6점 척도로 응답한 참가자들의 반응을 비교하면 점수가 오를수록 더 큰 이득을 본다.

기혼 여성과 사별한 여성이 있다고 가정하자. 두 사람은 교육, 수입 등 모든 주요 특징이 같고, 도전정신 평가 항목에 1~6점 중 6점으로 표기하여 도전정신을 똑같이 중요하게 생각한다. 이 값을 분석해 보면 사별한 여성의 행복 지수가 평균 10% 더 높다. 전반적으로 모든 탈물질주의 가치에서 최고 점수를 표기한 독신 그룹이 같은 점수를 표기한 기혼 그룹보다 표준 편차로 행복 지수가 약 0.4점 높다. 이 점수 차는 인종 차별, 연령 차별, 극단적 우월주의를 경험한 사람 대 그렇지 않은 사람 간의 차이에도 나타나고, 탈물질주의 가치를 각각 따로 측정해도 적용된다.

더욱이 독신들은 탈물질주의 가치를 측정한 점수가 처음부터 기혼자들보다 평균적으로 더 높게 나오므로 자연스럽게 추가 이득을 얻는다. 다시 말해, 독신들은 탈물질주의 척도를 평가한 점수가 높아질 때마다 더 많은 혜택을 얻을 뿐 아니라 얻는 점수도 더 많다.

종합해보면 탈물질주의 가치는 독신들의 행복에 기여하는 바가 크다. 사실 독신들이 탈물질주의와 관련된 일련의 가치관을 뚜렷하게 지니면 기혼자들보다 불리한 초반의 약점을 역전할 만큼 혜택을 본다. 스코틀랜드 출신의 33세 여성 알렌이《BBC 매거진》에 보낸 편지에서도 그런 점이 엿보인다.

> 저는 독신으로서 더할 나위 없이 행복합니다. 하고 싶은 일을 하고 싶을 때 자유롭게 하죠. 제 일상과 제가 누릴 혜택, 살아가는 방식, 행복은 모두 제 손에 달려 있어요. 사람들은 결혼에 너무 많은 기대를 거는 것 같아요. 왜 그런 삶을 따라야 하죠? 태어날 때도 혼자였고, 자라면서도 자신이 원하는 삶이 무엇인지가 중요하다고 배웠어요. 그래서 저는 인생에서 무언가를 놓치고 있다고 생각하지 않아요. 친구들에게도 이렇게 말하죠. 나는 독신이라서 정말 좋다고. 앞으로도 이 생각은 변함없을 거라고.[43]

알렌의 주장은 냉소적이지도, 공격적이지도 않다. 담담하게 사실을 언급할 뿐이다. 그녀는 독신으로 사는 삶을 사랑한다. 또래와 이전 세대와는 다른 가치를 추구하고, 독신으로 사는 것은 벌이 아니라 선물이라고 생각한다. 그래서 결혼에 얽매이는 대신 독신으로 살아서 자유를 얻는다고 생각한다.

여기서 특히 주목할 점이 있다. 탈물질주의 가치를 추구해서 얻는 행복과 관련해 기혼자와 동거하는 커플 사이에는 큰 차이점이 없다. 탈물질주의 가치를 추구하는 정도를 보면 동거 그룹의 지표가 더 높기는 하다. 하지만 기혼자들과 비교해 자랑할 정도의 차이는 아니다. 아마도 동거인들은 파트너가 없는 그룹과 달리 생활 환경과 구조가 기혼 그룹과 비슷하기 때문일 것이다. 여행과 모험이 중요한 사람들에게 자유가 중요하듯 탈물질주의 가치는 확실히 독신 인구와 합이 더 잘 맞는 것 같다. 멜리사와 사샤도 그랬다. 물론 현실은 두부 자르듯 그렇게 정확히 나뉘지 않는다. 따라서 탈물질주의 가치를 그다지 중요하지 않게 생각하는 사람도 많다. 하지만 탈물질주의 가치가 독신들에게 기여하는 바가 훨씬 크다는 원칙은 언제나 유효하다.

탈물질주의는 왜, 어떻게
독신에게 도움이 되는가

...

탈물질주의와 독신의 행복에 관해 앞서 말한 비판과 주장에 맞서려면 설명이 필요하다. 독신들이 탈물질주의 가치를 수용하면 왜, 그리고 어떻게 기혼자들과 행복의 격차가 좁혀질까? 독신 인구가 계속해서 증가하는 것을 보면 그들이 현재 상황에서 뭔가 이득을 얻는 것만은 분명하다. 그것이 무엇인지는 직관적으로 알기 어렵지만 독신의 삶을 중요하게 생각하는 추세는 빠르게 증가하고 있다. 이 추세에 편승한 사람들이 하는 이야기가 모두 옳다고 할 수는 없다. 하지만 내가 조사한 바로는 그들이 무엇인가를 알고 있는 것만은 확실하다. 지금부터는 탈물질주의 가치가 독신에게 실제로 어떻게 도움을 주고, 어떻게 삶의 만족도를 높이는지, 그리고 왜 그런지 몇 가지 가능한 이유와 근거를 살펴보겠다.

첫째, 탈물질주의 가치는 독신들에게 사회의 편견에 맞설 수 있는 면역력을 제공한다. 탈물질주의적 관점을 지닌 독신들은 전통과 규범을 크게 신경 쓰지 않고, 자신을 다른 사회의 구성원과 잘 비교하지 않는다. 이런 점은 어떤 의미에서 탈물질주의 고유의 특징이라 할 수 있다. 자유와 도전정신이라는 가치와 전통과 규범을 중시하는 신념은 상당히 부정적인 상관관계를 보였다. 따라서 탈물질주의 가치는 혼자 사는 생활 방식을 권장하는 면도 있지만 혼자 사는 사람들이 비판적인 시각에서 벗어날 수 있게 돕는 역할도 한다. 특히 독신들은 사회로부터 부정적 인식을 많이 경험하기 때문에 그들에게는 이것이 더 중요한 문제다.[44] 2002년에 자신과 솔로 웨딩을 한 헤론은 이런 글을 남겼다.

> 나는 다른 사람들에게 관심과 인정, 사랑을 받는 것을 언제나 중요하게 생각했다. 하지만 나와 결혼한 후로는 안정감, 안도감, 소속감, 그리고 순수한 사랑을 느꼈다. 내 중심은 내 안에 있다.[45]

헤론은 자신과 결혼하기 전까지는 몸에 맞지 않는 옷을 걸치고 있는 것 같았다. 왜 그런 불안감이 느껴지는지도 몰랐다. 하지만 무언가가 잘못되고 있다는 것은 알았다. 그는 혼자 산다는 사실이 편하지 않았다. 자신과 결혼한 후로 실제로 달라진 것은 없다. 하지만 그에게는 세상에 이런 말을 선포한 것 같은 효과가 있었다.

"지금 이대로의 모습이 나다. 나는 이대로가 좋다!"

둘째, 탈물질주의 가치는 독신들이 의식적이든 무의식적이든 가족 관계에서 얻는 욕구를 독자적으로 규정하고 만족시킨다. 그런 의미에서 사랑과 동지애에 대한 의미를 재해석할 수 있다면 자유와 독창성 같은 가치는 매슬로의 설명대로 인간의 욕구 단계 중 상위 단계에 있지만[46] 그보다 아래 단계에서도 찾을 수 있다. 실제로 연구 결과를 보면 독신들은 대안 가족과 공동체 생활에서 동지애를 더 많이 찾는다.[47] 따라서 탈물질주의 가치는 사람들에게 혼자 사는 삶을 권장할 뿐 아니라 대안이 될 만한 새로운 생활 방식도 제공한다(이 부분은 뒤에서 더 자세히 살펴보겠다).

탈물질주의 가치를 추구하는 독신들은 상위 욕구를 중요하게 생각하고, 그 욕구를 채우고자 기꺼이 많은 시간과 자원을 들인다.[48] 그렇다고 해서 사랑이나 소속감에 대한 욕구를 소홀히 한다는 말이 아니다. 2015년에 남자 친구와 헤어진 후 아들과 베를린으로 이주한 38세 인도네시아 여성 인탄은 인터뷰에서 이렇게 말했다.

"저는 사실 제 삶에 부족한 부분이 없는 것 같아요. 애인이 있다고 좋은 점이 뭐죠? 성적인 부분이 있겠죠. 하지만 저는 지금도 성관계를 즐겨요. 동지애요? 제겐 친구들이 있죠. (…) 그런 것 말고 또 뭐가 있나요? 전 지금처럼 살면서도 성관계를 즐기고 동지애를 느낄 수 있다고 생각해요. 그래서 이대로도 별문제가 없어요."

인탄은 친구와 섹스 파트너 덕분에 자신에게 필요한 욕구를 만족시킨다. 인탄처럼 많은 독신이 삶의 만족감을 결혼에서 찾지 않고 현대적이고, 실험적이고, 유동적인 방식으로 현대 기술, 공동체, 대도시 생활에서 찾는다. 특히 대도시 생활을 보면 기혼과 독신 간의 차이점이 두드러진다. 독신들만 따로 살펴봐도 도시에서 생활하는 사람과 그렇지 않은 사람 간에는 차이가 있다.[49] 베를린에 사는 32세 미혼남 조셉은 대도시 생활이 왜 중요한지 이렇게 말했다.

"제 주변에는 지식인이 많습니다. 진보적이고 새로운 생활 모델을 실천하며 사는 사람들이 많죠. 그런 사람들은 한 사람과만 진지한 관계를 맺으려 하지 않아요. 때로는 아예 그런 만남 자체를 하지 않죠. 교육 수준이 낮거나 시골 출신인 사람들을 보면 대개 전통적인 가치를 더 중요하게 생각하고 보수적이에요. 그런 삶도 좋지만 제가 추구하는 삶은 아니에요."

조셉은 베를린 같은 대도시는 새로운 생활 모델을 제시한다고 생각한다. 도시 환경은 다른 사람과의 비교에서 오는 압박감이 적을 뿐 아니라 사회적 상호작용과 소속감을 느낄 다양한 기회를 얻을 수 있다는 장점이 커 독신들에게 매력적인 곳으로 꼽힌다.[50] 독신들은 새로운 것을 향한 탐색과 자유라는 가치를 바탕으로 혁신적인 생활 방식을 탐구하고 생활 방식을 끊임없이 재창조한다. 이런 실험 정신 덕분에 도시 환경에서는 단순한 즐거움은 물론이고, 낮은 단계의 욕구를 충분히 만족시킬 다양한 기회가 만들어진다.

셋째, 탈물질주의 가치는 행복에 도움이 되는 여러 요인에 의해 영향을 받는다. 가령 탈물질주의 가치를 추구하는 독신들은 스포츠 활동에 더 많이 참여하고 더 건강해져서 결과적으로 삶의 만족도가 더 높아질 수 있다. 한 연구 결과를 보면 탈물질주의 가치는 조깅 같은 개인 운동처럼 레저용 신체 활동 참여도와 밀접한 관련이 있다.[51, 52] 이 논리의 핵심은 물질적으로 안정감을 느끼는 사람들은 운동을 통해 육체적·정신적 건강을 단련해 자신의 한계에 도전하고 발전하고 싶어 한다는 것이다.

독창성과 도전정신을 중요하게 생각하는 사람들은 자신이 관심 있는 분야의 강좌를 듣거나 각종 단체에 가입하는 등 일 외적으로 여러 사회 활동에 참여하는 경향이 있다. 이런 점도 삶의 만족도를 높이는 데 일조한다. 이때도 탈물질주의는 단지 인지적 세계관이 아니라 일종의 생활 방식이 된다. 그래서 한 개인이 더 행복해질 수 있는 환경이 만들어진다. 영국에 사는 36세 여성 클로이는 인터뷰에서 이렇게 말했다.

"저는 깊이 만나는 사람이 없을 때 스스로에 대해 더 많이 생각하는 것 같아요. 독립심을 즐길 수 있는 지금이 좋아요. 애인이 있으면 쉽게 현실에 안주하게 되죠. 전 늘 새로운 사람을 만나고, 새로운 곳에 가고, 새로운 일들을 해보고 싶어요. 한 사람만 깊이 만나면 다른 사람들과 교류하는 일에 게을러지죠. 저는 꽤 사교적인 사람이지만 사귀는 사람이 있을 땐 결국 부정적으로 변하더군요. 하지만 혼자가 되면 여행이든 뭐든 해야 할 것 같다는 생각이 들어요. 그래서 호주로 여행을 떠났었죠. 옆에 누군가가 있었다면 아마 그러지 못했을 거예요."

자신이 '사교적'이라고 생각하는 클로이는 누군가와 애착 관계에 놓이면 답답함을 느낀다. 현실에 안주하고 싶어진다는 이유 때문이다. 한 사람과의 관계에 얽매이는 순간, 그녀의 사회성은 힘을 잃는다. 하지만 그녀를 구속하는 '닻'이 없어지면 그녀는 자유롭게 자신의 삶을 향해하며 새로운 길을 찾는다.

지금까지 살펴본 바를 종합해보면 자기 계발과 탈물질주의를 향한 세계적인 변화[53] 덕분에 독신들의 행복 지수를 높이는 기회가 실제로 더 많이 제공되는 것으로 보인다. 이 장에 제시한 증거들을 보면 티먼 기자의 주장과 달리 탈물질주의 가치는 결혼을 막거나 개인의 행복을 가로막는 요인이 아니다.[54, 55] 오히려 탈물질주의 가치는 독신들이 사회적 편견을 피하고, 남녀 관계를 대체할 방법을 찾고, 혼자라는 상태를 만족하게 해줄 여러 활동에 참여하도록 격려하므로 독신들에게 도움이 된다. 탈물질주의 가치가 증가하면 결혼율이 감소하고, 경제적·법적·사회적인 면에서 독신을 위한 혜택은 줄어들 수 있지만, 오히려 그 가치들이 다른 많은 방면에서 독신들의 행복 지수를 높이는 요인이 될 수 있다.

새로운 가치는 쉽게 받아들이거나 버릴 수 없다. 앞 장에서 언급했듯 사회 활동에 참여하는 것보다 탈물질주의 가치를 추구하는 것이 더 어려운 일일지도 모른다. 하지만 많은 경우 독신들은 의식적으로든 무의식적으로든 탈물질주의 가치에 부합하는 일을 시도할 수 있다. 여행을 떠날 수도 있고, 실험적인 워크숍에 참여할 수도 있고, 인지 요법 강좌를 들을 수도 있고, 솔로 웨딩 같은 상징적인 의식을 치를 수도 있다. 이런 일을 한다고 해서 모든 문제가 해결되는 것은 아니지만 정신적인 면에서는 분명 도움이 될 것이다. 또한 탈물질주의 가치에 대한 논의는 젊을 때부터 시작해야 한다. 그래야만 포괄적이고 근본적인 방법으로 독신으로 살아가는 노년기의 삶에 대비할 수 있다. 탈물질주의 가치가 독신들의 행복에 도움이 될 수 있다는 사실을 이해한다면 다음 세대의 독신들이 선택할 수 있는 옵션이 무엇인지 파악하고, 그 옵션에 대비할 수 있게 돕는 새로운 길이 열릴 것이다.[56]

솔로 웨딩은 앞으로도 이해받기 어려울 수도 있다. 하지만 자신과 결혼한 사람들은 독신을 바라보는 우리의 시각에 새로운 관점을 제공한다. 독립심과 독창성, 자유의 가치를 가르치고 도전정신을 일깨우는 일은 독신으로 살 것이라 예측되는 25%의 전 세계 아이들에게 분명 도움이 될 것이다.[57] 특히 여성들이 결혼 문제를 독립적으로 결정하고자 지금도 투쟁하고 있는 카불 같은 도시에서는 더욱 절실하게 요구된다.

6

열심히 일하고,
더 열심히 놀고

베르사유 궁전을 걷다 보면 높이가 3m에 이르는 거대한 조각상 하나가 눈에 들어온다. 아리스타이오스의 손에서 벗어나려는 프로테우스와 물개 두 마리를 조각해놓은 작품이다. 1714년에 세워진 이 조각상은 세계적인 조각가 세바스티앵 슬로츠Sébastien Slodtz가 신화의 한 장면을 극적으로 표현한 작품으로, 그가 남긴 가장 뛰어난 작품 중 하나로 손꼽힌다. 신화 내용을 짧게 소개하면 아폴로의 아들인 아리스타이오스는 어느 날 자신이 사랑한 에우리디케가 독사에 물려 죽자 프로테우스를 찾아가 그를 묶어두고 조언을 구하려 했다. 에우리디케의 죽음이 아리스타이오스 탓이라고 생각한 님프들이 그가 키우는 벌들에게 저주를 걸어 그 저주를 풀 방법을 프로테우스에게서 알아내려 한 것이다.[1]

프로테우스는 아리스타이오스가 누구를 좋아하든 말든, 벌들이 어찌 되든 말든 신경 쓰고 싶지 않았다. 그래서 아리스타이오스의 손에서 벗어나기 위해 몸부림쳤다. 그는 바다의 신 포세이돈의 아들이자 물개들의 목자였고, 예언 능력과 자유자재로 몸을 변신시키는 능력을 가지고 있었다. 어떤 이들은 그를 그리스 신화 속에서 특별한 계급으로 분류하고, 계속 변하는 바다의 속성과 물의 성질을 닮았다 하여 '변화무쌍한 바다의 신'이라 부른다. 현대에 들어서는 심리학자인 칼 융 Carl Jung이 그가 가진 예언 능력과 변신 능력 때문에 무의식을 의인화할 때 그의 이름을 사용했고, 신출귀몰하기로 유명한 연금술사 헤르메스와 닮은 꼴로도 묘사된다.[2] 그는 미래를 예언하고 신의 뜻을 해석하는 능력이 뛰어나 신화 속의 영웅들이 끊임없이 찾아가 조언을 구하려 했다. 하지만 프로테우스는 그런 일에 휘말리는 것이 귀찮아 형체를 계속 바꿔가며 도망 다녔다.

아리스타이오스는 "프로테우스에게서 조언을 들으려면 무조건 꼭 붙잡고 있어야 한다"라는 어머니의 충고에 따라 그를 붙들고 놓아주지 않았다. 프로테우스는 아리스타이오스의 손에서 벗어나기 위해 동물로도 변신하고, 심지어 불과 물로도 변신했지만 계속해서 실패했고, 자유의 몸이 되려면 아리스타이오스를 도와줄 수밖에 없었다.

아리스타이오스는 결국 프로테우스를 풀어주었다. 하지만 아이러니하게도 수 세기가 지나 만들어진 하얀 대리석 조각상은 여전히 프로테우스를 곤혹스러운 순간에 가둬놓았다. 어떤 형태로도 변할 수 없게 완전히 고정해버렸다. 어쩌면 그는 이 상태가 더 좋을지도 모른다. 그리고 다음 세대에게 이런 말을 전하고 싶을지도 모른다.

"네가 아무리 융통성이 좋고 자유를 사랑해도 사람들은 자신의 이익을 위해 너를 이용하려 할 것이다."

슬로츠의 조각상이 베르사유 궁전에 세워진 지 262년이 지난 1976년, 프로테우스의 전설은 '프로틴 경력protean career'이라는 단어로 되살아났다. 이는 더글라스 홀Douglas Hall이 만들어낸 단어로, 조직이 아닌 개인 주도의 경력 계발을 의미하며, 교육, 직업 훈련, 직장 등에서 개인의 다양한 경험을 토대로 이루어진다. 홀에 따르면 다방면에서 재능이 뛰어난 개인은 자아실현이라는 목적을 달성하기 위해 전문 분야를 바꾸고 직장을 옮기며 자신만의 경력을 추구한다. 그들에게는 성공의 기준이 외부에서 주어지는 것이 아니라 그 개인의 내부에서 나온다.[3]

실제로 사람들은 자신이 하는 일을 대부분 다음 세 가지 관점 중 하나로 본다. 첫 번째는 생계를 위한 수단으로 경제적 보상을 제공하는 '직업'적 관점이다. 두 번째는 '전문 경력'으로 보는 관점이다. 기본적으로는 소득원 역할을 하지만 개인이 그 일을 통해 발전하고 자긍심을 느끼며 역량을 확인한다는 부가적인 가치를 제공한다. 마지막 세 번째는 '소명'으로 보는 관점이다. 개인의 즐거움이나 성취감을 이유로 직업을 선택하거나 새로운 변화를 일으키고 사회에 공헌한다는 목적에 중점을 두는 경우다.[4]

최근 들어 일의 의미는 자아실현이라는 목적이 더욱 강조되고 있다. 직업으로만 보는 관점은 전문 경력이나 소명으로 보는 관점과 비교해 인기가 점점 떨어지고 있다. 20세기에 걸쳐 일어난 세계화와 시장 통합 덕분에 사회 경쟁이 치열해졌고, 기업들은 노동자의 활용도와 시간 효율성을 높이는 방법을 고심했다.[5] 이런 압박과 더불어 업무 속도가 점점 빨라지면서 노동자들은 점점 더 무리한 요구를 강요받고 있고, 결과적으로 그들의 신체 건강과 정신 건강, 사생활에까지 부정적인 영향을 미쳤다.[6]

하지만 우리는 이런 추세에 반하는, 즉 일의 본질에 변화를 요구하는 새로운 흐름을 목격하고 있다. 이제 사람들은 자기 만족감 없이 무조건 일만 하려고 하지 않는다. 특히 젊은 세대에게 이런 현상이 뚜렷하게 나타난다. 베이비붐 이후 세대는 부모 세대보다 자신의 일에 대한 기대감이 높고, 존경받는 기업가, 전문성 개발을 위한 기회, 목표 지향적인 일을 선호한다.[7] 그에 따라 고용주들도 모든 직원이 직업적인 면에서 자아실현을 목표로 의사 결정을 할 수 있도록 기업 문화를 형성해왔다.[8]

행복이라는 목표에 도달하려면 자아실현은 반드시 거쳐야 하는 중요한 거점이 되었다. 이제는 자아실현이나 희망, 꿈, 포부를 실현하는지가 행복을 직접 판가름하는 척도로 여겨진다.[9] 그것이 개인의 목표 달성이든, 인생의 깊은 의미를 찾는 과정이든 결국 자기 만족감을 느끼는 사람들이 대체로 더 행복하다.[10] 특히 세계적으로 개인주의가 확산된 이후, 많은 나라에서 자아실현을 중심에 두는 사회 질서 변화를 목격했다.[11] 대부분의 현대인은 자신이 다른 사람에게 쓸모 있고 유의미한 존재로 여겨질 방법을 찾으려 하고, 삶의 만족도를 판단할 때도 이런 면을 중요하게 생각한다. 그래서 심리치료사와 정신건강 전문가들도 심리 치료와 행복의 중요 요건으로 자아실현을 꼽는다.[12]

따라서 '프로틴 경력'의 범주에 속하는 일은 삶의 만족감을 얻는 원천이 될 수 있다. 영국의 연구 결과를 보면 교육이나 건강 분야에서 일하는 사람들은 급여 수준이 만족스럽지 않아도 일에서 느끼는 성취감이 크고, 그 일이 사회공헌도가 크다고 생각하기 때문에 전반적으로 직업 만족도가 높다.[13]

독신에게 일은 어떤 의미가 있는가

...

지금까지 언급한 사항들은 행복한 독신의 삶과 어떻게 관련될까? 일은 독신들의 행복에 관한 논의에서 핵심적인 역할을 한다. 특히 오랜 기간 독신으로 행복하게 사는 사람들은 결혼을 해서 가족을 이루기보다 직업적으로 자아실현을 추구하는 방법으로 삶의 만족도를 높인다.

내가 분석한 통계 결과를 보면 직업 만족도는 기혼보다 독신의 행복에 전반적으로 더 도움이 된다. 중요한 점은 여기서 말하는 '직업 만족도'가 일의 편의성이나 높은 수입과는 관련이 없다는 것이다. 데이터를 분석할 때 이런 요인은 아예 고려하지 않았다. 여기서 말하는 직업 만족도는 훨씬 더 심오한 의미로, 일에서 자신만의 의미, 그리고 자기 만족감을 찾는 행위와 관련된다.

이를 더 구체적으로 살펴보겠다. 기혼자와 미혼자가 한 명씩 있다고 가정하자. 두 사람은 나이, 교육, 수입, 건강 등의 요건이 같다. 이

때 직업 만족도 지표에서 똑같이 가장 높은 점수가 나온다면 전반적인 행복도에 있어서 두 사람 간의 격차는 70% 이상 줄어든다. 놀랍지 않은가? 나머지 차이는 앞서 논의한 바와 같이 결혼에 작용하는 선택 메커니즘, 즉 결혼으로 더 행복해지는 것이 아니라 원래 더 행복했던 사람들이 결혼한다는 이유 때문이다. 이 메커니즘을 고려하면 독신들은 사실상 직업 만족도 덕분에 행복 지수가 더 높아진다고 할 수 있다.

직업 만족도가 행복에 미치는 영향은 결혼 경험이 없는 미혼 그룹뿐 아니라 정도는 덜해도 이혼 그룹과 사별 그룹에도 똑같이 나타난다. 이혼하거나 사별한 사람들은 앞서 논의한 바와 같이 결혼 생활을 끝내는 데 따른 핸디캡을 고려할 때 행복 지수 격차가 더 크다. 그 격차를 줄이는 데 직업 만족도가 미치는 영향은 50~60% 정도다.

나는 인터뷰 중에 이 결과를 설명할 수 있는 한 가지 사례를 발견했다. 62세 여성 제인은 남편과 떨어져 생활하며 간호사로 일하고 있었다. 그녀는 주부로 살았던 과거를 떠올리며 현재의 삶이 그때와 어떻게 다른지 이야기해주었다.

"자신이 좋아하는 일을 하는 것이 인생에서 가장 중요하다고 생각해요. 그래야만 자신에게 만족하며 살 수 있으니까요. 예전에 저는 그냥 주부였어요. 10년 동안 아이들의 등하교를 시켜주며 살림을 했죠. 온종일 너무 바빴어요. 매일 밤마다 모두가 잠들기만을 기다렸어요. 그래야 혼자만의 시간을 즐기며 일기를 쓸 수 있었거든요. 하지만 아침이 되면 또 똑같은 하루가 시작되었죠. 늘 무언가를 하고 있었지만 혼자 있을 땐 '왜 이렇게 살아야 하지?'라는 생각이 들었어요."

제인은 주부로 사는 동안 아이들을 키우며 온종일 바쁘게 지냈다. 하지만 혼자만의 짧은 시간을 기다렸다가 일기를 쓰는 자신의 모습을 보며 그런 삶이 어떤 의미가 있는지 생각에 빠졌다. 그에 반해 지금은 간호사라는 직업이 자신에게 얼마나 중요한 의미가 있는지, 그 일 덕분에 지금 얼마나 행복한지 강조했다. 인터뷰가 끝날 무렵에는 은퇴하는 날이 오지 않았으면 좋겠다고 말하며 사람들이 왜 70대, 80대에도 계속 일하는지 충분히 이해가 된다고 말했다.

"이젠 제가 하고 싶은 일을 할 수 있어요. 도전하는 삶이 너무 좋아요. 일흔, 여든까지도 일하는 사람들이 이제는 전혀 놀랍지 않아요."

중장년층뿐 아니라 젊은 독신들도 인터뷰 내내 인생에서 만족감, 자립심, 성취감을 느끼려면 의미 있는 직업이 중요하다고 말했다. 캘리포니아 롱비치에 사는 32세 독신남 숀은 이렇게 말했다.

"일이나 인생의 다른 부분에서 자아실현을 추구하고 있다면 독신으로 살 것인가, 말 것인가는 선택의 문제라고 생각해요."

그에게 결혼 문제는 만족감을 얻는 데 필요한 하나의 옵션일 뿐이다. 일이나 삶의 다른 부분에서 만족감을 느끼면 독신으로 살지 말지는 자유롭게 결정할 수 있는 문제라고 생각했다.

44세 이혼녀 루이스의 이야기도 인상적이었다. 나는 그녀가 운영하는 서점에서 인터뷰를 진행했다. 그녀의 서점은 실내 장식이 근사했고, 식사나 음료를 주문할 수도 있었다. 곳곳에 소파가 놓여 있어 잠시 쉴 수도 있었다. 루이스는 결혼 생활을 한 17년 동안 부득이하게 자신이 원치 않는 직장에서 일했다. 그녀는 남편과 이혼한 뒤 그동안 꿈꾸었던 일들 중 하나를 이루고자 서점을 열었다.

"저는 이 일이 좋아요. 정말 하고 싶었던 일이거든요. 책과 요리를 합쳐놓은 일을 꼭 해보고 싶었어요. 이제 저도 제법 번듯한 사업가 같다는 생각이 들어요. 내가 해냈다고 생각하면 너무 뿌듯해요. 성취감이 크죠. 예전에는 상상도 하지 못한 일이에요."

루이스는 서점 운영을 그냥 좋아서, 혹은 의미를 찾기 위해서 하는 것이 아니다. 서점은 그녀가 그런 일을 해낼 만큼 독립적인 사람임을 깨닫게 해준 공간이다. 그녀가 이룬 인생의 큰 성과물이자 그녀의 정체성을 이루는 일부였다. 이제 그녀는 자신을 한 기업을 운영하는 '사업가'라고 생각했다. 실제로 나는 다른 독신 그룹에서도 혼자 사는 동안 정체성을 다시 정립했다는 이야기를 여러 차례 들었다.

특히 개인주의 성향이 강한 독신들은 자신에게 유의미한 일을 중요하게 생각하는 경향이 강하다. 자유를 느끼며 능력을 최고로 발휘하면 자신이 쓸모 있는 사람이라고 느껴지기 때문이다.[14] 따라서 일에서 부수적인 의미나 가치를 느끼는 독신은 삶의 만족도가 더 높다.[15] 내가 분석한 또 다른 통계 자료를 보면 독신들은 평균적으로 기혼자들보다 성취욕이 강하다. 그래서 경력 계발에 들인 투자로부터 얻는 이득도 더 크다.[16] 루이스도 이혼하고 서점을 연 뒤 행복한 하루하루를 보내고 있다고 몇 차례 강조했다.

이 문제는 직업 선택의 동기와도 관련이 크다. 가족 중심적인 사람이나 이른 나이에 가정을 이룬 사람은 가족을 부양해야 한다는 책임감 때문에 직업에서 얻는 부가적인 의미보다는 직업의 안전성과 수입을 더 중요하게 생각한다.[17] 그에 반해 독신들은 대개 그러한 의무감이 없어 안정적이지 않더라도 보람을 느낄 수 있는 직업을 자유롭게 선택한다. 이혼이나 사별한 사람들도 혼자 살기 시작하는 순간부터, 혹은 아이들이 경제적으로 독립한 후부터 이 대열에 합류한다. 익명의 35세 여성 블로거는 일과 경력 계발의 중요성을 이야기하며 독신의 장점을 강조했다.

> 우리는 경력 계발에 집중하고 최선을 다하면 됩니다. 결혼하면 다른 도시로 이사하거나 출산과 육아 등의 이유로 중간에 일을 쉬거나 중단해야 하지만 혼자인 사람은 그런 걱정 없이 한 분야의 전문가로 성장할 수 있고, 진로 계획을 세울 수 있습니다.[18]

이 여성은 인생의 목표를 이루고자 할 때 독신의 생활 방식이 도움이 된다고 말했다. 그녀의 말에 따르면 가족을 이루게 되면 일을 쉬거나 중단해야 할 일이 많아 자신이 하고 싶은 일에 집중하기 어려울 수 있다. 앞서 소개한 제인도 주부로 살 때는 늘 가족을 돌봐야 했다.

이 블로거는 일과 가정의 갈등 문제를 제기했다. 기혼자들에게는 자아실현이 두 가지 기준을 중심으로 돌아간다. 그것은 바로 일과 가족이다. 하지만 이 둘은 때때로 충돌을 일으키고, 하나를 희생해야만 다른 하나를 얻을 수 있다. 물론 늘 그런 것은 아니다. 가족과 직업 만족도가 보완 관계에 있다고 주장하는 사람도 있다. 하지만 연구 결과들을 보면 많은 기혼자가 배우자와 함께 시간을 보내고, 배우자의 가족과 친구를 챙기고, 기념일을 축하하는 등 배우자에 대한 책임과 자신의 일 사이에서 균형을 맞추는 것이 힘들다고 말한다.[19] 아이가 태어나면 균형을 맞추는 것이 더 어려워진다.[20]

그에 반해 많은 독신은 가족에 대한 책임감이 없어 경력 계발에 충분히 에너지를 쏟을 수 있다. 그래서 혼자 사는 것에 대한 만족감도 높고, 늘 여유롭다고 느낀다. 어떤 이들은 일과 가족을 두고 갈등하고 싶지 않다는 이유로 남녀 관계를 아예 시작하지 않는다. 어쨌든 일반적으로 독신들은 일에 에너지를 쏟을 때 따르는 제약이나 압박감이 적다.

이혼한 뒤 자녀를 혼자 키우는 독신들도 육아에 관련된 책임을 전남편, 심지어 전남편의 새 배우자와 나눌 수 있어 일과 가족 사이에서 느끼는 갈등이 더 적다. 55세 여성 레나는 세 차례 이혼한 뒤 21년 동안 혼자 살고 있으며, 이스라엘 극장에서 일하고 있다. 그녀는 인터뷰를 하며 이렇게 말했다.

"우리 극장에는 정말 열정을 다해 일한 사람들만 받는 반지가 있어요. 전 50세가 되던 해에 반지를 받았죠. 전 그 반지를 결혼반지처럼 왼쪽 손에 늘 끼고 다녀요. 전 극장과 결혼했으니까요. 이 결혼은 오래갈 것 같아요."

레나는 일에 대한 자신의 열정이 얼마나 강한지 표현했다. 그 일은 세 번의 결혼보다 더 오래 유지되고 있고, 어쩌면 더 중요한 의미가 있다. 그녀는 21년 넘게 혼자 키운 딸을 누구보다 사랑하고, 전남편들과도 좋은 관계를 유지했다. 하지만 그녀가 극장에서 받은 반지는 그녀가 가장 소중하게 생각하는 결혼이 그녀의 일임을 상징한다.

하지만 일과 '결혼'한다는 것은 그렇게 단순한 문제가 아니다. 항상 로맨틱하지도 않다. 우리의 인생에는 친구나 취미 생활 같은 다른 부분도 존재한다. 경력 계발에 많은 시간을 쏟는 독신들은 일에서 얻는 만족감은 클지 모르지만 번아웃 증후군과 일과 삶의 균형이 깨지는 문제를 겪을 수 있다. 그것이 독신들에게는 큰 위협이 될 가능성도 있다. 따라서 우리는 독신들이 일중독이라는 함정에 빠지지 않고 행복하게 살 방법들을 고민해야 한다.

독신이 겪는 일과 삶의 균형 문제

...

번아웃 증후군은 극도의 피로감을 호소하며 모든 일에 냉소적인 태도를 보이고 무기력해지는 일종의 스트레스 증상이다. 최근 연구 결과들은 독신이 기혼자보다 번아웃 증후군을 더 쉽게 경험한다고 말한다.[21] 독신 인구 내에서는 특히 미혼 남성이 번아웃 증후군을 겪을 위험이 크고, 여성은 이혼했을 때 어느 정도 그 증상을 경험한다.[22]

번아웃 증후군은 독신에게 더 자주 나타난다. 독신은 다른 활동을 희생하고 직업에 비중을 더 많이 두는 경향이 있다. 물론 독신들이 일부러 가족과 친구를 소홀히 하는 것은 아니다. 하지만 자신의 전문 분야에서 성공하려는 욕구가 크면 다른 사회 활동에 참여할 여유를 찾지 못할 수도 있다.[23] 따라서 일은 자부심과 만족감을 얻는 원천이 될 수 있는 반면, 균형 잡힌 건강한 삶에 걸림돌이 될 수도 있고, 궁극적으로 행복을 저해하는 요인이 될 수도 있다.

독신들은 경력 계발을 지나치게 중요하게 생각한 나머지 직업에 너무 많은 의미를 부여하기도 한다. 하지만 비중을 둔 그 한 분야에 문제가 생기면 자신감이 크게 위축될 수도 있다. 성공에 대한 압박감이 너무 크면 예상보다 기량을 발휘하지 못할 때 자신감을 더 크게 잃는다. 그에 비해 기혼자들은 대개 배우자와 부모 역할에 더 많은 의미를 부여한다.[24] 따라서 그들에게는 일이 만족감을 얻는 유일한 길이 아니다. 그들에게는 일종의 '안전망'이 있다. 물론 독신은 일에 집중함으로써 기혼자보다 많은 것을 얻는다. 하지만 정서적 안정감이라는 측면에서 본다면 그들에게도 자체 안전망이 필요하다.

한편 정반대의 경우로 독신들이 운동, 자원봉사, 공동체, 혹은 가족 관련 활동 등에 다양하게 참여해 자신과 자신의 가족에게만 관심을 두는 기혼자들보다 참여하는 사회생활이 너무 많아질 수 있다.[25] 다수의 역할을 동시에 해내야 하는 상황은 기혼자들이 경험하지 않는, 즉 독신들만이 느끼는 또 다른 심리적 갈등의 원인이 될 수 있다. 독신들은 너무 많은 활동을 동시에 해내야 하는 부담감 때문에 개인 내 역할 갈등과 번아웃 증후군 같은 문제를 겪을 수 있다.[26]

독신들이 스스로 만드는 부담도 문제가 되지만 배우자나 가족이 없는 사람들을 차별하는 고용주와 정부 정책도 그들의 일과 삶에 부정적인 영향을 줄 수 있다. 3장에서 살펴보았듯 독신들은 결혼한 동료들보다 더 적은 혜택을 받으면서 더 많은 일을 하기를 자주 요구받는다.[27] 독신을 차별하는 정책과 분위기가 만연해 있음에도 그들의 요구 사항이 무시되고, 어떤 문제점이 있는지에 대한 조사도 제대로 이루어지지 않고 있다. 그래서 오늘날의 독신들이 일터에서 겪는 정서적·육체적 피로감은 매우 심각하다. 31세 독신남 에이브는 이렇게 말했다.

"혼자 사는 사람은 정해진 근무 시간과 상관없이 더 늦게, 더 일찍, 더 오래 일할 수 있다고 여겨집니다. 반면 가족이 있는 사람은 오전 9시부터 오후 5시까지 원래 정해진 근무 시간에 칼 같이 맞춰 일하기를 기대하죠. 저 같은 경우는 필요하면 밤 10시, 11시까지도 일을 해야 합니다. 상황에 따라서는 아침 6시에 출근하기도 하죠. 그들에게는 제 시간이 그다지 중요하지 않은 것 같습니다. 저는 일정한 스케줄을 요구하는 아내도, 그 누군가도 없으니까요."

에이브는 직장에서 독신들이 겪는 부당한 상황을 설명하며, 독신은 일반적으로 가족에 대한 책임감이 없어 더 열심히 일할 수 있다는 기대에 부응해야 한다고 말했다. 실제로는 독신이 업무 외적인 시간에 다양한 사회적 역할을 소화해내느라 더 바쁠 수도 있다. 하지만 오늘날 일터에서는 이 점이 잘 고려되지 않는다. 독신은 일과 삶의 균형 문제를 고민해야 할 만큼 많은 사회 활동을 하지 않는다고 생각하는 것은 큰 오산이다. 대부분의 경우, 오히려 그 반대다. 독신들이 기혼자들보다 훨씬 복잡하고 다채로운 삶을 산다.

내가 분석한 통계 자료를 살펴보면 독신들은 결혼한 동료들과 비교해 직업에서 얻는 만족감이 큰 것과는 별개로 노력에 비해 제대로 보상받지 못한다고 생각했다. 특히 미혼 그룹의 경우, 적절한 보수를 받지 못한다고 생각하는 비율이 9% 더 높게 나타났다. 에이브의 말처럼 고용주의 무관심과 독신들의 높은 업무량을 고려한다면 당연한 결과다. 설령 독신들이 자진해서 일에 더 많은 에너지를 쏟는다 해도 그에 따른 보상은 적절히 이루어져야 한다.

더 놀라운 결과도 있다. 독신들은 가족에 대한 책임감을 고려해야 하는 기혼자들보다 일과 삶의 균형을 맞추는 것을 더 힘들어했다. 특히 사별한 사람과 이혼한 사람은 일과 삶의 균형이 맞지 않다고 생각하는 비율이 기혼자보다 각각 31%, 21% 더 높았다.

여기서 한 가지 중요한 문제는 '일과 삶의 균형'이라는 의미가 사람에 따라, 특히 독신들에게는 다른 의미로 해석된다는 것이다. 사실상 오늘날과 같은 결혼 중심 사회에서 연구자와 기자, 정책 입안자는 일과 '삶'의 균형보다는 일과 '가족'의 균형을 말한다. 그들의 관심은 대부분 부부와 자녀를 중심으로 하는 핵가족 단위의 삶에 향해 있다. 따라서 그들은 잘 인식하지 못하겠지만 그들이 말하는 '삶'은 사실 '가족'을 의미한다.[28]

하지만 한 개인의 삶에는 여가 생활, 교육 활동, 공동체 활동, 집 수리와 유지·보수, 친목 도모 등 다양한 요소가 포함된다.[29] 그런 의미에서 보면 가족은 시간과 관심이 필요한 많은 요소 중 하나일 뿐이다. 심지어 가족 안에서 나이 든 부모를 보살피는 비율은 기혼자보다 독신이 더 많다. 하지만 고용주들은 대개 이 점을 중요하게 생각하지

않는다.[30]

따라서 고용주는 독신들이 일과 삶의 균형을 잘 맞출 수 있도록 관심을 기울여야 한다. 독신들 자신도 기혼자들과 업무량이 공평하게 조정되도록 적극적으로 목소리를 높여야 한다. 가족에 대한 전통적 의미의 책임감이 독신에게 똑같이 적용된다고 할 수는 없다. 하지만 독신으로서 행복하게 살고 싶다면 일과 삶의 균형을 맞출 줄 알아야 한다. 또한 업무적으로 갈등을 일으킬 만한 요인은 줄이는 한편, 다양한 방면에서 성장할 수 있는 여유를 가져야 한다.

행복한 독신은
일과 삶의 균형을 어떻게 맞출까

⋮

나는 독신들과 대화를 나누면서 행복하게 사는 독신은 업무에서 오는 스트레스를 해소하고 삶의 질과 행복 지수를 높이기 위해 몇 가지 특정한 전략을 사용한다는 사실을 발견했다. 구체적으로 보면 그들은 최소 여섯 가지 방법으로 일과 삶의 균형에 대한 이해를 넓혔다.

첫째, 건강한 여가 활동을 한다. 여기에는 정원 가꾸기나 댄스 강습 같은 실질적이고 보다 진지한 의미의 취미 생활은 물론, 영화 관람이나 박물관 투어 같은 가벼운 활동이 모두 포함된다. 런던에 사는 31세 독신녀 실라는 직장에서 강도 높은 업무를 소화하면서도 석사 학위를 따기 위해 빡빡한 학업 일정을 병행하고 있다. 하지만 늘 밝게 생활한다. 그녀는 여러 취미 활동을 즐기고 새로운 것들을 발견하며 일과 삶의 균형을 맞추기 위해 노력하고 있다.

"저는 여유를 가지고 새로운 것들을 배우며 자신에 대해 알아가는 일이 정말 좋아요. 인생은 발견의 연속인 것 같아요. 이미 알고 있던 것에서 새로운 사실을 발견하고, 모험심을 더 크게 발휘하는 거죠. 그래서 제 자유 시간은 한 가지 일로 정해져 있지 않아요. 온갖 다양한 일로 꽉 차 있죠."

실라는 인터뷰 내내 활기가 넘쳤다. 그 활기는 그녀가 말한 '모험심'에서 나오는 것 같았다. 그녀는 독신으로만 살았고, 누군가와 진지한 만남을 지속한 적도 없었다. 대신 경력 계발에 시간과 에너지를 쏟았고, 그러는 와중에도 활동 분야를 넓혀가며 새로운 관심사를 찾고자 노력했다. 이런 생활 방식은 젊은층의 독신에만 국한된 것이 아니다. 사실 인터뷰에서 만난 많은 중장년층도 누구보다 일과 삶의 균형을 맞추고자 여가 활동의 중요성을 강조했다.

둘째, 다양한 교육 활동에 참여한다. 인터뷰를 위해 만난 많은 독신이 업무 외적인 분야의 학습에 시간을 투자하며 일과 삶의 균형을 맞췄다. 개인주의 성향이 강한 독신들은 특히 독서나 독학에 관심이 많고 일과 관련된 강좌를 들었다. 또한 학위나 자격증을 따고 전반적으로 자기 계발에 몰두했다. 이스라엘 북부에서 농업에 종사하는 52세 독신남 하임은 낮에는 농장에서 일하고 저녁이 되면 가족 문제로 스트레스를 받기보다 휴식을 취하며 관심 가는 분야를 공부하는 것이 좋다고 말했다.

"전 혼자 사는 것이 전혀 문제가 없어요. 세상에는 좋은 책도 많고, 좋은 음악도 많아요. 게다가 그 망할 인터넷까지 생겨서 우리의 삶을 완전히 바꿔놓았죠. 뭐 하나 보기 시작하면 3시간은 훌쩍 지난다니까요."

셋째, 건강과 외적인 모습에 관심을 둔다. 행복한 삶을 유지하는 독신들은 업무가 끝난 후에 건강을 유지하기 위해 운동을 하고, 제대로 식사를 한다. 삶에 필요한 요인들을 조화롭게 유지하는 것은 정신 건강과 신체 건강에 매우 중요하다. 어떤 이들은 기도와 명상으로 건강을 유지한다. 인터뷰를 하는 동안 정신 수행이나 마음 수련을 한다고 이야기한 독신들이 많았다. 오리건 주 포틀랜드에 사는 44세 독신녀 애비게일은 일과 전후에 하는 명상 덕분에 자신이 하는 일에 긍정적인 마음을 갖게 되었다고 말했다.

"저는 감사함을 표현하는 훈련을 실천하고 있어요. 아침, 저녁으로 오늘 무엇에 감사한지 세 가지씩 적어요. 감사할 수 있는 것을 찾아 작은 것에도 주의를 기울이고 긍정적인 마음을 갖도록 연습하는 거죠. 그러다 보면 모든 것에 감사해져요."

독신들이 일터에서 만족감을 높이고자 할 때 명상, 영성 훈련, 상황에 따라 종교도 도움이 될 수 있다.[31] 여러 연구 결과를 보면 영성 훈련은 직업 만족도와 매우 긍정적인 상관관계가 있고, 번아웃 증후군과는 반대 관계가 있다.[32] 예를 들어 이슬람교인들은 기도와 명상을 통해 마음의 평온함을 유지하고 정신 건강에 도움을 받는다.[33] 또 다른 연구 결과에 따르면 외로움을 느끼기 쉬운 이혼한 사람들의 경우,

명상에 근거한 인지 치료법이 불안감과 우울감을 줄이는 데 효과적이다. [34] 한국에서 이루어진 연구 결과를 보면 영성 훈련과 신앙은 노년기 독신들의 외로움과 우울함을 완화하는 데 효과적이다. [35] 인도의 한 연구진은 종교적 실천이나 위대한 존재에 대한 믿음이 독신과 노년층의 행복에 도움이 되고, 스트레스 감소와 행복에 중요한 예측 변수가 된다는 사실을 밝혀냈다. [36] 형태는 달라도 영성과 명상에 기반한 이런 모든 활동은 업무에서 오는 스트레스 해소에 매우 효과적인 역할을 한다. 행복하게 사는 많은 독신이 운동 등 신체를 단련하는 일과 더불어 이런 활동을 일상에서 폭넓게 실천하고 있다.

넷째, 집안일 문제를 적극적으로 고려한다. 오랜 시간 일하는 환경에 있으면 집안일에 필요한 시간이 부족할 수 있다. 독신들은 때로는 여러 사회적 책임을 동시에 떠안는 것은 물론이고, 청구서 관리, 식료품 구매, 집수리 등의 일을 혼자서 처리해야 하지만 그럴 만한 시간을 내기가 쉽지 않다. 따라서 일과 삶의 균형을 잘 맞추려면 이런 일들을 어떻게 처리할지에 대한 고민도 필요하다. 헤더라는 여성이 자신의 교회 모임에 제안한 내용을 보면 해결 방안을 고민할 때 참고가 될 것 같다.

"혼자 사는 사람에게 무엇이 필요한지 알아보고 도와주면 좋지 않을까요? 집수리나 차량 수리 같은 일에 도움이 필요할 것 같아요." [37]

헤더의 말은 '타임뱅크time bank'라는 개념과 연관 지어 생각할 수 있다. 즉 독신들은 지역 사회나 모임, 교구 등의 단체에 자신이 줄 수 있는 도움을 무료로 제공하고, 자신도 필요한 도움을 받을 수 있다. [38] 사회적 교류를 거치며 형성된 공동체 의식은 지역 사회 자원을 통해 도움을 주고받는 독신들의 주관적 행복에 긍정적인 영향을 미친다.

하지만 이것은 관점의 문제도 된다. 지혜로운 사람들은 한가한 주말을 이용해 집안일을 하면서도 즐겁게 시간을 보낸다. 영국에 사는 30대 여성 안나의 글을 살펴보자.

평소에는 다림질을 잘 하지 않는다. 하지만 꼭 필요하다면 일요일 오후에 한다. 신나는 음악을 틀어놓고. 노래는 다림질을 하면서 부를 때가 최고다. 청소기를 돌릴 때는 열심히 엉덩이를 흔들며 춤을 춘다. 물론 이때도 스피커 볼륨을 최고로 올린다. 설거지를 바로바로 하지 않아도, 옷을 아무렇게나 던져놓아도 짜증을 내는 사람이 없다. 솔직히 나는 가끔 발가벗은 채로 집안일을 한다. 그 순간 엄마가 집에 온다고 상상해보라![39]

다섯째, 가족을 직접 '선택'한다. 독신들이 형제자매, 부모, 친척, 혹은 친구나 그들의 자녀 같은 특정인들과 가족처럼 가까운 관계로 지내면, 고용주와 동료들이 독신은 가족에 대한 책임이 없다고 생각해 일을 더 많이 주려고 할 때 자신의 목소리를 낼 수 있다. 일과 삶의 균형이 주로 배우자와 자녀 중심으로 이해된다는 사실은 독신들에게 큰 피해를 준다. 하지만 행복하고 당당한 독신들은 자신의 가족을 자유롭게 선택할 수 있다고 생각한다. 그들에게도 자신이 선택한 가족이 있으므로 남아서 일을 더 많이 할 수 없는 이유가 있는 것이다.

물론 가장 중요한 점은 그들이 선택한 가족과 교류하며 서로 의지할 수 있다는 것이다.[40] 앞서 소개한 실라는 강도 높은 업무와 여가 활동 사이에서 균형을 맞추기 위해 노력하면서 친구와 가족에게도 시간을 할애하려고 애썼다.

"혼자 살면 확실히 가족과 친구 같은 다른 인간관계에도 시간을 더 많이 투자할 수 있어요. 남녀 관계 외에 다른 인간관계에 공을 들이면 나이가 들었을 때 정말 필요한 도움을 받을 수 있어요. 저는 특히 부모님, 친구들, 남동생과의 관계가 아주 특별해요. 제가 그들에게 그만큼 시간을 내주기 때문이죠."

실라는 가족과 친구들에게 의도적으로 더 많은 시간을 할애한다. 그리고 남는 시간을 이용해 주변 사람들과 더욱 돈독한 관계를 맺는다. 일 외적인 시간을 어떻게 보낼 것인가는 전적으로 자신의 생각에 달려 있다. 따라서 일부러라도 자신이 선택한 인간관계에 시간을 투자하는 것이 중요하다. 기혼자나 동거인은 자연스럽게 가족과 시간을 보낼 수 있지만 독신들은 그렇지 않기 때문이다.

여섯째, 근무 환경을 사회적인 환경으로 바꾼다. 행복한 독신은 직장에서 만나는 사람들과 관계를 맺으며 새로운 친구를 찾는다. 현재 많은 독신이 전문성을 키우는 일에만 집중하느라 직장에서 만나는 사람들과 친분을 다지는 일을 가볍게 생각하는 경향이 있다. 하지만 행복한 독신은 직장이든 어디든 장소를 가리지 않고 새로운 친구를 사귄다. 투잡을 뛰며 장시간 일하는 37세 독신녀 수지는 일과 삶의 균형을 맞추기 위해 직장에서 만나는 사람들과 어떻게 관계를 맺는지 이야기했다.

"전 일주일에 5일을 일해요. 한 직장에서는 12시간씩 3일 동안 일하죠. 오랜 시간 일하지만 괜찮아요. 그곳에는 제 친구들이 있고, 저만의 독창성을 발휘해 일을 할 수 있거든요. 전 정말 제 일이 좋아요. (…) 적어도 일주일에 하루 저녁은 그들 중 한 사람과 만나 수다를 떨며 행복한 시간을 보내요."

직장에 좋은 관계를 유지하는 친구들이 있으면 독신들이 일과 삶의 균형을 맞추는 데 도움이 된다. '네버잇얼론Never Eat Alone'이라는 애플리케이션도 그런 의미에서 등장했다. 이 애플리케이션은 자신이 근무하는 직장 근처에서 함께 점심 식사를 할 사람을 찾아주는 서비스를 제공해 직장인들에게 큰 인기를 끌었다. 애플리케이션을 출시한 회사의 웹 사이트에는 개발자 마리의 이야기가 소개되어 있다.

마리는 회사에 오면 함께할 상대가 많지 않아 외로웠습니다. 휴식 시간에는 몇몇 동료와만 대화를 나누었죠. 그녀는 이런 상황을 바꿔보기로 마음먹고 새로운 동료를 만나기 위해 다른 부서의 문을 두드리기 시작했습니다. 그 일을 계기로 그녀는 새로운 사람들을 만났고, 회사에 대해 더 많은 것을 알게 되었습니다. 나중에는 CEO도 만났답니다! 마리는 동료들의 만남을 돕는 일이 모두에게 도움이 된다는 것을 깨달았습니다. 더 행복한 일터로 만드는 일이니까요.

자신이 일하는 곳에서 친구를 찾는다는 발상은 직장은 그저 딱딱한 공간이라는 생각에 큰 변화를 가져온다. 마리는 직장 동료들 간의 정서적 거리감을 없앴을 뿐 아니라 CEO와도 만나며 조직의 위계 문화를 바꿀 수 있다는 것을 보여주었다.

독신이 일하기 좋은 일터

일과 삶의 균형을 맞추기 위한 여섯 가지 방법은 일을 바라보는 우리의 시야를 넓혀준다. 행복하게 사는 독신은 운동을 할 수도 있고, 춤을 배울 수도 있고, 아침저녁으로 명상을 실천할 수도 있고, 직장에서 친구를 사귈 수도 있다. 어떤 형태든 그들은 자신이 일하는 시간을 능동적으로 관리해 이런 활동에 적극적으로 참여한다.

물론 재택근무나 탄력근무제를 선택할 수 있다면 여러 가지 일을 동시에 처리해야 하는 지금의 독신들에게 즉각적인 해결책이 될 수 있다. 재택근무나 탄력근무제가 가족과 함께 생활하는 사람들에게는 갈등을 유발할 수 있다는 연구 결과도 있지만,[41] 독신들에게는 괜찮은 대안이 될 수 있다.

이런 제도를 이용할 수 없거나 혹은 원치 않더라도 독신들은 여가 활동 시간을 마련하기 위해 고용주와 협상해야 한다. 앞서 싱글리즘에 대해 논의하면서 차별 관행에 맞서는 방법을 알아보았다. 가족 가치가 우선시되는 사회에서 고용주에게 독신들의 요구 사항을 알리는 책임은 독신들 각자에게 있다. 따라서 여가 활동과 사교 모임이 자신들의 삶과 행복에 얼마나 중요한지 자유롭게 말할 수 있어야 한다.

아리스타이오스와 프로테우스 간의 싸움은 베르사유 궁전의 대리석 조각상 안에 여전히 멈춰 있다. 이 조각상은 어떤 사람들은, 특히 독신들은 자기 내면에 집중하고자 자유를 원하고, 자신의 모습을 자유자재로 바꾸기를 원한다는 것을 상징적으로 보여준다. 17년간의 지루한 결혼 생활을 끝내고 서점을 연 루이스처럼 많은 독신이 그저 한곳에 머무르는 것을 원하지 않는다. 그들은 시시각각 변하는 변화무쌍한 바다로 떠나거나 더 정확히는 잠재의식을 끌어낼 수 있는 창조적인 분야로 나가고 싶어 한다.

많은 독신이 프로테우스의 발자취를 좇으며 '프로틴 경력'을 추구한다. 상황에 따라 다른 모습을 추구하며 자신을 구속하는 것에서 자유로운 독신들은 자신을 더 자유롭게 표현하고, 자신만의 예언력을 찾을 수 있다. 제인이 일기를 쓰고, 레나가 극장 일을 시작한 것도 그들이 내면의 목소리에 귀를 기울였기 때문이다. 앞서 소개한 한 블로거처럼 어떤 독신들은 계속해서 바다를 항해하기 위해 일부러 '닻'을 내리지 않는다.

아리스타이오스뿐 아니라 많은 사람이 프로테우스를 영원히 한곳에 묶어두고 싶은 마음을 가지고 있었을지도 모른다. 그를 자신의 목적을 이루는 수단으로만 보았기 때문이다. 하지만 프로테우스는 '고유하다'라는 의미의 그리스어인 '프로토스protos'에서 나온 이름에 걸맞게 줄기차게 바다로 돌아가 물개들을 앞세우고 헤엄치며 자신만의 고유한 자유를 누릴 것이다. 필로스트라투스Philostratus가 자신의 저서 《티아나의 아폴로니우스Life of Apollonius of Tyana》에 적은 글을 끝으로 이

장을 마무리하려 한다.

　　나는 프로테우스의 지혜로운 능력과 명성에 대해, 그가 얼마나 다재다
능하고, 자유롭게 몸을 변신하고, 구속되기를 거부했는지, 과거와 미래를
꿰뚫는 능력이 얼마나 뛰어났는지 독자들에게는 말할 필요성을 느끼지 못
한다.[42]

7

행복하게 살아갈
독신의 미래

파푸아뉴기니에는 에다이 시아보^{Edai Siabo}에 관한 신화가 전해지고 있다. 청년 에다이는 모투인들과 함께 살았다. 그들이 사는 지역은 너무 건조해 사람들이 모두 먹을 만큼 충분한 농작물을 키우는 것이 매우 힘들었다. 어느 날 에다이는 바다에서 조용히 낚시를 하고 있었다. 그때 파푸아뉴기니의 신화에 나오는 바다 정령이 거대한 뱀장어의 모습으로 나타나 그를 바닷속으로 데려갔다. 뱀장어는 에다이에게 배를 만드는 법과 서쪽으로 배를 몰아 다른 지역과 교역하는 법을 알려주었다. 에다이는 뱀장어의 지령에 따라 배를 만들었고, 아내가 만든 점토 그릇을 배에 실으며 다른 부족 사람들을 만났을 때 음식과 교환할 수 있기를 기도했다. 에다이는 미지의 세계에 대한 두려움을 이겨내고 수평선을 향해 천천히 노를 저었다.

모투인들은 에다이를 다시 보지 못할 수도 있다고 생각했다. 하지만 몇 개월 뒤, 에다이는 혹독한 건기를 버티게 해줄 음식을 배에 가득

신고 모습을 드러냈다. 모투인들은 자기들끼리만 의지해서 살 수 없다는 것을 깨달았다. 그들은 다른 부족과 교류하고 거래하는 법을 배웠다. 그 후 그들은 매년 히리^{Hiri}라는 축제를 열어 최초의 바다 무역을 기념했다.[1]

현대 사회를 사는 우리는 다른 나라와 물건을 사고파는 거래가 너무 자연스럽다. 마트에서 물건을 집었을 때 멕시코, 베트남 등 어느 나라 표시가 되어 있어도 대수롭지 않게 생각한다. 우리는 필요로 하고, 원하고, 때로는 상상하는 모든 것을 제공하는, 자원이 거미줄처럼 촘촘하게 얽혀 있는 세상에 살고 있다. 우리는 어느 한곳, 어느 한 지역에서 이 모든 것을 얻을 수 있다고 생각하지 않는다. 한 나라에 필요한 모든 재화가 그 나라 안에서 생산된다는 말은 그 나라의 경제 체제가 실패했다는 의미로 해석된다.[2] 물론 어느 수준까지는 자급자족을 달성할 수 있겠지만 그 나라 국민들은 욕구를 최소화하고, 어쩌면 모투인들이 무역하는 법과 상업적 네트워크의 장점을 알아내기 전까지 그랬던 것처럼 궁핍하게 살 수도 있다.

어떤 사람들은 결혼 제도도 그와 비슷한 문제라고 생각한다. 그들에게 결혼은 이제 물리적·사회적·감정적·정신적 욕구를 만족시키는 유일한 공급원이 될 수 없다. 그러한 욕구를 충족하려면 사람들을 만족시킬 만한 다양한 교환망이 필요하다. 물론 아직까지는 이런 생각이 일반적이지는 않다. 하지만 점점 더 많은 사람이 전통적 의미의 결혼, 즉 누군가와 반세기, 혹은 그 이상 함께 살며 자신이 필요로 하는 거의 모든 것을 한 사람에게 의지한다는 것은 불가능한 일이라고 생각한다.

현대인의 기대 수명이 얼마나 늘었는지 보라. 불과 100년 전만 해도 미국인의 평균 수명은 50세였다. 하지만 오늘날은 80세에 이른다.[3] 사람들은 늘어난 수명만큼 자신의 인생에서 더욱 다양한 것을 원하고, 한평생 한 사람과 함께하며 그것을 채울 수 있을지 고민한다. 사람들은 더 오래 살게 된 만큼 더 많은 것을 원하고, 더 많은 경험을 추구하고, 더 많은 기회를 이용하고 싶어 한다. 세상에 대한 기대가 높아질수록 배우자에 대한 기대 또한 높아지고, 배우자와 다양한 경험을 함께하고 싶어 한다.[4] 하지만 이런 많은 기대감을 채워주는 역할이 한 사람에게만 지워진다고 생각하면 의지가 강하고 책임감이 뛰어난 사람조차 부담스럽게 느낄 수 있다.

현대 사회를 살아가는 독신은 결혼이라는 전통적 모델의 대안으로 개인 대 개인이 교류하고 상호작용하는 방식이 삶을 더 풍요롭고 행복하게 만들어준다는 사실을 발견했다. 그래서 탐욕스럽고 고립된 결혼 생활 대신 사회적인 연결망을 생활 방식의 하나로 선택하기 시작했다.[5] 그 결과, 개인은 점점 네트워크화되고, 그들이 필요로 하는 것들을 좁은 의미의 가족 안에서만 찾지 않고 다양한 경로를 통해 채웠다.[6]

사실 모투인들의 폐쇄적인 시스템에도 장점은 있다. 무엇보다 그것이 더 안전해 보인다. 다른 부족을 찾아 바다를 항해하고 교류하는 일은 위험천만한 도박이다. 하지만 피할 수는 없다. 마찬가지로 처음에는 결혼이 더 안전해 보이는 선택일 수 있다. 많은 사람이 자급자족적인 가족 단위 모델을 오래오래 행복하게 사는 가장 좋은 방법으로 여긴다. 필요한 모든 것을 채워주는, 신뢰할 수 있고 예측하기 쉬운 시스템으로 생각하는 것이다.

하지만 시간이 지나면 많은 사람이 성장하고 취향이 변한다. 그 변화는 종종 배우자의 변화와는 비동시적으로 일어난다. 그래서 사람들은 결혼이 자신과는 맞지 않다는 것을 깨닫게 된다. 그들에게는 그 변화를 따라갈 수 있는 더 유연하고 개방적인 시스템이 필요하다. 그럴 수 없다면 성적 · 정서적 · 지적인 면에서 그저 '굶주릴' 수밖에 없다. 그런 자급자족형 시스템은 끝까지 살아남기 힘들고, 오히려 더 큰 위험을 초래한다.

대신 많은 사람이 혼자 사는 방법을 선택하고 네크워크화된 삶을 발전시켰다. 이 선택은 시간이 갈수록 인기를 끌며 점점 더 빠른 속도로 결혼 제도에 도전하고 있다. 앞으로는 많은 국가에서 독신이 성인 인구 대부분을 차지할 것이고, 그들의 삶이 공적 담론의 주류를 이룰 것이다. 그때는 정서적 · 지적, 심지어 성적인 면과 관련된 상품을 교류하고 다양화하는 일이 독신들의 삶에 더 중요하고 긍정적인 역할을 할 가능성이 크다. 일부 학자들은 이런 현실을 '탈전통적 친밀감 posttraditional intimacy'의 시대라고 부른다.[7] 풍부한 정서적 교류나 성적 교류가 사라진다는 의미가 아니다. 오히려 그런 교류를 형성하는 여러 흐름이 생길 것을 의미한다. 그런 흐름은 형태가 고정되어 있지 않고, 항상 변화무쌍할 것이다. 지금의 사회가 가족을 바탕으로 하는 피라미드 형태에 가깝다면, 앞으로는 수평적인 형태에 가까운 사회적 네트워크 단위로 변할 것이다.

앞으로 다가올 현실이 어떤 모습일지 조금이나마 살펴보는 것은 의미 있는 작업이 될 것이다. 물론 그런 모습들은 지금으로서는 여전히 상상하기 힘든, 완전히 새로운 사회 질서의 시작을 보여줄 뿐이다. 에다이는 생각만으로는 사람들에게 필요한 음식을 제공할 방법을 찾을 수 없었다. 배가 필요했고, 음식과 교환할 그릇이 필요했다. 더욱이 이 신화는 그들에게 필요한 변화가 얼마나 극적인지 보여주고자 위대한 바다의 정령을 뱀장어의 모습으로 등장시켰다. 심지어 뱀장어는 에다이를 바닷속으로 데려갔다. 이런 묘사는 주로 개인이나 집단의 잠재의식을 활용하는 행위를 상징한다.[8]

이와 마찬가지로 탈물질주의 세계에서 일어나는 새로운 트렌드를 이해하고 내재화하려면 친밀감 교류와 사회 조직에 관한 근본적인 인식의 변화가 필요하다. 나는 우리 사회가 미래를 담담하게 받아들이고, 다음과 같은 새로운 논의를 시작했으면 좋겠다. 자급자족적인 가족 단위를 바탕으로 세워진 지금의 사회가 인적 네트워크와 연결망으로 이루어진, 그리하여 사람들에게 필요한 모든 것, 혹은 그 이상의 것들을 제공하는 사회로 변모하기 위해서는 무엇이 필요할까?

독신의 미래와 우정

⋮

이런 관점에서 보면 우정의 역할을 다시 생각하게 된다. 우정이라는 관습은 결혼이라는 관습만큼이나 오래되었다. 독신이 주류인 시대가 되면 우정은 결혼이 채울 수 없는 부분을 메워주는 의미로 부상할 것이다. 많은 사람에게 의미 있는 우정은 결혼만큼, 아니 어쩌면 그보다 더 중요한 인생의 목표가 될 것이다.

한 연구원은 일본 사회에 증가하는 독신 인구를 고려할 때 중년층에 해당하는 도쿄 주민들을 위한 행복의 예측 변수로 대인 관계의 역할을 강조한다. 그들은 '우정에 바탕을 둔 지원이 가족의 지원보다 행복의 예측 변수로 더 중요해질 것이다'라고 전망한다.[9] 최근에 발표된 또 다른 연구 결과를 보면 우정은 노령 인구의 사회적 지원으로 중요한 역할을 한다.[10] 이전 연구 결과들을 보면 나이가 많은 사람들은 그동안 함께한 오랜 배우자를 잃는 경우가 많아 우정의 중요성이 더 커진다고 한다.[11] 하지만 이제는 모든 연령대에 걸쳐 우정의 중요성을 살펴보는 방식이 더 바람직하다.

사실 우정은 배타적인 성격이 아니므로 독신을 위한 앞으로의 생활 방식에서 핵심적인 역할을 할 수 있다. 우정은 친밀감과 대인 관계를 확립하는 여러 경로를 제공할 수 있다. 다른 나라와 교류하기 위해 바다를 항해할 때와 마찬가지로 우정은 끊임없는 상호작용을 통해 물리적·정서적·사회적·지적 교류가 이루어지는 길을 펼쳐 보일 것이다. 물론 그런 교류들은 앞으로 더욱 다양한 형태로 나타날 것이고, 독신들의 삶에서 지금보다 중요한 역할을 하며 그들의 욕구를 해결해주는 중요한 수단이 될 것이다. 따라서 앞으로는 새로운 형태의 더 강력하고 강렬한, 심지어 공적인 환경에서 맺어진 우정도 독신들을 둘러

싼 생태계의 일부가 될 것이다. 이런 생각이 머릿속을 스친 것은 텍사스 출신 47세 미혼녀 로레인을 인터뷰할 때였다. 그녀는 이렇게 말했다.

"전 성공한 삶을 위해서, 혹은 인생을 즐기고 싶어서라면 꼭 결혼할 필요가 없다고 생각해요. 결혼하지 않아도 우리에겐 친구가 있고, 필요한 전부를 얻을 수 있으니까요."

또 다른 사례로는 미국 조지아 주 출신 75세 미혼녀 킴을 들 수 있다. 나는 그녀의 넘치는 에너지가 무척이나 부러웠다. 그녀는 자신의 인생을 거쳐 간 많은 만남을 이야기했다. 남자, 여자, 심지어 수녀와 목사도 있었다. 많은 사람이 그녀의 인생을 오갔지만 오랜 친구에 관해 언급할 때는 사뭇 진지한 목소리로 바뀌었다.

"제겐 오랜 친구가 있어요. 여자 친구죠. 50년도 넘은 관계랍니다."

그녀에게는 그 친구와의 관계가 그동안의 많은 관계 중에서 가장 안정된 것임이 분명했다. 그녀가 가장 오랫동안 공을 들였고, 지금도 여전히 즐거운 그런 관계였다.

물론 우정이 모든 욕구를 채워줄 수는 없다. 하지만 사회적 동반자, 정서적 지지, 지적 자극 등을 포함해 꽤 다양한 욕구를 채워준다. 어떤 사람들은 결혼율이 지금보다 더 낮아지고, 독신 인구가 늘고, 이혼율이 높아지면 우정이 할 수 있는 일은 물리적·재정적인 면 등으로 더욱 확대될 것이라 예측한다.[12]

앞으로는 우정의 힘이 더욱 강렬해질 수밖에 없다. 다양한 형태의 우정이 사람들에게 인기를 끌 것이다. 우정의 역할이 점점 확대되면 관련된 법적·사회적 협약도 생길 수 있다. 혼자 사는 형태를 선호하는 독신도 많다. 하지만 친구들끼리 의지하며 한집에 사는 형태가 지금보다 더 일반적인 현상이 될 수 있다. 재정적·물리적·사회적·정서적인 면에서 분명히 장점이 있으므로 독신들에게는 삶의 단계마다 매력적인 선택이 될 것이다.[13]

그런 생활 방식에 맞는 법적 협약이나 사회적 의식이 필요할 수도 있다. 그에 따라 로맨틱한 관계가 아닌, 단순히 친구 관계로 동거하는 형태가 개인의 상태를 설명하는 새로운 범주가 될 수 있다. 전통적으로 이런 형태는 젊은 세대에게 극히 제한적으로 사용되었다. 그래서 사회 조사에서도 대개 고려 대상이 아니었다.[14] 하지만 결혼율이 줄고 결혼 시기를 늦추는 비율이 계속 늘고 있어서 이런 동거 형태를 별도의 사회 범주로 인정하는 일이 불가피해질 것으로 보인다.

늘고 있는 독신 인구를 위한 법적·사회적 틀이 아직은 거의 존재하지 않는다. 현재 한집에 살며 서로를 돌보는 친구 관계의 사람들은 기본적으로 가족 단위의 역할을 하고 있지만 법적인 지위가 인정되지 않고, 인정된다 해도 매우 제한적인 수준이다. 그로 인해 한 전문가는 '시민적 우정civil friendship'이라는 개념을 제안했다.[15] 이는 '시민적 우정'이라는 협약을 사전에 합의하여 서로 돕고 지원한다'라는 약속하에 이루어지는 상호의존적인 친구 관계를 법적으로 승인하자는 것이다. 이성이나 심지어 동성 간에 이루어지는 합법적인 결혼 제도와 유사하게 법적으로 인정받는 관계가 되는 것이다. 친구 관계로 지내는 독신들에 대한 차별을 막으려면 이런 제도 역시 필요하다.[16]

시민적 우정에 대해 법적 보호가 이루어진다면 한집에 거주하며 상호의존적인 관계를 유지하는 독신들은 세금, 금융, 병원, 상속, 노동자 권익 등과 관련된 중요한 혜택과 권리를 보장받을 수 있을 것이다. 동성 결혼과 성 소수자들에 대한 대중의 인식이 급변하고 있지만 사실 그들도 과거 이성 커플에게만 주어졌던 권리를 주장하며 그동안 많은 캠페인 활동을 벌여왔다. 그러므로 독신들도 같은 권리를 추구하고자 할 가능성이 크고, 그 결과도 결국 성과가 있을 것이라 예상된다.[17] 우정의 역할이 새로운 개념으로 자리 잡는 시점이 되면 독신 인구가 급증하는 현상은 다가오는 많은 변화에 더욱 큰 자극제가 될 것이다.[18]

법률 체계뿐 아니라 관련 단체가 결성되고 자체적인 행사도 마련될 수 있다. 그 신호탄은 1958년, 파라과이에서 라몬 아르테미오 브라초Ramón Artemio Bracho 박사가 '세계 우정 운동World Friendship Crusade'이라는 단체를 설립하고, 동료들과 '세계 우정의 날World Friendship Day'을 신설할 것을 제안하며 시작되었다. 이 아이디어는 어머니의 날, 아버지의 날, 심지어 나무의 날도 있듯 우정을 기념하는 특별한 날도 필요하다는 생각에서 출발했다. 그만큼 우정도 빠뜨릴 수 없는 중요한 문제였던 것이다.[19] 그로부터 반세기가 지난 2011년, UN은 7월 30일을 '우정의 날Friendship Day'로 지정하는 결의안을 채택했고, 나라마다 날짜는 다르지만 전 세계 많은 나라에서 이 날을 기념하고 있다.[20]

특히 페이스북은 2015년부터 그들의 창립일인 2월 4일을 '친구의 날Friends Day'로 지정해 홍보해왔다. 이후 친구들과 페이스북상에서 교류를 나누는 사람들을 위해 자동 개인용 미디어 모음 서비스도 제공하고 있다. 물론 페이스북은 이런 기념일을 지정한 덕분에 사용자 트래픽 증가라는 비즈니스상 이득을 얻겠지만 우정의 가치가 강조된다는 부가 효과도 무시할 수 없다.[21]

여러 언론과 뉴스에서는 친구의 날과 우정을 기념하는 아이디어에 긍정적인 반응을 보이며 논평을 내놓았다. 특히 놀라운 점은 이런 새로운 관행과 의식이 별다른 거부감 없이 빠르게 자리를 잡았다는 것이다. 한때 기념일은 커플들만의 전유물이었다. 하지만 이제는 친구들끼리도 SNS를 통해, 혹은 실제로 선물을 주고받으며 이벤트를 열고 자신들만의 기념일을 축하한다.

뉴욕에 거주하는 스물일곱 동갑내기 릴라 해트필드와 알리 마르텔은 20년 우정을 기념하며 이른바 프렌디버서리friendiversary(프렌드friend와 애니버서리anniversary를 합친 조어-옮긴이)를 기념했다. 《코스모폴리탄》의 편집장으로 일하는 알리는 "우정을 기념하는 이벤트가 흔하지 않지만 우리는 우리만의 기념일을 친구들과 함께 축하하고 싶었다"라고 전했다.[22]

이와 같은 새로운 추세는 독신들의 삶의 만족도를 높인다. 최근 발표된 연구 결과도 우정이 행복을 예측하고 극대화하는 데 적극적인 역할을 하고 있음을 보여준다.[23] 머지않아 독신들이 나누는 우정이 부부 관계만큼이나 끈끈하고 긴밀하게 생각되는 시대가 올 것이다. 그런 점에서 본다면 특히 선택적 독신은 오랜 시간 이어지는 유의미한 우정으로 결혼을 대체할 수 있다. 문화적인 면에 미칠 영향은 극단적

이겠지만 지금처럼 결혼율이 감소하는 현실을 고려한다면 우정의 역할이 그만큼 진화할 수 있다는 생각은 그다지 급진적으로 보이지 않는다.

미국 언론인이자 작가인 에드나 부캐넌Edna Buchanan은 우정의 중요성을 강조하며 "친구는 우리가 선택할 수 있는 가족이다"라는 유명한 말을 남겼다.[24] 이 말은 여러 의미로 해석될 수 있고, 우리가 지금 논의하고 있는 문제와도 관련이 있다. 사람들은 청년기에 걸쳐 친밀감이라는 개념이 자리 잡는 동안 연인 관계와 친구 관계를 구별한다.[25] 오랫동안 독신으로 지내는 사람들에게 우정이 결혼을 대체할 수 있게 되면 친구 관계에서 느끼는 사회적 지원과 친밀감의 수준이 연인 관계의 사람들이 느끼는 수준과 비슷한 수준으로 닮아갈 수 있다.[26]

우리의 다음 큰 관심사는 '우정이 결혼을 완전히 대체하는 세상이 되었을 때 성욕은 어떻게 해결할 것인가'다. 이 문제에 대한 답은 교류의 범위를 넓히는 방법과 관련이 있다. 가령 한 도시 공동체 안에 독신이 많으면 특정 정도의 친밀감을 원하거나 가벼운 섹스를 원하는 독신을 쉽게 찾을 수 있는 상황이 형성된다. 로스앤젤레스에 사는 50세 미혼남 후안은 동성애자다. 그는 인터뷰에서 이렇게 말했다.

"그라인더grindr나 스크러프Scruffs 같은 게이 데이트 애플리케이션이나 섹스팅 애플리케이션을 이용할 때 제게 무한대의 자유가 주어지는 것 같아요. 아시다시피 전 싱글이니까 매주, 아니 하루에도 여러 취향을 즐길 수 있죠. 깊이 만나는 사람이 있다면 그럴 시간이 없을 거예요."

후안은 시간을 나눠 여러 종류의 성관계를 즐긴다. 깊은 관계는 시간을 많이 써야 하기 때문에 그는 새로운 사람을 만나 '다양한 취향'을 즐기는 방법을 택했다. 그도 그럴 것이 성관계를 위한 가벼운 만남은 사회적으로도 점점 인정되는 분위기다. 미국의 한 자료를 보면 미국인은 혼외 성관계에 더 관대해졌고, 성관계를 위한 만남 또한 더 흔해졌으며, 사회적으로도 더 용인되고 있다.[27] 1970년대 초만 해도 혼전 성관계에 '아무 문제가 없다'라고 생각하는 비율은 29%에 그쳤으나 1980년대와 1990년대에 42%, 21세기 초에 49%, 2010년 초에 와서는 58%까지 높아졌다. 공개적인 담론에서는 여전히 반대의 목소리가 높다. 잠재적인 위험이 있고, 정신적으로도 좋지 않다고 말한다. 하지만 최근 연구에서 나온 증거들을 보면 실제로는 그렇다고 볼 수 없다.[28] 특히 전통적인 성 역할을 중요하지 않게 생각하는 독신들은 성관계를 위한 가벼운 만남에 긍정적인 반응을 보인다.[29]

독신들 간의 성적·정서적 교류는 차갑고 공허하다고 생각될 수 있다. 하지만 내가 인터뷰에서 발견한 현실은 그렇지 않았다. 그들은 섹스 파트너로 만나는 사람들끼리 모임을 만들어 자주 만나며 즐겁게 시간을 보내고 서로에게 관심과 애정을 기울였다. 정서적으로 긴밀한 관계로 묶인 친구들이 자신들만의 네트워크를 발전시키며 서로에게 도움을 주었고, 때로는 완전하게 기능하는 활기찬 공동체가 되었다.

독신의 미래와 공동체

독신들은 가족과 친구들의 도움을 받고 여러 종류의 사람과 어울리며 다양한 관계를 즐기면서도 특히 독신 그룹에서 받는 지원과 도움을 의미 있게 받아들인다. 그들은 생각이 비슷한 사람들끼리 모여 가치관과 관심사, 신념, 목표를 공유하며 서로를 지지하고 동지애를 나눔으로써 힘을 얻는다. 이는 4장에서 살펴본 바와 같이 사회적 자산에서 도움을 많이 받는 독신들에게 특히 중요한 일이다.

오늘날 독신을 위한 공동체는 많지 않다. 있다 해도 도심 지역에 사는 젊은층만의 전유물처럼 여겨진다. 특히 나이가 많으면 모임에 들어가기도 힘들고, 그런 모임이 오래가는 경우도 드물다. 독신이었다가도 어느 순간 결혼해서 모임에서 빠지는 사람도 생긴다. 그래서 이런 공동체에서 안도감을 느끼는 독신들조차 나중을 생각하면 너무 늦기 전에 결혼해서 언젠가는 모임을 떠나야겠다고 생각한다.

하지만 미래를 내다보면 전망은 그리 나빠 보이지 않는다. 독신 인구가 많기로 유명한 스웨덴에는 '필로스Filos'라는 단체가 있다. 그들은 독신들 간의 유대 관계를 지원하고자 공동 식당을 운영하고, 다양한 행사를 개최하는 등 새로운 형태의 서비스를 제공하고 있다. 회원 중에는 배우자를 찾으려는 사람도 있지만, 설립 취지로만 보면 사람들에게 배우자를 찾아주는 것과는 거리가 멀다. 대신 설립자들은 회원들이 함께할 수 있는 활동으로 사회적 유대감을 제공한다. 그런 이유로 그 단체가 어느 정도 가족의 필요성을 덜어주는 기능을 한다고 생각하는 사람이 많다.[30] 브뤼셀 외곽에 사는 30세 독신녀 쥬리 역시 독신 공동체에 속해 있다.

"이곳의 공동체 의식은 정말 강해요. 거의 가족 같죠. (…) 전 이곳에 사는 게 좋아요. 작은 마을이지만 필요한 건 다 있어요. 큰길까지만 걸어가면 저 같은 사람들을 만날 수도 있고요."

쥬리는 작은 마을에 살면서 다른 독신들과 공동체 의식을 키우고 있었다. 그녀는 자신과 비슷한 부류의 사람이 주변에 많아 결혼에 대한 압박감과 외로움을 덜 느낀다고 말했다. 이런 동질감 덕분에 자신감을 잃지 않고 공동체에 강한 소속감을 느낄 수 있는 것이다.

뉴욕 시의 한 작은 마을에 사는 35세 독신남 토니는 독신 공동체에서 살아가는 삶에 대해 이렇게 말했다.

"제 주변에는 친구들이 많아요. 실제로 어떤 공동체에 속해 있는 것은 아니지만 그와 비슷한 상황이라고 할 수 있어요. 그곳에는 늘 많은 사람이 있죠. 오랫동안 알고 지냈고, 서로 정말 가까운 사이예요."

토니와 대화를 나눌수록 그가 속한 공동체의 독특한 특징이 보였다. 그의 설명대로 그들은 누군가가 독신으로 살든, 그 어떤 형태로 살든 그것은 개인의 선택이라고 생각했다. 이제 막 생겨나고 있는 단계인 이런 공동체는 독신들이 배우자를 찾고 가족을 이루는 데 집중하는 대신 그들 사이에서 일어나는 교류의 장을 넓혀 그들의 삶과 사회적 네트워크를 조직할 수 있게 돕는다. 우정이라는 의미가 인간관계의 전통적인 한계에서 벗어날 수 있다면 우리 사회는 로맨틱한 만남과 상관없이 모인 사람들의 모임이 좀 더 중심에 서는 시대로 옮겨갈 수 있다. 그런 시대에는 독신들의 공동체가 영구적인 지위로 발전할 것이고, 따라서 독신들 간의 유대가 더는 일시적으로 느껴지지 않을 것이다.[31]

더욱이 이런 공동체는 독신들을 겨냥한 행사를 더 많이 개최할 수 있다. 그로 인해 정치 활동을 촉구하는 큰 계기가 마련될 수도 있다. 독신 공동체가 강화되고 성장할수록 그들의 영향력이 커지고 로비 활동도 많아질 것이기 때문이다. 그래서 독신들이 원하는 바가 무엇인지 알리고 그들을 위한 이벤트와 공휴일, 기념일을 지정하거나 공공 센터 건립에 필요한 자금을 모을 수 있을 것이다.

사실상 몇몇 공동체는 이미 혼인 여부에 따른 차별을 없애자는 운동을 주도하고 있다. 가령 독신평등운동Unmarried Equality Movement 같은 단체는 독신들과 함께 의료, 주택, 육아, 이민, 세금 등 법적·사회적 문제에서 평등과 공정성을 끌어내고자 노력한다.

독신들이 공동체를 통해 지원을 얻는 또 다른 주요 경로는 인터넷이다. 벨라 드파울로Bella DePaulo 박사는 독신을 주제로 많은 글을 쓰고 자료를 조사한 뒤 그동안 받은 질문과 요청 사항을 토대로 온라인 독신 공동체에 대한 필요성을 블로그에 설명했다.[32] 그녀는 독신들과 독신 권익 운동가들로부터 자신과 생각이 비슷한 사람들을 위한 온라인 커뮤니티 개설 문의가 많았다고 언급하며 '독신을 위한 커뮤니티 Community of Single People'라는 페이스북 그룹을 만들기도 했다. 이 페이스북 그룹은 가입 이유에 '데이트 상대를 찾는 목적이 아님을 확실히 인지한다'라고 적어야만 가입이 인정된다. 드파울로 박사가 자신의 블로그에 글을 남긴 지 2년 만에 수천 명의 회원이 가입한 페이스북 그룹은 한두 시간이면 새 글이 등록될 정도로 활성화되어 있다. 회원들은 자화자찬성의 글부터 독신으로 행복하게 사는 법에 이르기까지 다양한 주제의 정보를 공유한다.

이런 가상 단체가 존재한다는 것 자체가 독신들이 일련의 사안을 놓고 폭넓게 협력하고, 점점 영향력을 행사하고 있음을 의미한다. 현 시점에서 독신을 위한 온라인 커뮤니티는 국제적이고 광범위한 특성을 유지할 필요가 있다. 지역 단위에서는 교제 목적과 관계없는 독신 모임을 찾기가 쉽지 않다. 필요성이 없어서가 아니라 결혼이 중시되는 사회에서는 독신을 위한 모임이 타당성을 얻기 힘들어서일 것이다. 하지만 최근 독신들의 움직임을 보면 그들의 정체성이 점점 주목받고 있음을 알 수 있다. 그들이 정체성을 키우며 단합할 명분을 찾는다면 우리 사회는 더 많은 독신 공동체의 출현과 발달을 기대할 수 있다.

그와 동시에 일부 언론 매체는 독신들이 나이를 불문하고 독신 공동체에 관한 관심이 뜨겁다는 사실에 주목하며 '독신들이 살기 좋은 지역'의 순위를 매기고 있다. 과거에는 이런 리스트가 주로 데이트 환경과 배우자를 만날 가능성에 초점을 두었다면, 최근에는 친구들 간의 우정과 재미도 고려한다. 가령 경제 잡지 《포브스》는 결혼 의사가 없는 비혼족과 그렇지 않은 독신을 모두 고려한 리스트를 소개했다.[33] 몇몇 리스트는 그 문제에 관해 좀 더 깊이 파고들어 밤 문화 선택지, 독신 비율, 유흥비 등의 요인에 따라 순위를 매겼다.[34]

이런 리스트 자체가 순위권 안에 든 도시의 독신 공동체에 관해 많은 정보를 알려주지는 않는다. 하지만 그런 공동체가 앞으로 더 많이 탄생하고 발달할 것이라는 예측은 할 수 있다. 이런 리스트는 독신들이 사람들과 교류를 나누고, 문화생활을 즐기고, 생활하는 데 따르는 비용이 적게 드는 도시가 어디인지를 알려줌으로써 독신을 위한 공동체가 발달할 가능성이 큰 지역에 대한 정보를 강조한다. 더욱이 이런 리스트와 그들이 생성하는 정보는 오늘날 독신들이 점점 더 적극적인 생활 방식을 추구하고 그들의 거주지 결정 문제는 공동체와 관련된 요인이 영향을 줄 수 있다는 것을 보여준다.

독신들을 위한 공동체는 독신들의 행복 지수를 높이고 독신들이 행복하게 살아가는 시대를 만드는 데 매우 중요한 역할을 한다. 실제로 공동체 의식이 성인의 주관적 행복에 긍정적인 영향을 미치고, 다른 사회 집단의 행복에도 기여하는 바가 크다는 사실을 증명했다.[35] 그에 반해 공동체의 부재는 외로움, 우울감, 고립감, 소외감 등의 감정과 관련이 있다.[36]

몇몇 연구는 공동체 의식이 소수 집단에 중요한 역할을 한다는 사실을 다른 맥락에서 보여준다. 가령 캐나다의 인도 이민자,[37] 호주의 소수 민족,[38] 스페인의 이민자 집단,[39] 그 외 여러 나라의 난민의 경우,[40] 사회적 지원과 공동체 참여로 삶의 만족도를 예측한다. 이런 연구 결과를 보면 공동체가 소수 집단에 소속감을 주고 정체성을 강화하며 사회적·실제적·물리적·정서적 면에서 유용한 환경을 제공한다는 것을 알 수 있다. 특히 공동체는 소수 집단이 인종 차별주의와 민족 분리주의, 그 외 다른 선입견을 극복하는 데 대단히 중요한 역할을 한다. 그러한 의미에서 보면 독신들은 공동체를 조직해 여러 방면으로 도움을 받는 소수 집단과는 다른 일종의 소외 집단이다. 따라서 독신들은 공동체를 만들어 서로 돕고 의지하며 우정을 나누고, 싱글리즘에 영향을 덜 받는 긍정적인 미래를 건설할 수 있을 것이다.

이미 그런 공동체는 존재하지만, 계속 발전하고 있고, 앞으로는 더욱 다양해질 것이다. 특정 관심사를 중심으로 하는 공동체가 나타날 수도 있고, 각각의 공동체가 고유의 시스템과 규칙에 따라 다른 방식으로 교류할 수도 있다. 혹은 특정 지역과 도심을 중심으로 하는 공동체가 생길 수도 있다. 특히 지역 기반 공동체는 앞으로 필요한 주거 옵션과 지자체 서비스에 관해 더 자세한 설명이 필요하다. 지금부터 이 문제와 관련해 몇 가지 제안 사항을 소개하겠다.

독신의 미래와 도시 계획

주택 공급과 도시 계획은 오랫동안 핵가족 단위를 표준으로 삼았다. 따라서 도시와 주변 지역은 그들의 수요에 맞춰 고속도로, 도시 근교 주택지, 대형 주택 등을 건설하며 발달했다.[41] 도심 건물은 가족 단위 생활을 고려해 설계되고, 공공 지역에는 놀이터와 유치원이 만들어졌다. 아파트 역시 가족 단위에 맞춰 커다란 주방과 방이 여러 개 딸린 구조로 지어졌다.[42]

하지만 독신 인구가 증가함에 따라 그런 형태의 주택과 도시 환경은 많은 도시에 나타난 새로운 인구 구성과는, 특히 싱글족이 많이 몰리는 대도시와는 맞지 않았다. 1장에서 살펴보았듯 독신들은 대개 친구와 공동체, 직장, 데이트 기회를 찾아 도시로 이동한다.[43] 한때 이런 추세는 주로 젊은층에서 보였지만 최근 들어 이혼하거나 사별한 독신들도 점점 도시로 모여들고 있다.[44] 하지만 혼자 사는 것을 선호하는 독신들에게 적당한 크기의 아파트와 적절한 공용 공간, 편의 시설이 부족해 문제가 되고 있고, 이런 지역에 재개발을 요구하는 목소리가 점점 커지고 있다.

따라서 도시 공동체를 중심으로 지금과 같은 인구통계학적 변화에 맞춰 창의적인 해결책을 찾는 일이 시급하다. 도시 계획은 이미 조정 중이고, 몇 가지 해결 방안도 나왔다. 공간적인 면을 고려한 한 가지 옵션은 기존의 공간과 건물, 거주지를 소형 아파트나 원룸으로 전환하는 것이다. 독신들에게는 큰 주방과 거실이 필요하지 않다. 따라서 주로 밖에서 식사하고, 공공장소에서 사람들과 어울리는 독신들의 생활 방식에 따라 기존 아파트를 작은 크기로 개조할 수 있다. 이런 아파트에 대한 수요가 높아지면서 이미 세계적으로 변화가 나타나고 있고, 머지않아 이 과정은 더욱 가속화될 전망이다.[45]

초소형 주택과 가구 디자인 역시 잠재적인 해법을 보여준다.[46] 건축가와 인테리어 디자이너들은 기발한 디자인과 공간 절약형 기술을 사용해 50㎡도 안 되는 작은 공간에 세련되고 안락하고 살기 좋은 집을 만든다. 하지만 많은 도시에서 임대 주택의 최소 크기를 법으로 제안했기 때문에 법 개정에 대한 논의가 필요하다. 가령 뉴욕은 얼마 전까지만 해도 집 하나를 짓는 데 필요한 최소 크기가 37m²였기 때문에 초소형 주택이라는 선택지가 사실상 불법이 될 수밖에 없었다.[47]

독신 인구 증가라는 변화에 적응할 또 다른 방법은 혼자 살고 싶은 사람들의 입맛에 맞게 새 아파트를 도심 지역에 공급하는 것이다. 이 논리의 핵심은 간단하다. 공간 효율을 높인 주거지를 만들어 도시가 제공하는 이점과 적당한 가격에 집을 사는 비용적인 이점을 동시에 제공하는 것이다. 실제로 지금도 원룸이나 투룸 아파트에 대한 수요가 높아 도시 설계자뿐 아니라 택지 개발자도 그에 부합하는 계획을 선보이고 있다. 하지만 소형 아파트로 된 단지가 아직은 충분한 관심을 얻지 못하고 있어 여전히 공급보다 수요가 높다. 그리고 문제는 고층 건물로 된 이런 공동 주택이 보통 투기적 성격이 강하다는 것이다. 이 점을 해결하고자 제시된 몇 가지 모델 중 하나가 '수요 통합 모델'이다. 이는 투자 전문가가 공사 시작 전에 구매인과 판매인을 한자리에 모아 거래가 쉽게 이루어지도록 중개하는 방법이다. 우버Uber와 에어비앤비Airbnb에서 이루어지는 방식과 비슷하다.[48] 이와 유사한 방식의 '계획적 개발 모델'은 투자자보다는 예비 거주자가 건설 프로젝트를 제안하고 자금을 대는 방식이다.[49] 두 모델 모두 최근 늘고 있는 독신 공동체를 중심으로 실현 가능성이 커지고 있다. 공동 행사와 모임을 통해 서로 잘 알게 된 독신들은 많은 구매자를 모아 새로운 주택 개발 사업이 추진되도록 압력을 행사하기가 쉬워졌다.

많은 독신 공동체에서 이런 생각이 점점 일반화되고 있어 독신들이 한 지역에 모여 살며 도움을 주고받는 모습을 현실에서도 쉽게 찾아볼 수 있다. 독일 프랑크푸르트에 사는 46세 미혼녀 엘레나는 인터뷰에서 이렇게 말했다.

"어렸을 때 친구들은 모두 결혼하고 아이가 있어요. 지금 사는 곳의 친구들은 아이도 없고 결혼도 하지 않았죠. 친구들은 모두 저랑 나이가 비슷해요. 앞으로 어떻게 될지는 모르겠지만 우리는 서로에게 의지하며 잘 살고 있어요."

기자로 활동하고 있는 키란 시두Kiran Sidhu는 자신의 이야기를 통해 앞으로 우리가 경험할 삶의 형태를 예고했다. 그녀 역시 독신 친구들과 함께 살고 있다. 그들은 각각의 이유로 독신으로 살지만 어쨌든 남편과 아이가 없다는 공통점이 있어 한집에서 같이 사는 아이디어를 생각해냈다. 키란과 친구들은 이 방법으로 서로의 물리적 어려움을 해결하고, 서로를 보살펴줄 계획이다. 여러 활동에도 함께 참여해 사회적인 도움도 주고받으려고 한다.

키란은 〈가디언〉에 소개한 기사에서 그들이 주 단위로 요가 강사를 고용하는 문제와 각자의 관심사와 능력을 어떻게 활용할지 합의했다고 밝혔다. 한 친구는 요리를 잘하고, 또 다른 친구는 원예 기술이 뛰어나고, 키란은 장식 솜씨가 좋다. 이 방식은 특히 정서적인 면에서 서로에게 큰 도움이 될 것이다. 그녀는 기사에서 이렇게 밝혔다.

저는 노후를 어떻게 보낼지 대안을 찾았기 때문에 나이 드는 것이 두렵지 않습니다. 피할 이유가 없죠. 오히려 그때가 기대된답니다.[50]

공동 주거지는 노인들이 생활 공간을 공유하고, 서로 의지하며 살 도록 노령 사회의 정책적 해법으로 제시되어왔다.[51] 하지만 가까운 미래에는 젊은 독신들 사이에서도 일반적인 주거 형태가 될 것이다. 공동 주거지가 전통에 얽매이지 않는 가족이나 일하는 여성, 성 역할을 새롭게 해석하는 사람들에게 이미 매력적인 주거 형태로 받아들여지고 있다는 연구 결과도 있다.[52]

독신을 위해 특별히 개발된 공동 주거지가 아닌 곳도 전통적인 가족 단위가 항상 표준이 되지는 않으므로 독신들은 자신이 사는 지역에 과거보다 쉽게 동화된다. 이렇게 되면 독신들은 일반적으로 배우자에게 맡겨진 역할을 공동체에서 찾는다. 더욱이 공동 주거지는 공동체 의식을 가질 수 있고, 사람들로부터 도움을 받으며 안정감을 느낄 수 있다는 이점과 자신의 생활 공간에서 사생활을 보장받는 이점 등 독신들에게 여러모로 매력이 많다.[53]

3장에서 언급했듯 위워크의 자매 회사인 위리브는 워싱턴 근처의 크리스털 시티와 맨해튼 남부 인기 지역에 초소형 아파트 단지로 된 공동 주거지를 선보였다. 중요한 점은 공용 공간은 물론, 다양한 편의 시설 사용료도 임대료에 포함된다는 것이다. 위리브는 입주민을 위한 행사도 다채롭게 제공하고 있다. 그곳에서 생활하는 사람들은 그러한 환경 덕분에 다른 입주민들과 쉽게 친분을 쌓을 수 있었다고 증언했다. 이처럼 진화된 형태의 새로운 생활 방식은 소형 아파트 공급을 늘리고 혼자 살 기회를 창출함과 동시에 공동체 의식을 키워주는 등 독신들에게 많은 이점이 있다. 특히 주택 관련 문제로 도움을 받을 데가 없는 바쁜 독신들에게는 청구서 관리와 설비 유지 등 모든 서비스 요금이 임대료에 포함된다는 점도 큰 장점이다. 위리브의 CEO 제임스 우즈 James Woods는 이런 견해를 밝혔다.

"우리는 다양한 공동체를 건설하기 위해 노력하고 있습니다. 어떤 형태의 교류에도 개방적이고 공동체와 함께하는 경험을 대가로 사적인 공간을 기꺼이 포기할 수 있는 사람들을 위해서요."[54]

마지막으로 도심 외 지역에도 관심이 필요하다. 도시의 공간은 제한적이다. 따라서 독신 인구가 늘수록 도심 외 지역도 1인 가구 주택에 대한 수요가 늘 것이다.[55] 특히 도시 외곽이나 지방은 주거비가 적게 들어 소득이 높지 않거나 도심에서 혼자 사는 비용을 감당하기 힘든 독신들에게 경제적 부담이 적다.[56] 앞서 소개한 쥬리 역시 작은 마을에 살지만 주변에 친구가 많아 충분히 만족스럽다고 했다. 이런 점을 보면 교외 지역과 소도시에도 독신 가구를 위한 주거지 개발이 시급하다.

도시 외곽에는 특히 주거형 공동체가 발달할 것으로 보인다. 즉 가까운 거리에 주거지가 모여 있고 공용 공간을 공유하는 형태를 말한다. 어떤 의미에서 보면 외부인 출입을 제한하는 게이티드 커뮤니티 gated community와 다소 유사하다. 하지만 주민들이 공동체를 함께 운영하며 친분을 쌓는다는 점에서 게이티드 커뮤니티와는 차이가 있다.[57] 게이티트 커뮤니티는 주로 고가의 건물에 해당하는 주거지이고, 안전 문제가 좀 더 중요하게 다루어진다. 그래서 출입이 엄격하게 통제되고, 출입 관리를 목적으로 사설 경비업체가 고용되기도 한다. 하지만 주거형 공동체는 주민들 간에 좋은 관계를 형성할 수 있고, 공용 공간 사용 문제를 함께 결정하고 같이 사회 활동에 참여하며 서로 협력하는 분위기가 특징이다.[58]

이스라엘의 유명 건축가로 손꼽히는 람 카르미Ram Carmi는 예루살렘과 텔아비브 사이에 있는 벧세메스 시의 타무즈라는 마을에 '전원 공동체'를 설계했다. 그곳에 방문하면 공공장소 두 곳을 볼 수 있다. 하나는 아름다운 산을 바라보는 원형 광장이고, 또 다른 하나는 대형 잔디밭이다. 모든 공공 행사는 원형 광장에서 열린다. 식당, 공공기관, 사교 클럽 등 모든 공공건물은 잔디밭 주변에 모여 있다. 주민들의 일상생활도 주로 그곳을 중심으로 이루어진다. 여름에는 타무즈의 모든 주민이 잔디밭에 모여 함께 식사를 한다. 카르미는 건물이 지어진 지 18년이 지나고 보니 의도한 대로 결과가 좋은 것 같아 흐뭇하다는 소감을 전했다.[59]

하지만 주거지가 도심과 멀리 떨어져 있으면 불편한 점도 많다. 우선 가장 큰 문제는 거리상의 문제다. 독신들은 대부분 저녁에 이루어지는 활동에 관심이 많다. 따라서 통근 거리가 너무 멀거나 친구들과 만나기 힘들면 매력이 떨어진다.

앞으로는 도심으로 연결되는 대중교통이 독신, 노년층, 차가 없어 이동에 제약이 있는 사람들에게 더욱 중요한 수단이 될 것이다. 소도시에 독신 공동체를 만드는 것은 사실 쉬운 일이 아니다. 하지만 일부 지역에서는 이미 예술가나 청소년 봉사활동을 위한 공용 공간을 개발하고, 기술 분야의 젊은 기업가를 위한 허브를 만들기 시작했다.[60] 독신들의 요구에 초점을 맞춘 이런 사회적·물리적 기반 시설은 집값이 저렴하면서 구직 기회가 높은 곳을 찾는 독신들에게 매력적인 선택지가 될 것이다.[61]

독신의 미래와 소비주의

확실히 독신 인구는 떠오르는 신흥 시장이다. 그에 따라 기업들도 그들의 기호에 맞춘 상품과 서비스, 광고를 선보이고 있다.[62] 독신들은 기혼자들과는 다르게 다양한 활동에 참여한다. 따라서 소비자로서의 선호도도 다르다.[63] 소비자 지출 보고서를 보면 독신들은 수입의 많은 부분을 의류, 식료품, 외식, 여가 활동, 문화생활 등에 쓰고, 지출 규모 또한 커졌다.[64] 구매 패턴을 보면 독신들은 리스크에 더 관대하고, 가격에는 덜 민감하며, 브랜드를 더 따지고, 소비와 구매에 관한 한 편의성을 더 추구한다.[65] 따라서 독신들이 보이는 이런 소비 특성은 향후 시장에도 근본적인 변화를 가져올 것이다.

독신 시장을 공략하려는 기업들은 그동안 가족 단위 소비자에게 맞춰 공급했던 제품을 소포장 단위로 판매하는 등 독신을 위한 상품과 서비스를 개발하고 있다.[66] 또한 운동 장비, 여가 활동, 사교 모임 같이 특히 독신들에게 중요한 활동이나 상품을 구분하고 있다.[67] 이에 따라 독신들은 필요에 따른 서비스를 더 다양하게 제공받는 이점을 누리고 있으며, 앞으로는 선택지가 더 많아질 것으로 보인다.

인구 변화에 적응하고 있는 한 가지 주요 분야는 식당과 외식업이다. 특히 외식업은 더 간편하고, 더 다양하고, 더 건강해지는 방향으로 1인 소비자의 기호를 맞추고 있다. 영국에서 이루어진 한 연구에 따르면 1인 가구는 그야말로 전형적인 '주방 기피자'에 속한다.[68] 지난 수십 년간 대부분의 사람이 근로 시간이 늘고 다른 많은 일에 쫓기면서 요리에 들이는 시간이 점점 줄었다. 특히 한 사람을 위해 요리하는 일은 비효율적이므로 독신 인구가 이 변화의 선두에 있다.[69] 간편식 산업에 의존하는 독신 인구 비율이 높아짐에 따라 이런 식품들의 품질도 훨씬 우수해지고 이용하기도 편해졌다. 1~2인분용 조리 식품에 대한 인기는 계속될 전망이다. 따라서 값싸고, 품질 좋고, 이용하기 편한 상품들이 시장에 더 많이 나올 것이다.

특히 독신들은 다양한 취향을 쉽게 즐길 수 있다는 이유로 간편식에 매력을 느낀다.[70] 5장에서 살펴보았듯 독신들은 개인주의와 탈물질주의 발달과 함께 성장한 간편식 시장의 장점을 최대한 활용한다. 그로 인해 다양한 맞춤식 요리가 독신 인구, 특히 젊은 독신의 입맛을 겨냥해 개발되고 있다. 그들은 기혼자들보다 자신의 기호를 더 중요하게 생각하고, 새로운 맛을 경험하고 싶어 하며, 지역별 정통 요리를 찾아다니는 것을 좋아한다.[71]

한편 식품 시장은 독신들을 겨냥해 포장 판매 식품을 더 건강하게 만들어 제공할 것으로 보인다. 독신들은 음식을 더 중요하게 생각하는 경향이 있고, 질 좋은 음식에 기꺼이 돈을 쓴다.[72] 자료를 분석해보면 채소와 과일 같은 건강식품은 주로 독신들, 특히 미혼 인구가 가장 많이 소비한다. 따라서 독신들은 건강하고 영양가 높은 음식에 관한 인식을 높이면서 식품 시장을 주도할 것이라 예상된다.

독신들의 수요에 적응하고 있는 또 다른 분야는 관광업이다. 독신들은 모험과 자아실현을 추구하는 수단으로 특히 여행에 관심이 많다. 하지만 혼자 하는 여행이 두려울 수 있고, 비용도 부담스러울 수 있다.[73] 젊은층은 단체 여행이나 친구와의 여행을 자연스럽게 받아들인다. 하지만 평균 결혼 연령대가 지나면 일반적으로 배우자나 가족과 여행하는 사람이 많아져 중년층 이상의 독신은 여행 파트너를 찾기가 쉽지 않다.[74] 그래서 여행사들은 중장년층 독신이 걱정 없이 여행을 즐길 수 있도록 다양한 프로그램을 개발해 제공하고 있다. 일부 회사는 1인 여행객을 대상으로 남녀 만남을 제공하는 프로그램 없이 여러 사람과 여행하는 프로그램을 제공하고 있다. 실제로 이런 회사들은 자유롭고 유연하며 잘 짜인 여행 프로그램을 개발해 1인 여행객들의 요구에 부응하고 있다.[75] 1인 여행객을 직접 겨냥한 여행 상품을 광고하는 회사도 있다. G 어드벤처스G Adventures는 여행 작가인 프레야 스타크Freya Stark의 말을 인용해 독신 여행객의 시선을 끈다.

낯선 마을에서 완전히 혼자인 채로 눈을 뜨는 것만큼 기분 좋은 느낌은 없다. 주변은 온통 모험으로 가득하다. 당장 어떤 일이 일어날지 알 수 없지만 당신이 현명하다면, 그리고 여행의 기술을 안다면 당신은 미지의 세계에 몸을 맡기고 어쩌면 신들이 내리는 것인지도 모를 선물을 기꺼이 받아들일 것이다. 당신의 가장 소중한 친구를 제외한 모든 사람, 당신의 모든 관습적인 생각, 심지어 당신의 여행 가방에 든 모든 것이 그곳에서는 한낱 방해물일 뿐이다. 자신의 주변 환경을 그대로 유지하는 여행자는 껍데기 안에서만 사는 달팽이처럼 전 세계를 자신의 방문 앞에서 살펴보는 것과 같다. 그러나 이 모든 것을 떨쳐버리고 마음을 비우고 여유롭게 발걸음을 뗀다면 우리 앞에 무슨 일이 펼쳐질지는 예상할 수 없다.[76]

G 어드벤처스 같은 회사는 독신들이 혼자 하는 여행의 즐거움을 깨닫고, 실제로 그런 여행을 할 수 있도록 돕는다. 그들은 증가하는 1인 여행객에게 비슷한 부류의 사람들과 걱정 없이 여행할 수 있는 맞춤 상품을 제공하고 있다. 그래서 많은 회사가 1인 여행객에게 추가로 부과하는 요금을 낮추거나 없애고 있다. 1인 여행객을 위한 상품은 스포츠, 문화, 역사, 크루즈 상품 등을 포함해 앞으로 더욱더 다양해질 것이다.

또한 독신들의 사회 활동 참여도가 높아짐에 따라 그들에게 만남의 기회를 제공하는 사업과 상품에 대한 전망도 높아졌다. 가령 밋업 같은 네트워크 서비스는 기본 설정에 독신 그룹을 추가했다. 남녀 관계에 큰 의미를 두지 않는 독신들을 위한 행사와 모임, 사회 활동도 점점 많아지고 있다. 이를 통해 독신들에게는 남녀 만남에 따른 부담이나 기대감을 느낄 필요가 없는 모임이 더 많이 필요함을 알 수 있다.[77]

마지막으로 광고 업계와 마케팅 업계 역시 독자들의 요구에 부응하고 있다. 전통적으로 마케팅 전략은 독신들에게 불안감과 두려움 같은 부정적인 고정관념을 씌워왔다.[78] 하지만 일부 마케팅 전략들은 접근 방식을 바꾸고 있다. 그들은 독신들에게 부정적인 고정관념을 씌우지 않고 상품을 광고하기 위해 자문단에 조언을 구하기도 한다.[79] 조언 내용에는 편의성을 높이고 시간대를 잘 활용해 홍보하는 방법, 목표 대상을 지나치게 겨냥해 불필요한 꼬리표를 달거나 유형화하지 않는 방법이 포함된다.

일부 마케팅 전문가들은 한발 더 나아간다. 가령 미국마케팅협회 American Marketing Association는 커플 위주인 마케팅 분야에서 틈새시장을 공략하려면 밸런타인데이에 독신들을 겨냥한 상품을 개발하라고 기업들에게 주문한다.[80]

물론 이런 방법들은 이윤 증가가 주된 목적이지만 기업들이 독신에 대한 부정적인 고정관념을 점점 더 인식한다는 증거도 된다. 따라서 앞으로는 독신을 대표하는 인물로 더 자신감 넘치는 사람들이 광고 시장에 등장해 독신의 이미지를 높이는 데 힘을 실어줄 것이다. 결과적으로 미래에는 독신들이 차별이나 편견을 더 적게 경험하고 사회적으로 더 인정받을 수 있을 것이다.

물론 소비 습관은 독신들 내에서도 유형별로 다양하게 나뉜다.[81] 가령 선택적 독신이나 신세대 독신들은[82] 개인주의 성향과 즐거움을 추구하려는 성향이 강하다. 따라서 오락과 여가 생활에 더 많은 지출을 할 수도 있다. 반면 상황적 독신, 특히 이혼이나 사별을 한 독신들은 경제적 어려움 때문에 돈을 쉽게 쓰지 못할 수도 있다. 어쨌든 이런 차이를 연구하려는 시도가 지금까지는 거의 없었다. 따라서 이제는 이에 관한 연구도 시작할 필요가 있다. 그 결과를 토대로 기업과 우리 사회 전반이 독신 인구의 유형에 따른 차이를 좀 더 종합적으로 이해할 수 있을 것이다.

독신의 미래와 기술 발전

독신 인구 증가는 전례 없는 기술 혁신과 때맞춰 일어났다. 아마도 우연은 아닐 것이다. 지금의 기술은 독신들처럼 동적인 인구를 위해 그들이 직계 가족의 부재라는 한계를 극복할 수 있도록 인적 네트워크를 다양화할 효율적인 방법을 제공한다. 이 장의 서두에서 살펴보았듯 에다이는 모두인들을 위해 돌파구를 찾았다. 즉 배를 만들어 다른 부족을 찾아냈고, 교역 네트워크를 구축할 수 있도록 도왔다. 이와 마찬가지로 오늘날의 기술은 독신들이 시간적·공간적 제약을 극복하고 그들의 영역을 확장할 수 있도록 돕는다. 다양한 형태의 관계를 어려움 없이 시작하고 끝낼 수 있게 도와 그들의 인간관계를 더욱 유연하고 다양하게 한다.[83]

실제로 많은 사람이 데이트 애플리케이션이나 인터넷 웹 사이트를 통해 행복을 찾는다. 하지만 어떤 사람들은 그런 수단들을 이용하면서도 연애할 생각은 하지 않는다. 대신 점점 더 많은 독신이 다양한 종류의 친밀감과 친분을 나눌 기회를 찾는다.[84] 여기에는 짧은 로맨스, 긴 로맨스, 또는 하룻밤을 보낼 상대, 아니면 플라토닉적 관계도 포함될 수 있다. 사람들은 오랜 친구에게 연락하고 싶을 때, 새로운 친구를 만들고 싶을 때 소셜 네트워크를 이용하고,[85] 때로는 관심사와 취미, 개인적인 일들을 공유함으로써 친구들과 더욱 효율적으로 친밀감을 높인다.[86]

하지만 인간관계의 기술화가 지금보다 더 발전된다면 어떨까? 현재 데이트 목적이나 우정을 위해 개발된 기술들은 사람들의 사회적·정서적·육체적 욕구를 충족시키고자 '인간과 인간'을 연결하는 수단으로 쓰인다. 하지만 앞으로 제기될 수 있는 한 가지 흥미로운 질문은 '이런 기술이 일반적으로 남성과 여성이 서로를 의지하는 이유인 특정 욕구를 만족시키거나 대체할 수 있는가' 하는 것이다.

아직은 인간의 상호작용을 기술로 대체한다는 개념이 일반적인 생각과는 멀어 보인다. 하지만 가능성은 신중하게 고려해볼 필요가 있다. 어쨌든 기술 분야에서 이루어진 엄청난 발전 덕분에 몇 년 전만 해도 상상할 수 없었던 놀라운 로봇들이 개발되어 다양한 분야에서 쓰이고 있다. 최근 로봇 공학은 사회적인 면에서 능력을 발휘하는 지능형 로봇 개발로 초점이 옮겨졌고,[87] 정신 건강 분야에서는 사회적 도움을 제공하는 로봇이 동반자 역할, 파트너 상대, 코치 역할 등을 하며 수년간 사용되었다.[88] 또한 노인을 돌보고 아이들의 감성 지능을 높일 때도 로봇의 도움을 받는다.[89] 이제 청소나 요리 같은 단순 가사 노동에 로봇이 활용되는 모습은 신기한 일이 아니다. 하지만 로봇 공학의 발전 가능성을 고려할 때 과연 휴머노이드 로봇이 독신의 정서적·사회적 욕구도 충족시켜줄 수 있을까?

성생활용 로봇, 좀 더 최근에 와서는 연애용 로봇이 지능형 기술과 접목되면서 의미 있는 도약을 이루어냈다.[90] 중국인 엔지니어 쳉 제제 Zheng Jiajia는 자신이 개발한 휴머노이드 로봇과 결혼식을 올려 주목을 받았다.[91] 제제는 로봇에게 '잉잉'이라는 이름을 지어주고 두 달간 사귄 뒤 멋진 옷을 차려입고 친구들과 어머니 앞에서 결혼식을 올렸다. 하지만 그 결혼은 법적으로 인정되지 않았고, 그에 대한 대중의 반응도 엇갈렸다. 그럼에도 불구하고 제제에게는 로봇과 보내는 시간이 그의 욕구 해소에 아쉬운 대로 도움이 되는 것 같다.

그뿐만이 아니다. 바르셀로나에서는 이 분야의 선두에 있는 회사인 신시아 아마투스Synthea Amatus가 연애도 하고 성관계도 할 수 있는 인공 지능 로봇을 세계 최초로 출시했다. 이런 인공 지능 로봇은 애플의 시리Siri나 아마존의 알렉사Alexa가 사용하는 음식 인식 시스템 같은 첨단 기술을 적용해 사용자와 대화를 나누고 인간의 접촉에 호의적인 반응을 보인다.[92]

일본에서는 이미 로봇이 가정과 사회 전반에서 좀 더 중심적인 역할을 맡고 있다.[93] 더욱이 일본 정부는 2025년을 목표로 '이노베이션 25 Innovation 25'라는 프로젝트를 시작해 로봇 기술을 가족생활에 융합하는 계획에 앞장서고 있다.[94] 정부 주도로 시행된 이 프로그램은 첨단 기술을 활용해 노령 인구와 환자를 돌보는 데 도움을 주어 오랜 시간 일하고 노인도 돌봐야 하는 가족들의 부담을 덜어준다. 하지만 아이러니하게도 로봇 공학의 발전은 일본의 독신들이 가족과 시간을 보내기보다 전자회로로 만들어진 동반자와 시간을 더 많이 보내는 결과를 가져왔다.[95]

〈BBC〉의 루퍼트 윙필트-헤이스 Rupert Wingfield-Hayes 기자는 일본 서부의 교토 시 외곽에서 히로시 이시구로 Hiroshi Ishiguro가 개발한 휴머노이드 로봇 에리카를 만났다. 그는 에리카를 본 첫인상을 이렇게 전했다.

사진으로 볼 때는 잘 몰랐지만 한곳에 같이 있으니 기분 나쁠 정도로 인간과 닮아 보였다. 에리카 주변을 걸어 다니면 에리카는 나를 보기 위해 몸을 돌렸다. 그리고 내게 집중하려는 듯 눈을 깜빡거렸다.

에리카는 내게 "전 치와와를 좋아해요. 당신은 개를 키우시나요?"라고 물었다. 내가 그렇다고 대답하자 에리카는 둘 다 동물을 좋아해 만족스럽다는 듯 안도의 한숨을 내쉬었다. 그때 옆에 있던 동료들이 피식 웃었다. 알고 보니 에리카는 내 일본어가 서툴러 나를 놀리고 있었던 것이다.[96]

아직까지는 로봇과 로맨틱한 관계를 맺는다는 개념이 격렬한 저항에 부딪히고 있고, 때로는 심한 공격을 받기도 한다.[97] 하지만 그것의 현실화를 막는 것은 어려워 보인다. 이 현상은 데이비드 레비 David Levy가 자신의 저서 《로봇과 나누는 사랑과 섹스 Love and Sex with Robots》에서 예견한 바 있다. 레비는 21세기 중반까지 그런 관계가 보편적인 현상이 될 것이라 예측했을 뿐 아니라 개인과 사회 전반에 미치는 수많은 장점이 있다고 설명했다. 그는 이렇게 목소리를 높였다.

만약 사랑할 수 있는 모든 사람이 인간의 자연스러운 욕구를 충족할 수 있다면 세상은 틀림없이 지금보다 훨씬 더 행복한 곳이 될 것이다.[98]

레비는 사람들이 사랑과 애정, 욕구를 경험하는 다양한 방식을 고려해, 특히 연애 관계에 있지 않은 개인의 다양한 정서적 욕구가 기술 발전으로 충족될 것이라고 내다보았다. 첨단 산업 분야는 레비의 책이 출판된 후 10년 동안 더욱 정확하게 인간의 감정을 포착할 수 있는 기술을 끌어내며 휴머노이드 로봇과 인공 지능 분야에서 큰 성과를 거두고 있다.[99]

레비뿐 아니라 다른 연구자들도 로봇이 인간을 대체할 방법을 추측하며 로봇 윤리 분야를 개척하고 있다.[100] 국제 학술지인《사회적 로봇의 국제 저널》에서는 '인간이 사회적 상호작용의 자동화를 어디까지 받아들일 것인가'를 분석했고, 2017년 초에 나온《연례 심리학 리뷰》에서는 인간과 로봇의 상호작용에 관한 논문을 소개했다.[101] 그어떤 책이나 논문에도 명확한 답은 제시되어 있지 않다. 하지만 기술적인 이유는 물론 심리적·사회적 이유에서도 로봇 분야의 연구와 발전이 더 요구된다는 점만은 분명하다.

로봇 공학의 발전은 윤리적·학리적 면에서 중요한 의문들이 제기된다. 하지만 독신 인구에 미치는 직접적인 영향은 엄청날 것이다. 로봇 기술의 발전은 앞으로 우리 사회가 전자회로로 만들어진 동반자와 유의미한 관계를 맺는 것을 받아들일 가능성이 커질수록 인공 지능 기술이 도입될 때처럼 가족 개념과 전통 가치에 도전할 수밖에 없다.[102]

전문가들은 인간과 로봇이 성적이고 로맨틱한 관계를 맺는 것에 대해 우리의 시각도 빠르게 변할 것이라고 주장한다.[103] 레비는 수십 년 안에 로봇과의 결혼에 대한 법규가 마련될 것이라고 예견한다.[104] 법조계에서도 이론상으로만 보면 로봇이라도 이해력과 의사 결정 능력, 표현력이 있다면 법적인 혼인 계약을 진행할 수 있다고 말한다. 따라서 레비의 생각이 전혀 터무니없어 보이지 않는다.[105]

다른 전문가들 역시 사회적 로봇이 인간의 삶에 도움을 주고 그만한 가치가 있다는 것이 증명된다면 로봇에 대해 처음 가졌던 거부감이 수용적 태도로 바뀔 수 있다고 말한다.[106] 또한 몇 단계의 적응 과정을 거치면 사용자 대부분이 사회적 로봇을 일상생활의 일부로 받아들일 것이라고 주장한다.[107]

그렇다면 로봇과 관계를 시작하는 독신은 '독신'으로 분류할 수 없다고 주장하는 사람도 있을 것이다. 로봇은 독신들이 겪는 일부 어려움을 대수롭지 않게 만들 수 있다. 따라서 독신에 대한 정의도 기혼자에 대한 정의와 비교하면 더 유연해질 수 있다. 로봇은 독신들의 욕구와 필요를 충족시키도록 프로그래밍되고 설계될 것이므로 '독신'이라는 카테고리에 대한 의미에도 의문이 생길 수 있다.

사실 모든 사람은 성적인 욕구나 로맨틱한 관계에 대한 욕구에 상관없이 어느 정도는 로봇으로부터 정서적·육체적, 심지어 성적인 면에서 위로와 도움을 받을 수 있다. 배우자가 있는 사람들도 서로의 관계를 더 풍성하게 만드는 데 로봇을 사용할 수 있다. 유일한 차이점이 있다면 로봇과의 관계는 인간과의 관계만큼 책임감과 부담감이 없다는 것이다. 이런 의미에서 본다면 결혼과 가족이라는 범주는 지금보다 더욱 심하게 흔들릴 것이다.

기술이 인간관계에 융합되는 과정은 틀림없이 향후 수년간 더욱 탄력을 받을 것이다. 수많은 과학자와 세계적으로 추앙받는 미래학자들의 말에 따르면, 우리는 이미 '기술적 특이점technological singularity'의 시대에 도달하기 위한 궤도에 올라 있다. 그런 시대가 오면 초인공지능의 속도가 지금의 우리는 상상할 수조차 없을 정도로 빨라질 것이고, 그로 인해 예측할 수 없을 정도로 어마어마하게 문명의 변화를 가져올 것이다.[108] 로봇의 시대, 혹은 지금의 인류보다 더 확장된 능력을 갖춘 포스트휴먼posthuman의 시대는 한때 공상 과학에서나 볼 법한 이야기였다.[109] 하지만 공학 기술과 컴퓨터 분야에서 이루어진 발전 덕분에 많은 발명가와 철학자, 저술가가 이런 이야기를 다른 각도에서 풀어내고 있다. 1970년대에 연구원 고든 무어Gordon Moore는 기술력의 폭발적인 성장으로 마이크로칩의 저장 용량이 2년마다 배로 증가할 것이라고 예측했다. 이른바 무어의 법칙은 현실로 드러났다.[110] MIT의 과학자들은 지금까지 일어난 변화의 속도를 관찰하며 2030~2040년에는 지금의 로봇이 일련의 새로운 초인공지능으로 진화할 것이라고 내다보았다.[111]

기술과 인간이 만나 특이점에 도달하는 과정이 독신들에게는 어떤 영향을 미칠까? 물론 아직은 아무도 그 질문에 답할 수 없다. 우리의 미래가 어떻게 펼쳐질지는 그 누구도 정확히 예측할 수 없고, 그러한 기술 발전이 아무런 위험 부담 없이 계속될 수 있다는 생각도 너무 안일한 가정이다. 휴머노이드 로봇이 '실제' 확산할지는 모르지만 우리의 사회적 규범은 그런 기술이 확산할 것이라는 '가능성'만으로 변화

하고 있다. 한 가지 확실한 것이 있다면 기술과 융합된 인간의 상호
작용이 더 다양해지고 복잡해질수록 허용 기준에 대한 사회적 개념
또한 달라질 것이라는 점이다.

독신의 미래

에다이는 모투인들을 떠나 교역하는 법과 사람들과 상호작용하
는 법을 알아냈다. 하지만 한때는 자기 자신을 위험한 상황에 빠뜨리
며 사람들에게 거센 비난도 받았다. 일상적인 현실에서 벗어나 더 큰
무언가를 찾기 위한 일은 육체적으로도 힘들었고, 정신적인 면에서도
큰 변화가 필요했다. 독신의 미래를 상상하고, 그것을 현실로 받아들
이는 일이 지금의 우리에게는 너무나 부자연스럽게 느껴진다. 하지만
언젠가 그런 날은 올 것이다. 따라서 지금부터 독신들의 미래를 생각
하고, 그것이 사회 전반에 미칠 영향을 연구해야 한다.

그 미래가 우정의 역할 변화나 새로운 독신 공동체의 형성, 혁신적
인 주거 계획과 도시 계획, 시장 변화와 소비주의 패턴 형성, 기술 발
전과 로봇과의 관계 형성 등 그중 무엇과 관련되더라도 우리 사회는
그러한 발전으로 인한 가족 규범과 문화가 수정되는 새로운 현실에
적응해야 한다. 모든 인간이 본능적인 이유에서든, 생존 전략에 따른
것이든 본질상, 혹은 진화론적으로 짝을 이루어야 한다는 생각은 좀
더 유동적이고 유연한 공동체에서 다른 사람들과 교류하고 첨단 기술

의 도움을 받으며 살고 싶은 독신들로 인해 바뀔 수 있다.

이 과정은 모투인들이 겪었듯 우리 사회 구조에도 매우 중요한 변화를 가져올 것이고, 그로 인한 결과도 사회 구조의 가장 핵심적인 부분에 영향을 미칠 것이다. 하지만 우리는 변화를 기쁘게 받아들여야 한다. 독신의 시대가 열린 것을 기념하며 매년 축제를 열어도 좋을 것이다. 모투인들이 첫 바다 무역을 기념하며 매년 히리를 열듯이.

지금까지 살펴본 바를 종합해보면 독신 인구가 증가하는 현상은 그들이 접하는 사회적 불이익과 낙인, 편견에도 불구하고 부인할 수 없는 현실이다. 우리는 독신 사회로의 진입을 눈앞에 두고 있다. 독신의 삶으로 이끄는 다양한 사회적 힘이 모여 독신 인구 증가는 더욱 가속화될 것이다. 기혼자 대 독신의 비율도 바뀌고 있고, 사회 규범과 기능 또한 본질적인 면에서 독신을 더 포함하는 방향으로 변하고 있다. 독신들 자신도 더 행복한 삶을 위해 각자 노력하고 있다. 독신들은 우호적인 사회 활동에 참여하고, 탈물질주의 가치를 지지하고, 사회적 압력을 물리치고, 의미 있는 일에 몰두한다. 그들이 자각하지 못할 수도 있지만 이것이 현재 우리 일상에서 일어나고 있는 모습이다.

이 책은 결혼을 반대하려는 의도로 쓰인 것이 아니다. 물론 결혼이 삶의 질을 높인다는 것을 직접 증명한 연구도 있다. 이 주장을 반박하는 다른 연구도 있지만 이에 대한 논의는 계속 진행 중이다.[1] 하지만 중요한 사실은 독신으로 사는 모습이 점점 더 우리 삶의 일부가 되고 있고, 앞으로도 그럴 것이라는 점이다. 결혼 생활은 우리의 생각보다 훨씬 자주 끝이 난다. 파탄 난 결혼에서 빠져나온 사람들이나 배우자의 죽음을 감당해야 하는 사람들은 독신들만큼 삶에 대한 준비가 되어 있지 않고, 일상에서 느끼는 만족감이 급격히 떨어지는 현상을 경험한다. 어떤 사람들은 수많은 이유로 결혼 자체를 원하지 않아 독신으로 산다. 어느 쪽이 되었든 우리는 결혼 제도를 어떻게 생각하는지와 상관없이 독신들을 더 수용할 필요가 있다.

하지만 많은 세력이 독신들을 수용하거나 축하해주기는커녕 여전히 코너로 밀어붙이고 있다. 결혼으로 인한 혜택들은 '우연히' 얻어지는 것이지만 사람들은 자주 자신의 바람과는 반대로 부당하게 결혼으로 내몰린다. 다시 말해, 결혼 제도 자체가 결혼한 이들에게 특별한 지위와 이점을 부여한다. 그렇지 않으면 개인들은 영구적이고 법적인 결혼 생활을 아예 시작하지 않으려 할 수 있기 때문이다.[2] 어떤 곳에서는 이런 압력이 너무 심해 비극적인 일들이 일어난다. 자유 국가에서도 미묘하게 그런 압력들이 남아 있어 이혼이라는 고통스러운 과정을 겪는 사람이 많다. 결혼을 강요하거나 재촉하려는 시도가 '행복하게' 결혼 생활을 유지하는 비율을 높여주지는 못한다. 오히려 그와 반대로 독신들의 숫자는 늘고만 있다. 부당한 압력과 혜택은 점점 늘어나는 사회 일부를 거부하는 사회 규범의 산물이므로 철저하게 규명할 필요가 있다.

이런 점들을 고려한다면 정부와 지방 당국, 정책 입안자는 독신 인구의 복지를 확보할 대책을 마련해야 한다. 독신들은 이제 소외된 소수 집단이 아니라 오히려 고려되어야 할 다수 집단이다.

최근 몇 년 동안 세계적인 경제학자 아마르티아 센^{Amartya Sen}과 조셉 스티글리츠^{Joseph Stiglitz}, 국제기구 OECD, 프랑스의 전 대통령 니콜라 사르코지^{Nicolas Sarkozy} 등은 사람들의 행복에 영향을 주는 정도에 따라 정책 결정과 연방 행정의 효과를 측정하자는 아이디어를 독려했다.[3] 사실 이 아이디어는 그리 새로운 것이 아니다. 미국의 독립 선언 문만 해도 '행복의 추구'를 미국 시민의 양도할 수 없는 권리로 열거한다. 하지만 정책 결정에 행복 추구를 실제로 반영한다는 생각은 이제 막 사람들의 관심을 얻기 시작했다. 행복의 중요성을 강조하는 최근 분위기를 고려할 때 정부와 자치단체, 도시 계획가, 학계는 독신들의 삶의 만족도를 높이고, 그들이 행복을 추구하는 과정에 어떤 역할을 할 수 있을지 고민해야 한다.

이 과제에는 여러 답안이 있을 수 있다. 첫째, 정책 입안자와 정부는 독신에 대한 부당한 대우를 인식하고 그런 차별이 나타나지 않도록 조처해야 한다. 그들은 종종 독신에 대한 부정적인 편견과 고정관념 때문에 관계 형성을 장려하는 정책을 만든다. 자치단체와 정책 입안자를 보면 그들이 보호해주겠다고 약속한 사람들이 비이성적이고 비정상적인 방식으로 행동한다고 가정하는 것 같다. 따라서 그들은 '국가의 안녕을 위해' 시민들을 '올바른' 방향으로 몰아붙여야 한다고 생각한다.

하지만 현실을 보면 어쨌든 사람들은 계속 독신으로 남는다. 따라서 이런 정책들은 아무런 효과가 없다고 할 수 있다. 독신들은 자신의 생활 방식이 옳다고 믿는다. 우연히, 혹은 아무 생각 없이 그렇게 사는 것이 아니다. 따라서 사람들에게 결혼하라고 구슬리고 달래는 행위는 정당하지도, 도덕적이지도 않을 뿐만 아니라 비효율적이고 비생산적이다.[4] 일부 시도는 모욕적일 수도 있다. 자신의 의지로 혼자 사는 사람들에게 분노를 일으킬 수도 있다. 결혼에 따른 전통적인 관계가 반드시 독신들을 행복하게 하는 것은 아니다. 정부가 장려한다고 해서 되는 것은 더더욱 아니다. 따라서 이런 낡은 정책에 대한 사람들의 인식을 높이고 정책 변화에 대한 공론화를 시작해야 한다.

둘째, 독신들의 행복 지수를 높여주고자 노력하는 정부와 사회 기관은 독신들에 대한 현재의 부정적인 고정관념과도 싸워야 하지만 독신들이 행복하게 살아갈 방법을 연구하는 일에도 적극적으로 앞장서야 한다.[5] 1970년대 초반부터 미국 학교의 커리큘럼은 성별, 인종, 환경에 관한 연구를 포함하도록 설계되었다.[6] 그 모든 시도가 잘못된 생각들을 바로잡고, 사람들의 시야를 넓히고, 그동안 인정받지 못하고 혜택받지 못한 사람들에게 긍정적인 관점을 갖게 한 가치 있는 행위였다.

하지만 결혼은 우리의 머릿속에 너무 깊이 박혀 있는 문제라 독신의 삶에 관해 학생들을 교육하고 그것에 대비하게 하는 프로그램은 대부분 나라의 교육 과정에 여전히 포함되어 있지 않다. 지금의 아이들은 4명 중 1명이 결혼을 하지 않을 것이고, 한다 해도 이혼율이 40~50%에 이를 것이라는 통계를 고려한다면[7] 그 아이들이 혼자서도 행복하게 살 수 있는 사회적·심리적 '도구'를 갖추게 하는 것은 너무나 중요한 문제다. 가족의 삶에 관해 그러했듯 학교는 학생들에게 독신의 삶에 관해 교육해야 하고, 보건복지부는 독신들이 품격 있는 삶을 살 수 있도록 도와야 한다. 사회복지사와 심리학자, 의사는 독신 인구에 도움이 될 수 있는 훈련을 받아야 하며, 독신들을 위한 커뮤니티 센터와 정보 센터도 마련되어야 한다.

셋째, 도시 설계자와 지방자치단체는 독신 인구를 위한 서비스 제공에 박차를 가해야 한다. 우선 도시 설계자와 택지 개발자는 독신 전용 주택 단지,[8] 공동 주택 프로젝트,[9] 세대 간 공동 주거[10] 등 다양한 공동 주거 모델을 시도할 수 있도록 협조해야 한다. 독신들을 위한 새로운 주택 프로젝트나 특별 지구가 설계된다면 독신들의 삶은 극적으로 향상될 수 있다.[11] 지방자치단체의 경우, 독신들을 위한 커뮤니티 센터 건립을 제안할 수 있다. 초소형 주택 같은 새로운 프로젝트가 시행될 수 있도록 관련 규제를 완화하고, 독신들이 서로 만나 교류하고 공통의 관심사를 키워갈 수 있는 장소를 제공하는 등의 방식으로 그들에게 도움을 줄 수 있을 것이다.

마지막으로 학계 또한 독신의 삶에 관한 지식을 발전시키도록 노력해야 한다. 지금까지 학계에서 이루어진 많은 연구가 결혼이 성인의 삶에서 가장 큰 부분을 차지한다는 구시대적인 가정에 근거했다. 그에 따라 독신들은 정책 논문 등에서 원래보다 미약한 존재로 그려지고, 심지어 잘못된 방식으로 표현되었다.[12] 따라서 '독신들이 독신으로 사는 삶에 어떻게 적응할 것인가'에 관한 연구는 그 자체만으로

도 가치가 있을 뿐만 아니라 그 분야에 관한 연구를 더 발전시킬 것이다.[13]

더욱이 행복하게 살아가는 독신들의 심리적·사회적·물리적 특징을 이해할 수 있다면 독신으로 더 나은 삶을 살기 위한 좋은 방법들을 추천할 수 있을 것이다. 또한 독신에 관한 학문적 연구가 많아지면 입법자들이 급증하는 독신 인구의 복지 향상을 제공하는 기틀을 마련하는 데도 도움이 될 것이다. 게다가 독신이 대상인 심리적·사회적·교육적·경제적·기술적 연구는 독신은 물론, 기혼자들의 복지 향상에도 중요한 역할을 할 것이다. 이와 관련된 연구에는 독신 그룹과 기혼자 그룹 간의 관계 연구, 독신의 자기 계발 및 자유 추구 문제, 독신의 시장 수요와 소비 패턴, 독신의 이동 수단 및 공공 서비스 개선 방법, 독신의 삶을 대비한 실질적인 교육 방법 등 다수의 내용이 포함될 수 있다.

* * *

나는 어린 시절에 살았던 동네를 걷다가 샤바트가 시작되기 몇 분 전에 불 켜진 집들의 창문을 바라보았다. 수십 년 전 금요일 저녁 식사 때마다 맡았던 맛있는 냄새가 코끝을 자극했다. 많은 것이 그때와 같았다.

하지만 달라진 것들도 있다. 지금의 사회 모습은 그때보다 훨씬 다양하다. 내가 어릴 때 동네에서 보았던 많은 사람이 여전히 독신으로 살고 있고, 이혼했거나 배우자를 잃었다. 회당에서 본 허리 굽은 노인과 그의 아들은 지금도 여전히 사람들 앞에 나서기를 꺼리며 조용히 지낸다. 하지만 이제는 그들이 더 이상 이상하게 보이지 않는다. 우리의 현실이 변했고, 지금도 점점 더 빠른 속도로 변하고 있다. 이제 사회는 사람들이 각자의 방식대로 행복을 추구하도록 허용하고, 독신으로 사는 방식을 점점 더 인정하고 받아들이고 있다.

좀 더 걷다 보니 창가에 서 있는 아이들이 눈에 들어왔다. 어떻게 하면 저 아이들이 행복하게 자랄 수 있을까? 행복의 의미를 너무 따지지 말고, 그냥 말 그대로 '행복하게' 말이다. 용감한 기사와 아름다운 공주가 만나 '영원히 행복하게 산다'라는 의미일 수도 있고, 좀 더 현실적인 의미로 결혼하지 않고 혼자 행복하게, 혹은 이혼하거나 사별한 후에도 행복하게 산다는 의미일 수도 있다.

이제 우리가 할 일은 호기심 가득한 눈으로 세상을 바라보는 저 아이들이 결혼에 관해 어떤 삶을 선택하든 그것을 포용하는 사회에서 자랄 기회를 만드는 것이다. 우리 사회는 이미 여성, 성 소수자, 인종 문제를 받아들이는 과정에 상당한 진전이 있었다. 여기서 한 걸음 더 내딛는 것은 그다지 어렵지 않다. 한 걸음이면 된다. 딱 한 걸음만 더.

...

참고 문헌

Prologue

1   Bella M. DePaulo and Wendy L. Morris, "The Unrecognized Stereotyping and Discrimination against Singles," Current Directions in Psychological

2   Todd M. Jensen, Kevin Shafer, Shenyang Guo, and Jeffry H. Larson, "Differences in Relationship Stability between Individuals in First and Second Marriages: A Propensity Score Analysis," Journal of Family Issues 38, no. 3 (2017): 406–32; Megan M. Sweeney, "Remarriage and Stepfamilies: Strategic Sites for Family Scholarship in the 21st Century," Journal of Marriage and Family 72, no. 3 (2010): 667–84.

3   Stephanie S. Spielmann, Geoff MacDonald, Jessica A. Maxwell, Samantha Joel, Diana Peragine, Amy Muise, and Emily A. Impett, "Settling for Less out of Fear of Being Single," Journal of Personality and Social Psychology 105, no. 6 (2013): 1049.

4   John T. Cacioppo and William Patrick, Loneliness: Human Nature and the Need for Social Connection (New York: W. W. Norton, 2008).

5   Ibid.; Berna van Baarsen, Tom A. B. Snijders, Johannes H. Smit, and Marijtje A. J. van Duijn, "Lonely but Not Alone: Emotional Isolation and Social Isolation as Two Distinct Dimensions of Loneliness in Older People," Educational and Psychological Measurement 61, no. 1 (2001): 119–35.

6　Shelley Budgeon, "Couple Culture and the Production of Singleness," Sexualities 11, no. 3 (2008): 301–25; Richard Fry, "A Rising Share of Young Adults Live in Their Parents' Home," in Social Demographic Trends Project (Washington, DC: Pew Research Center, 2013); Eric Klinenberg, Going Solo: The Extraordinary Rise and Surprising Appeal of Living Alone (New York: Penguin, 2012).

7　Wendy Wang and Kim C. Parker, Record Share of Americans Have Never Married: As Values, Economics and Gender Patterns Change(Washington, DC: Pew Research Center, 2014).

8　National Bureau of Statistics of China, "China Statistics: National Statistics" (Beijing: National Bureau of Statistics of China, 2013).

9　Eurostat, "Urban Europe—Statistics on Cities, Towns and Suburbs," (Luxemburg: Publications Office of the European Union, 2016); Euromonitor, Downsizing Globally: The Impact of Changing Household Structure on Global Consumer Markets (London: Euromonitor, 2013).

10　Paul R. Amato, "Research on Divorce: Continuing Trends and New Developments," Journal of Marriage and Family 72, no. 3 (2010): 650–66; Wendy Wang and Kim C Parker, Record Share of Americans Have Never Married: As Values, Economics and Gender Patterns Change (Washington, DC: Pew Research Center, 2014).

11　Eric Klinenberg, Going Solo: The Extraordinary Rise and Surprising Appeal of Living Alone (New York: Penguin, 2012).

12　Terrence McCoy, "Do It for Denmark!" Campaign Wants Danes to Have More Sex: A Lot More Sex," Washington Post, March 27, 2014, www.washingtonpost.com/news/morning-mix/wp/2014/03/27/do-it-for-denmark-campaign-wants-danesto-have-more-sex-a-lot-more-sex/?utm_term=.d8e6eef47764.

13　Philip Brasor and Masako Tsubuku, "A Rise in Vacancies Won't Mean Drops in Rent," July 2, 2016, www.japantimes.co.jp/community/2016/07/02/how-tos/rise-vacancies-wont-mean-drops-rent/#.WmN_R6iWbg8.

14　Vivian E. Hamilton, "Mistaking Marriage for Social Policy," Virginia Journal of Social Policy and the Law 11 (2004): 307–71.

15　C. Marshall and G. B. Rossman, Designing Qualitative Research (Newbury Park, CA:

Sage, 2006); S. F. Rallis and G. B. Rossman, Learning in the Field: An Introduction to Qualitative Research, 3rd ed. (Thousand Oaks, CA: Sage, 2011); A. L. Strauss and J. Corbin, Basics of Qualitative Research (Thousand Oaks, CA: Sage, 1990).

16   A. L. Strauss and J. Corbin, Basics of Qualitative Research (Thousand Oaks, CA: Sage, 1990).

17   Ari Engelberg, "Religious Zionist Singles: Caught between 'Family Values' and 'Young Adulthood,' " Journal for the Scientific Study of Religion, 55, no. 2 (2016): 349–64.

18   Similarly to the 1990 US census, for example, in which cohabitation with a partner who is not a spouse was included as a possible and separate category, see Casey E. Copen, Kimberly Daniels, Jonathan Vespa, and William D. Mosher, "First Marriages in the United States; Data from the 2006–2010 National Survey of Family Growth" (Hyattsville, MD: Department of Health and Human Services, Centers for Disease Control and Prevention, National Center for Health Statistics, 2012); Lynne M. Casper and Philip N. Cohen, "How Does Posslq Measure Up? Historical Estimates of Cohabitation," Demography 37, no. 2 (2000): 237–45.

19   Tim B. Heaton and Renata Forste, "Informal Unions in Mexico and the United States," Journal of Comparative Family Studies 38, no. 1 (2007): 55–69; Teresa Castro Martin, "Consensual Unions in Latin America: Persistence of a Dual Nuptiality System," Journal of Comparative Family Studies 33, no. 1 (2002): 35–55; Brienna Perelli-Harris, Monika Mynarska, Caroline Berghammer, Ann Berrington, Ann Evans, Olga Isupova, Renske Keizer, Andreas Klärner, Trude Lappegard, and Daniele Vignoli, "Towards a Deeper Understanding of Cohabitation: Insights from Focus Group Research across Europe and Australia," Demographic Research 31, no. 34 (2014): 1043–78.

20   Matthew D. Bramlett and William D. Mosher, "Cohabitation, Marriage, Divorce, and Remarriage in the United States," Vital Health Statistics 23, no. 22 (2002): 1–32; Andrew J. Cherlin, "The Deinstitutionalization of American Marriage," Journal of Marriage and Family 66, no. 4 (2004): 848–61; Anke C. Zimmermann and Richard A. Easterlin, "Happily Ever After? Cohabitation, Marriage, Divorce, and Happiness in

Germany," Population and Development Review 32, no. 3 (2006): 511–28.

21   Jane Lewis, The End of Marriage? (London: Institute for the Study of Civil Society, 2000); Patricia M. Morgan, Marriage-Lite: The Rise of Cohabitation and Its Consequences (London: Institute for the Study of Civil Society, 2000); James A. Sweet and Larry L. Bumpass, "Young Adults' Views of Marriage Cohabitation and Family" (working paper no. 33, National Survey of Families and Households, Center for Demography and Ecology, University of Wisconsin-Madison, 1990).

22   Patricia M. Morgan, Marriage-Lite: The Rise of Cohabitation and Its Consequences (London: Institute for the Study of Civil Society, 2000).

23   Gavin W. Jones, "The 'Flight from Marriage' in South-East and East Asia," Journal of Comparative Family Studies 36, no. 1 (2005): 93–119.

24   Ruut Veenhoven, "The Utility of Happiness," Social Indicators Research 20, no. 4 (1988): 333–54.

25   S. M. Chiang, The Philosophy of Happiness: A History of Chinese Life Philosophy (Taipei: Hong Yie Publication Company, 1996); Georg Wilhelm Friedrich Hegel and Robert F. Brown, Lectures on the History of Philosophy: Greek Philosophy (Oxford: Oxford University Press, 2006); Darrin M. McMahon, "From the Happiness of Virtue to the Virtue of Happiness: 400 BC–AD 1780," Daedalus 133, no. 2 (2004): 5–17; Wladyslaw Tatarkiewicz, "Analysis of Happiness," Philosophy and Phenomenological Research 38, no. 1 (1976): 139–40.

26   Luo Lu, "Understanding Happiness: A Look into the Chinese Folk Psychology," Journal of Happiness Studies 2, no. 4 (2001): 407–32.

27   Shigehiro Oishi, Jesse Graham, Selin Kesebir, and Iolanda Costa Galinha, "Concepts of Happiness across Time and Cultures," Personality and Social Psychology Bulletin 39, no. 5 (2013): 559–77.

28   Cassie Mogilner, Sepandar D. Kamvar, and Jennifer Aaker, "The Shifting Meaning of Happiness," Social Psychological and Personality Science 2, no. 4 (2010): 395–402.

29   Yew-Kwang Ng, "Happiness Surveys: Some Comparability Issues and an Exploratory Survey Based on Just Perceivable Increments," Social Indicators

Research 38, no. 1 (1996): 1–27.

30   Adam Okulicz-Kozaryn, Zahir Irani, and Zahir Irani, "Happiness Research for
      Public Policy and Administration," Transforming Government: People, Process and
      Policy 10, no. 2 (2016): 196–211.

31   Martin E. P. Seligman, Authentic Happiness: Using the New Positive Psychology
      to Realize Your Potential for Lasting Fulfillment (New York: Simon and Schuster,
      2004); Martin E. P. Seligman and Mihaly Csikszentmihalyi, Positive Psychology: An
      Introduction (New York: Springer, 2014).

1. 독신의 시대

1   Xiaqing Zhao and Hooi Lai Wan, "Drivers of Online Purchase Intention on Singles'
     Day: A Study of Chinese Consumers," International Journal of Electronic Marketing
     and Retailing 8, no. 1 (2017): 1–20.

2   Tiffany Hsu, "Alibaba's Singles Day Sales Hit New Record of $25.3 Billion," New
     York Times, November 10, 2017.

3   Singular Magazine, "National Singles Day Returns to West Hollywood," January 1,
     2016.

4   Zhongwei Zhao and Wei Chen, "Changes in Household Formation and Composition
     in China since the Mid-twentieth Century," Journal of Population Research 25, no. 3
     (2008): 267–86.

5   Wei-Jun Jean Yeung and Adam Ka-Lok Cheung, "Living Alone: One- Person
     Households in Asia," Demographic Research 32, no. 40 (2015): 1099–112.

6   Euromonitor, Downsizing Globally: The Impact of Changing Household Structure
     on Global Consumer Markets (London: Euromonitor International, 2013).

7   Eric Klinenberg, Going Solo: The Extraordinary Rise and Surprising Appeal of
     Living Alone (New York: Penguin, 2012).

8   Wendy Wang and Kim C. Parker, Record Share of Americans Have Never Married:
     As Values, Economics and Gender Patterns Change (Washington, DC: Pew Research
     Center, 2014).

9   Pew Research Center, Parenting in America: Outlook, Worries, Aspirations Are Strongly Linked to Financial Situation (Washington, DC: Pew Research Center, 2015).

10   Reiko Hayashi, Social Security in Japan (Tokyo: National Institute of Population and Social Security Research, 2016).

11   Roslyn Appleby, "Singleness, Marriage, and the Construction of Heterosexual Masculinities: Australian Men Teaching English in Japan," portal: Journal of Multidisciplinary International Studies 10, no. 1 (2013): 1–21; Masahiro Morioka, "A Phenomenological Study of 'Herbivore Men,' " Review of Life Studies 4 (2013): 1–20; James E. Roberson and Nobue Suzuki, eds., Men and Masculinities in Contemporary Japan: Dislocating the Salaryman Doxa (London: Routledge, 2005).

12   Masahiro Morioka, "A Phenomenological Study of 'Herbivore Men,' " Review of Life Studies 4 (2013): 1–20.

13   Alexandra Harney, "The Herbivore's Dilemma," Slate, June 2009.

14   Kathleen Kiernan, "Unmarried Cohabitation and Parenthood in Britain and Europe," Law & Policy 26, no. 1 (2004): 33–55.

15   Peter J. Stein, "Singlehood: An Alternative to Marriage," Family Coordinator 24, no. 4 (1975): 489–503.

16   Gary R. Lee and Krista K. Payne, "Changing Marriage Patterns since 1970: What's Going On, and Why?" Journal of Comparative Family Studies 41, no. 4 (2010): 537–55.

17   Census of India, Houselisting and Housing Census Data (New Delhi: Government of India, Ministry of Home Affairs, 2011); Premchand Dommaraju, "One-Person Households in India," Demographic Research 32, no. 45 (2015); Hyunjoon Park and Jaesung Choi, "Long-Term Trends in Living Alone among Korean Adults: Age, Gender, and Educational Differences," Demographic Research 32, no. 43 (2015): 1177–208; Christophe Guilmoto and Myriam de Loenzien, "Emerging, Transitory or Residual? One-Person Households in 200 / Notes to Pages 17–20 Viet Nam," Demographic Research 32, no. 42 (2015): 1147–76; Chai Podhisita and Peter Xenos, "Living Alone in South and Southeast Asia: An Analysis of Census Data," Demographic Research 32, no. 41 (2015): 1113–46; Hyunjoon Park and Jaesung

Choi, "Long-Term Trends in Living Alone among Korean Adults: Age, Gender, and Educational Differences," Demographic Research 32, no. 43 (2015): 1177–208.

18 Shelley Budgeon, "Couple Culture and the Production of Singleness," Sexualities 11, no. 3 (2008): 301–25; Euromonitor, Downsizing Globally: The Impact of Changing Household Structure on Global Consumer Markets (London: Euromonitor International, 2013).

19 Euromonitor, Single Living: How Atomisation—the Rise of Singles and One-Person Households—Is Affecting Consumer Purchasing Habits (London: Euromonitor International, 2008).

20 Mohammad Jalal Abbasi-Shavazi, Peter McDonald, and Meimanat Hossein Chavoshi, Changes in Family, Fertility Behavior and Attitudes in Iran (Canberra, Australia: Demography and Sociology Program, Research School of Social Sciences, 2003).

21 Amir Erfani and Kevin McQuillan, "Rapid Fertility Decline in Iran: Analysis of Intermediate Variables," Journal of Biosocial Science 40, no. 3 (2008): 459–78.

22 UAE Interact, Marriage Fund Report (Abu Dhabi, United Arab Emirates: Ministry of Information and Culture, 2015).

23 Hoda Rashad, Magued Osman, and Farzaneh Roudi-Fahimi, Marriage in the Arab World (Washington, DC: Population Reference Bureau, 2005).

24 Government, United Arab Emirates, Marriage Fund Report (Abu Dhabi, United Arab Emirates: Ministry of Information and Culture, 2017), http://beta.government.ae/en/information-and-services/social-affairs/marriage.

25 Hoda Rashad, Magued Osman, and Farzaneh Roudi-Fahimi, Marriage in the Arab World (Washington, DC: Population Reference Bureau, 2005); Paul Puschmann and Koen Matthijs, "The Demographic Transition in the Arab World: The Dual Role of Marriage in Family Dynamics and Population Growth," in Population Change in Europe, the Middle-East and North Africa: Beyond the Demographic Divide, ed. Koenraad Matthijs, Karel Neels, Christiane Timmerman, Jacques Haers, and Sara Mels (New York: Routledge, 2016), 119.

26 Stephanie Coontz, Marriage, a History: How Love Conquered Marriage (New York:

Penguin, 2006).

27   Organization for Economic Cooperation and Development, Fertility Rates (Indicator)
      (Paris: OECD, 2017).

28   Joshua Goldstein, Wolfgang Lutz, and Maria Rita Testa, "The Emergence of Sub-
      replacement Family Size Ideals in Europe," Population Research and Policy Review
      22, no. 5–6 (2003): 479–96.

29   World Bank, Total Fertility Rate (Births per Woman) (Washington, DC: World Bank,
      2016).

30   P. Hogan, "The Effects of Demographic Factors, Family Background, and Early Job
      Achievement on Age at Marriage," Demography 15, no. 2 (1978): 161–75; Gavin W.
      Jones, "Delayed Marriage and Very Low Fertility in Pacific Asia," Population and
      Development Review 33, no. 3 (2007): 453–78.

31   Jiehua Lu and Xiaofei Wang, "Changing Patterns of Marriage and Divorce in
      Today's China," in Analysing China's Population (New York: Springer, 2014), 37–49.

32   Xuanning Fu and Tim B. Heaton, "A Cross-national Analysis of Family and
      Household Structure," International Journal of Sociology of the Family 25, no. 2
      (1995): 1–32; Frances E. Kobrin, "The Fall in Household Size and the Rise of the
      Primary Individual in the United States," Demography 13, no. 1 (1976): 127–38.

33   Robert T. Michael and Nancy Brandon Tuma, "Entry into Marriage and Parenthood
      by Young Men and Women: The Influence of Family Background," Demography
      22, no. 4 (1985): 515–44; Philip E. Ogden and François Schnoebelen, "The Rise
      of the Small Household: Demographic Change and Household Structure in Paris,"
      Population, Space and Place, 11, no. 4 (2005): 251–68; Philip E. Ogden and Ray
      Hall, "The Second Demographic Transition, New Household Forms and the Urban
      Population of France during the 1990s," Transactions of the Institute of British
      Geographers 29, no. 1 (2004): 88–105; Peter A.Morrison, Demographic Factors
      Reshaping Ties to Family and Place (Santa Monica, CA: Rand Corporation, 1990).

34   Vern L. Bengtson and Norella M. Putney, "Who Will Care for Tomorrow's Elderly?
      Consequences of Population Aging East and West," in Aging in East and West:
      Families, States, and the Elderly, ed. Vern L. Bengtson, Kyong-Dong Kim, George

Myers, and Ki-Soo Eun (New York: Springer, 2000), 163–85; Antonio Golini and A. Silverstrini, "Family Change, Fathers, and Children in Western Europe: A Demographic and Psychosocial Perspective," in The Family on the Threshold of the 21st Century: Trends and Implications, ed. Solly Dreman (New York: Psychology Press, 2013), 201.

35　Jennifer M. Ortman, Victoria A. Velkoff, and Howard Hogan, An Aging Nation: The Older Population in the United States (Washington, DC: US Census Bureau, Economics and Statistics Administration, US Department of Commerce, 2014).

36　Organization for Economic Cooperation and Development, Life Expectancy at 65 (Indicator) (Paris: OECD, 2017).

37　Ellen A. Kramarow, "The Elderly Who Live Alone in the United States: Historical Perspectives on Household Change," Demography 32, no. 3 (1995): 335–52; Jim Oeppen and James W. Vaupel, "Broken Limits to Life Expectancy," Science 296, no. 5570 (2002): 1029–31; Steven Ruggles, Living Arrangements of the Elderly in America, 1880–1980 (Berlin: de Gruyter, 1996).

38　Axel Börsch-Supan, Survey of Health, Ageing and Retirement in Europe (Share) Wave 6 (Munich: SHARE-ERIC, 2018).

39　Renee Stepler, Led by Baby Boomers, Divorce Rates Climb for America's 50+ Population (Washington, DC: Pew Research Center, 2017).

40　Adam Ka-Lok Cheung and Wei-Jun Jean Yeung, "Temporal-Spatial Patterns of One-Person Households in China, 1982–2005," Demographic Research 32, no. 44 (2015): 1209–38; Wei-Jun Jean Yeung and Adam Ka-Lok Cheung, "Living Alone: One-Person Households in Asia," Demographic Research 32, no. 40 (2015): 1099–112.

41　K. Bolin, B. Lindgren, and P. Lundborg, "Informal and Formal Care among Single-Living Elderly in Europe," Health Economics 17, no. 3 (2008): 393–409; Elena Portacolone, "The Notion of Precariousness among Older Adults Living Alone in the U.S.," Journal of Aging Studies 27, no. 2 (2013): 166–74.

42　Vanessa L. Fong, Only Hope: Coming of Age under China's One-Child Policy (Stanford, CA: Stanford University Press, 2004).

43　Census of India, "Houselisting and Housing Census Data," Houselisting and

Housing Census Data (New Delhi: Government of India, Ministry of Home Affairs, 2011).

44   "Bare Branches, Redundant Males," The Economist, April 18, 2015, www. economist.com/asia/2015/04/18/bare-branches-redundant-males.

45   Fred Arnold and Liu Zhaoxiang, "Sex Preference, Fertility, and Family Planning in China," Population and Development Review 12, no. 2 (1986): 221–46; Christophe Z. Guilmoto, "Economic, Social and Spatial Dimensions of India's Excess Child Masculinity," Population 63, no. 1 (2008): 91–117; Shelley Budgeon, "Couple Culture and the Production of Singleness," Sexualities 11, no. 3 (2008): 301–25; Monica Das Gupta, "Selective Discrimination against Female Children in Rural Punjab, India," Population and Development Review (1987): 77–100; Chai Bin Park and Nam-Hoon Cho, "Consequences of Son Preference in a Low-Fertility Society: Imbalance of the Sex Ratio at Birth in Korea," Population and Development Review (1995): 59–84.

46   Eurostat, Eurostat Regional Yearbook (Brussels: European Commission, 2017).

47   Soon Kyu Choi and Ilan H. Meyer, LGBT Aging: A Review of Research Findings, Needs, and Policy Implications (Los Angeles: Williams Institute, 2016).

48   Elizabeth A. Cashdan, "Natural Fertility, Birth Spacing, and the 'First Demographic Transition,'" American Anthropologist 87, no. 3 (1985): 650–53; John C. Caldwell, "Toward a Restatement of Demographic Transition Theory," Population and Development Review (1976): 321–66.

49   Ronald Inglehart and Christian Welzel, Modernization, Cultural Change, and Democracy: The Human Development Sequence (Cambridge: Cambridge University Press, 2005); Wolfgang Lutz and Vegard Skirbekk, "Policies Addressing the Tempo Effect in Low-Fertility Countries," Population and Development Review 31, no. 4 (2005): 699–720.

50   Zillah R. Eisenstein, ed., Capitalist Patriarchy and the Case for Socialist Feminism (New York: Monthly Review Press, 1979); Ann Ferguson and Nancy Folbre, "The Unhappy Marriage of Patriarchy and Capitalism," Women and Revolution 80 (1981): 10–11.

51   Rosalind Chait Barnett and Janet Shibley Hyde, "Women, Men, Work, and Family," American Psychologist 56, no. 10 (2001): 781–96; Ronald Inglehart and Christian Welzel, Modernization, Cultural Change, and Democracy: The Human Development Sequence (Cambridge: Cambridge University Press, 2005).

52   Hans-Peter Blossfeld and Johannes Huinink, "Human Capital Investments or Norms of Role Transition? How Women's Schooling and Career Affect the Process of Family Formation," American Journal of Sociology, 97, no. 1 (1991): 143–68; Agnes R. Quisumbing and Kelly Hallman, Marriage in Transition: Evidence on Age, Education, and Assets from Six Developing Countries (New York: Population Council, 2005), 200–269.

53   Hans-Peter Blossfeld and Alessandra De Rose, "Educational Expansion and Changes in Entry into Marriage and Motherhood: The Experience of Italian Women," Genus 48, no. 3–4 (1992): 73–91.

54   Steve Derné, Meenu Sharma, and Narendra Sethi, Structural Changes Rather Than the Influence of Media: People's Encounter with Economic Liberalization in India (New Delhi: Sage India, 2014).

55   Jill Reynolds, The Single Woman: A Discursive Investigation (London: Routledge, 2013); Jill Reynolds and Margaret Wetherell, "The Discursive Climate of Singleness: The Consequences for Women's Negotiation of a Single Identity," Feminism & Psychology 13, no. 4 (2003): 489–510.

56   May Al-Dabbagh, "Saudi Arabian Women and Group Activism," Journal of Middle East Women's Studies 11, no. 2 (2015): 235.

57   Alanoud Alsharekh, "Instigating Social Change: Translating Feminism in the Arab World and India," QScience Connect (2016): 2; Sylvia Vatuk, "Islamic Feminism in India," in Islamic Reform in South Asia, ed. Filippo Osella and Caroline Osella, 346–82 (Cambridge: Cambridge University Press, 2013).

58   Nada Mustafa Ali, "Feminism in North Africa," The Wiley Blackwell Encyclopedia of Gender and Sexuality Studies (Hoboken, NJ: Wiley Blackwell, 2016); Melissa Jackson, "A Season of Change: Egyptian Women's Organizing in the Arab Spring," Undercurrent 11, no. 1 (2015).

59   Veronica V. Kostenko, Pavel A. Kuzmuchev, and Eduard D. Ponarin, "Attitudes towards Gender Equality and Perception of Democracy in the Arab World," Democratization 23, no. 5 (2015): 1–28.

60   Paul Puschmann and Koen Matthijs, "The Demographic Transition in the Arab World: The Dual Role of Marriage in Family Dynamics and Population Growth," in Population Change in Europe, the Middle-East and North Africa: Beyond the Demographic Divide, ed. Koenraad Matthijs, Karel Neels, Christiane Timmerman, and Jacques Haers (London: Routledge, 2016), 119.

61   Michael A. Messner, " 'Changing Men' and Feminist Politics in the United States," Theory and Society 22, no. 5 (1993): 723–37.

62   Laurie A. Rudman and Kimberly Fairchild, "The F Word: Is Feminism Incompatible with Beauty and Romance?" Psychology of Women Quarterly 31, no. 2 (2007): 125–36; Laurie A. Rudman and Julie E. Phelan, "The Interpersonal Power of Feminism: Is Feminism Good for Romantic Relationships?" Sex Roles 57, no. 11–12 (2007): 787–99.

63   Elizabeth Gregory, Ready: Why Women Are Embracing the New Later Motherhood (New York: Perseus Books Group, 2012).

64   Joelle Abramowitz, "Turning Back the Ticking Clock: The Effect of Increased Affordability of Assisted Reproductive Technology on Women's Marriage Timing," Journal of Population Economics 27, no. 2 (2014): 603–33.

65   Ya'arit Bokek-Cohen and Limor Dina Gonen, "Sperm and Simulacra: Emotional Capitalism and Sperm Donation Industry," New Genetics and Society 34, no. 3 (2015): 243–73.

66   Robert E. Emery, Marriage, Divorce, and Children's Adjustment (New York: Sage, 1999).

67   Richard E. Lucas, Andrew E. Clark, Yannis Georgellis, and Ed Diener, "Reexamining Adaptation and the Set Point Model of Happiness: Reactions to Changes in Marital Status," Journal of Personality and Social Psychology 84, no. 3 (2003): 527.

68   Jody Van Laningham, David R. Johnson, and Paul Amato, "Marital Happiness, Marital Duration, and the U-Shaped Curve: Evidence from a Five-Wave Panel

Study," Social Forces 79, no. 4 (2001): 1313–41.

69   Vaughn Call, Susan Sprecher, and Pepper Schwartz, "The Incidence and Frequency of Marital Sex in a National Sample," Journal of Marriage and the Family 57, no. 3 (1995): 639–52; Helen E. Fisher, Anatomy of Love: The Natural History of Monogamy, Adultery and Divorce (New York: Norton, 1992).

70   Andrew E. Clark, Ed Diener, Yannis Georgellis, and Richard E Lucas, "Lags and Leads in Life Satisfaction: A Test of the Baseline Hypothesis," Economic Journal 118, no. 529 (2008); Anke C. Zimmermann and Richard A. Easterlin, "Happily Ever After? Cohabitation, Marriage, Divorce, and Happiness in Germany," Population and Development Review 32, no. 3 (2006): 511–28.

71   Alois Stutzer and Bruno S. Frey, "Does Marriage Make People Happy, or Do Happy People Get Married?" Journal of Socio-Economics 35, no. 2 (2006): 326–47.

72   Richard E. Lucas, "Time Does Not Heal All Wounds: A Longitudinal Study of Reaction and Adaptation to Divorce," Psychological Science 16, no. 12 (2005): 945–50.

73   Richard E. Lucas, "Adaptation and the Set-Point Model of Subjective Well-Being: Does Happiness Change after Major Life Events?" Current Directions in Psychological Science 16, no. 2 (2007): 75–79; Pasqualina Perrig-Chiello, Sara Hutchison, and Bina Knöpfli, "Vulnerability Following a Critical Life Event: Temporary Crisis or Chronic Distress? A Psychological Controversy, Methodological Considerations, and Empirical Evidence," in Surveying Human Vulnerabilities across the Life Course (New York: Springer, 2016), 87–111.

74   Andrew E. Clark and Yannis Georgellis, "Back to Baseline in Britain: Adaptation in the British Household Panel Survey," Economica 80, no. 319 (2013): 496–512; Paul Frijters, David W. Johnston, and Michael A. Shields, "Life Satisfaction Dynamics with Quarterly Life Event Data," Scandinavian Journal of Economics 113, no. 1 (2011): 190–211; Kelly Musick and Larry Bumpass, "Reexamining the Case for Marriage: Union Formation and Changes in Well-Being," Journal of Marriage and Family 74, no. 1 (2012): 1–18; Judith P. M. Soons, Aart C. Liefbroer, and Matthijs Kalmijn, "The Long-Term Consequences of Relationship Formation for Subjective

Well-Being," Journal of Marriage and Family 71, no. 5 (2009): 1254–70.

75 Casey E. Copen, Kimberly Daniels, Jonathan Vespa, and William D. Mosher, First Marriages in the United States: Data from the 2006–2010 National Survey of Family Growth (Hyattsville, MD: Department of Health and Human Services, Centers for Disease Control and Prevention, National Center for Health Statistics, 2012); Eurostat, Marriage and Divorce Statistics (Luxembourg: European Commission, 2017); Pamela Engel, "Map: Divorce Rates around the World," Business Insider, May 25, 2014.

76 Robert E. Emery, Mary Waldron, Katherine M. Kitzmann, and Jeffrey Aaron, "Delinquent Behavior, Future Divorce or Nonmarital Childbearing, and Externalizing Behavior among Offspring: A 14-Year Prospective Study," Journal of Family Psychology 13, no. 4 (1999): 568.

77 Paul R. Amato and Bruce Keith, "Parental Divorce and Adult Well-Being: A Meta-analysis," Journal of Marriage and the Family (1991): 43–58; Paul R.Amato, "Explaining the Intergenerational Transmission of Divorce," Journal of Marriage and the Family 58, no. 3 (1996): 628–40; Larry L. Bumpass, Teresa Castro Martin, and James A. Sweet, "The Impact of Family Background and Early Marital Factors on Marital Disruption," Journal of Family Issues 12, no. 1 (1991): 22–42.

78 Nicholas Wolfinger, "Want to Avoid Divorce? Wait to Get Married, but Not Too Long," Family Studies, July 16, 2015.

79 Fakir Al Gharaibeh and Nicole Footen Bromfield, "An Analysis of Divorce Cases in the United Arab Emirates: A Rising Trend," Journal of Divorce & Remarriage 53, no. 6 (2012): 436–52; Andrew Cherlin, Marriage, Divorce, Remarriage (Cambridge, MA: Harvard University Press, 2009).

80 Albert Esteve and Ron J. Lesthaeghe, Cohabitation and Marriage in the Americas: Geo-Historical Legacies and New Trends (New York: Springer, 2016).

81 Nicole Hiekel and Renske Keizer, "Risk-Avoidance or Utmost Commitment? Dutch Focus Group Research on Cohabitation and Marriage," Demographic Research 32, no. 10 (2015): 311.

82 Amanda J. Miller, Sharon Sassler, and Dela Kusi-Appouh, "The Specter of Divorce: Views from Working-and Middle-Class Cohabitors," Family Relations 60, no. 5

(2011): 602–16.

83   Arielle Kuperberg, "Reassessing Differences in Work and Income in Cohabitation and Marriage," Journal of Marriage and Family 74, no. 4 (2012): 688–707; Elina Mäenpää and Marika Jalovaara, "The Effects of Homogamy in Socio-economic Background and Education on the Transition from Cohabitation to Marriage," Acta Sociologica 56, no. 3 (2013): 247–63; Jarl E. Mooyaart and Aart C. Liefbroer, "The Influence of Parental Education on Timing and Type of Union Formation: Changes over the Life Course and over Time in the Netherlands," Demography 53, no. 4 (2016): 885–919.

84   Masahiro Yamada, "Parasaito shinguru no jidai [The Age of Parasite Singles]," Tokyo: Chikuma Shobo (1999); Masahiro Yamada, "Parasite Singles Feed on Family System," Japan Quarterly 48, no. 1 (2001): 10.

85   Youna Kim, Women and the Media in Asia: The Precarious Self (London: Palgrave Macmillan, 2012), 6–32.

86   Masahiro Yamada, "Parasite Singles Feed on Family System," Japan Quarterly 48, no. 1 (2001): 10.

87   Juliet Stone, Ann Berrington, and Jane Falkingham, "The Changing Determinants of UK Young Adults' Living Arrangements," Demographic Research 25, no. 20 (2011): 629–66.

88   Kathryn Edin and Joanna M. Reed, "Why Don't They Just Get Married? Barriers to Marriage among the Disadvantaged," Future of Children 15, no. 2 (2005): 117–37.

89   Hyunjoon Park, Jae Kyung Lee, and Inkyung Jo, "Changing Relationships between Education and Marriage among Korean Women," 한국사회학 47, no. 3 (2013): 51–76.

90   Richard Fry, "A Rising Share of Young Adults Live in Their Parents' Home," in Social Demographic Trends Project (Washington, DC: Pew Research Center, 2013).

91   Eric Klinenberg, Going Solo: The Extraordinary Rise and Surprising Appeal of Living Alone (New York: Penguin, 2012).

92   S. Niranjan, Saritha Nair, and T. K. Roy, "A Socio-demographic Analysis of the Size and Structure of the Family in India," Journal of Comparative Family Studies, 36,

no. 4 (2005): 623–51; Tulsi Patel, The Family in India: Structure and Practice (New York: Sage, 2005).

93 David Levine, Family Formation in an Age of Nascent Capitalism [England], Studies in Social Discontinuity (New York: Academic Press, 1977).

94 Henrike Donner and Goncalo Santos, "Love, Marriage, and Intimate Citizenship in Contemporary China and India: An Introduction," Modern Asian Studies 50, no. 4 (2016): 1123–46.

95 Wim Lunsing, Tamako Sarada, Masahiro Yamada, Shumon Miura, Tamako Sarada, and Kiyo Yamamoto, " 'Parasite' and 'Non-parasite' Singles: Japanese Journalists and Scholars Taking Positions," Social Science Japan Journal 6, no. 2 (2003): 261–65.

96 Anne Stefanie Aronsson, Career Women in Contemporary Japan: Pursuing Identities, Fashioning Lives (New York: Routledge, 2014); John McCreery, Japanese Consumer Behaviour: From Worker Bees to Wary Shoppers (New York: Routledge, 2014).

97 Japan Family Planning Association, Biannual Survey (Tokyo: National Institute of Population and Social Security Research, 2014).

98 Andrew D. Gordon, "Consumption, Consumerism, and Japanese Modernity," in The Oxford Handbook of the History of Consumption, ed. Frank Trentmann, 485–504 (Oxford: Oxford University Press, 2012).

99 Richard Grassby, Kinship and Capitalism: Marriage, Family, and Business in the English-Speaking World, 1580–1740 (Cambridge: Cambridge University Press, 2000).

100 Maggie Gallagher and Linda Waite, The Case for Marriage (New York: Random House, 2000).

101 Sharon Boden, Consumerism, Romance and the Wedding Experience (London: Palgrave Macmillan, 2003); Colin Campbell, The Romantic Ethic and the Spirit of Modern Consumerism (Hoboken, NJ: Blackwell, 2005).

102 Ellen A. Kramarow, "The Elderly Who Live Alone in the United States: Historical Perspectives on Household Change," Demography 32, no. 3 (1995): 335–52.

103 Christina M. Gibson-Davis, Kathryn Edin, and Sara McLanahan, "High Hopes but Even Higher Expectations: The Retreat from Marriage among Low-Income

Couples," Journal of Marriage and Family 67, no. 5 (2005): 1301–12.

104 Irina Khoutyz, "Academic Mobility Programs as Part of Individual and Professional Development in a Globalized World: Uncovering Cultural Dimensions," in Handbook of Research on Individualism and Identity in the Globalized Digital Age, ed. F. Sigmund Topor, 168 (Hershey, PA: IGI Global, 2016).

105 Jianguo Liu, Thomas Dietz, Stephen R. Carpenter, Carl Folke, Marina Alberti, Charles L. Redman, Stephen H. Schneider, Elinor Ostrom, Alice N. Pell, and Jane Lubchenco, "Coupled Human and Natural Systems," AMBIO: A Journal of the Human Environment 36, no. 8 (2007): 639–49.

106 Bella M. DePaulo, Singled Out: How Singles Are Stereotyped, Stigmatized, and Ignored, and Still Live Happily Ever After (New York: St. Martin's Griffin, 2007).

107 Helen Katz, The Media Handbook: A Complete Guide to Advertising Media Selection, Planning, Research, and Buying (New York: Routledge, 2014).

108 Annette Pritchard and Nigel J. Morgan, "Sex Still Sells to Generation X: Promotional Practice and the Youth Package Holiday Market," Journal of Vacation Marketing 3, no. 1 (1996): 68–80; Philip Roscoe and Shiona Chillas, "The State of Affairs: Critical Performativity and the Online Dating Industry," Organization 21, no. 6 (2014): 797–820.

109 Dana L. Alden, Jan-Benedict E. M. Steenkamp, and Rajeev Batra, "Brand Positioning through Advertising in Asia, North America, and Europe: The Role of Global Consumer Culture," Journal of Marketing 63, no. 1 (1999): 75–87; Stuart Ewen, Captains of Consciousness: Advertising and the Social Roots of the Consumer Culture (New York: Basic Books, 2008).

110 Breana Wilson and Esther Lamidi, Living Alone in the U.S., 2011, FP-13–18, (Bowling Green, OH: National Center for Family & Marriage Research, 2013), http:// ncfmr.bgsu.edu/pdf/family_profiles/file138254.pdf.

111 Hans-Peter Blossfeld and Johannes Huinink, "Human Capital Investments or Norms of Role Transition? How Women's Schooling and Career Affect the Process of Family Formation," American Journal of Sociology 97, no. 1 (1991): 143–68; Hans-Peter Blossfeld and Alessandra De Rose, "Educational Expansion and Changes in

Entry into Marriage and Motherhood: The Experience of Italian Women," Genus 48, no. 3–4 (1992): 73–91.

112 Wolfgang Lutz and Vegard Skirbekk, "Policies Addressing the Tempo Effect in Low-Fertility Countries," Population and Development Review 31, no. 4 (2005): 699–720.

113 Robert T. Michael, Victor R. Fuchs, and Sharon R. Scott, "Changes in the Propensity to Live Alone: 1950–1976," Demography 17, no. 1 (1980): 39–56; Samuel Andrew Stouffer, Communism, Conformity, and Civil Liberties: A Cross-section of the Nation Speaks Its Mind (Piscataway, NJ: Transaction, 1955).

114 Lawrence Bobo and Frederick C Licari, "Education and Political Tolerance: Testing the Effects of Cognitive Sophistication and Target Group Affect," Public Opinion Quarterly 53, no. 3 (1989): 285–308.

115 Frederick D. Weil, "The Variable Effects of Education on Liberal Attitudes: A Comparative-Historical Analysis of Anti-Semitism Using Public Opinion Survey Data," American Sociological Review 50, no. 4 (1985): 458–74.

116 Premchand Dommaraju, "One-Person Households in India," Demographic Research 32, no. 45 (2015); Hyunjoon Park and Jaesung Choi, "Long-Term Trends in Living Alone among Korean Adults: Age, Gender, and Educational Differences," Demographic Research 32, no. 43 (2015): 1177–208; Christophe Guilmoto and Myriam de Loenzien, "Emerging, Transitory or Residual? One-Person Households in Viet Nam," Demographic Research 32, no. 42 (2015): 1147–76; Chai Podhisita and Peter Xenos, "Living Alone in South and Southeast Asia: An Analysis of Census Data," Demographic Research 32, no. 41 (2015): 1113–46; Wei-Jun Jean Yeung and Adam Ka-Lok Cheung, "Living Alone: One-Person Households in Asia," Demographic Research 32, no. 40 (2015): 1099–112.

117 Lisa R. Silberstein, Dual-Career Marriage: A System in Transition (New York: Psychology Press, 1992).

118 Richard E. Kopelman, Jeffrey H. Greenhaus, and Thomas F. Connolly, "A Model of Work, Family, and Interrole Conflict: A Construct Validation Study," Organizational Behavior and Human Performance 32, no. 2 (1983): 198–215; Lisa R. Silberstein,

Dual-Career Marriage: A System in Transition (New York: Psychology Press, 1992).

119   Sarah Badger, Larry J. Nelson, and Carolyn McNamara Barry, "Perceptions of
the Transition to Adulthood among Chinese and American Emerging Adults,"
International Journal of Behavioral Development 30, no. 1 (2006): 84–93; Rachel
Gali Cinamon, "Anticipated Work-Family Conflict: Effects of Gender, Self-Efficacy,
and Family Background," Career Development Quarterly 54, no. 3 (2006): 202–15.

120   David Card, "The Causal Effect of Education on Earnings," Handbook of Labor
Economics 3 (1999): 1801–63; Biwei Su and Almas Heshmati, "Analysis of the
Determinants of Income and Income Gap between Urban and Rural China," China
Economic Policy Review 2, no. 1 (2013): 1–29.

121   Ellen A. Kramarow, "The Elderly Who Live Alone in the United States: Historical
Perspectives on Household Change," Demography 32, no. 3 (1995): 335–52.

122   Hyunjoon Park and Jaesung Choi, "Long-Term Trends in Living Alone among
Korean Adults: Age, Gender, and Educational Differences," Demographic Research
32, no. 43 (2015): 1177–208.

123   Robert T. Michael, Victor R. Fuchs, and Sharon R. Scott, "Changes in the Propensity
to Live Alone: 1950–1976," Demography 17, no. 1 (1980): 39–56; Kathleen
McGarry and Robert F. Schoeni, "Social Security, Economic Growth, and the Rise
in Elderly Widows' Independence in the Twentieth Century," Demography 37, no. 2
(2000): 221–36.

124   Yoav Lavee and Ruth Katz, "The Family in Israel: Between Tradition and
Modernity," Marriage & Family Review 35, no. 1–2 (2003): 193–217.

125   Eli Berman, "Sect, Subsidy, and Sacrifice: An Economist's View of Ultra-Orthodox
Jews," Quarterly Journal of Economics 115, no. 3 (2000): 905–53; Tally Katz-Gerro,
Sharon Raz, and Meir Yaish, "How Do Class, Status, Ethnicity, and Religiosity
Shape Cultural Omnivorousness in Israel?" Journal of Cultural Economics 33, no. 1
(2009): 1–17.

126   Ron J. Lesthaeghe and Lisa Neidert, "The Second Demographic Transition in the
United States: Exception or Textbook Example?" Population and Development
Review 32, no. 4 (2006): 669–98; Wendy Wang and Kim C. Parker, Record Share of

Americans Have Never Married: As Values, Economics and Gender Patterns Change (Washington, DC: Pew Research Center, 2014).

127 Albert Esteve, Ron Lesthaeghe, Julieta Quilodrán, Antonio López-Gay, and Julián López-Colás, "The Expansion of Cohabitation in Mexico, 1930–2010: The Revenge of History?" in Cohabitation and Marriage in the Americas: Geo-Historical Legacies and New Trends, ed. Albert Esteve and Ron Lesthaeghe (New York: Springer, 2016).

128 Organization for Economic Cooperation and Development, Fertility Rates (Indicator) (Paris: OECD, 2017); Daniele Vignoli and Silvana Salvini, "Religion and Union Formation in Italy: Catholic Precepts, Social Pressure, and Tradition," Demographic Research 31, no. 35 (2014): 1079–106.

129 Albert Esteve, Ron Lesthaeghe, Julieta Quilodrán, Antonio López-Gay, and Julián López-Colás, "The Expansion of Cohabitation in Mexico, 1930–2010: The Revenge of History?" in Cohabitation and Marriage in the Americas: Geo-Historical Legacies and New Trends, ed. Albert Esteve and Ron Lesthaeghe (New York: Springer, 2016).

130 Alicia Adsera, "Marital Fertility and Religion in Spain, 1985 and 1999," Population Studies 60, no. 2 (2006): 205–21.

131 Benoît Laplante, "The Rise of Cohabitation in Quebec: Power of Religion and Power over Religion," Canadian Journal of Sociology 31, no. 1 (2006): 1–24.

132 Albert Esteve, Ron Lesthaeghe, and Antonio López-Gay, "The Latin American Cohabitation Boom, 1970–2007," Population and Development Review 38, no. 1 (2012): 55–81.

133 Justin Farrell, "The Young and the Restless? The Liberalization of Young Evangelicals," Journal for the Scientific Study of Religion 50, no. 3 (2011): 517–32.

134 Ziba Mir-Hosseini, "Muslim Women's Quest for Equality: Between Islamic Law and Feminism," Critical Inquiry 32, no. 4 (2006): 629–45.

135 Laura Levitt, Jews and Feminism: The Ambivalent Search for Home (London: Routledge, 2013).

136 Amita Sharma, "Feminism in India—a Fractured Movement," History 4, no. 2 (2015).

137 Tanya Zion-Waldoks, "Politics of Devoted Resistance Agency, Feminism, and

Religion among Orthodox Agunah Activists in Israel," Gender & Society 29, no. 1 (2015): 73–97.

138 Brian H. Smith, The Church and Politics in Chile: Challenges to Modern Catholicism (Princeton, NJ: Princeton University Press, 2014). 212 / Notes to Pages 36–37

139 Renato M. Liboro and Richard T. G. Walsh, "Understanding the Irony: Canadian Gay Men Living with HIV/AIDS, Their Catholic Devotion, and Greater Well-Being," Journal of Religion and Health 55, no. 2 (2016): 650–70.

140 Leonard Gargan, "Stereotypes of Singles: A Cross-cultural Comparison," International Journal of Comparative Sociology 27 (1986): 200.

141 Anthea Taylor, Single Women in Popular Culture (London: Palgrave Macmillan, 2012), 6–32.

142 Jane Arthurs, "Sex and the City and Consumer Culture: Remediating Postfeminist Drama," Feminist Media Studies 3, no. 1 (2003): 83–98.

143 Evan Cooper, "Decoding Will and Grace: Mass Audience Reception of a Popular Network Situation Comedy," Sociological Perspectives 46, no. 4 (2003): 513–33.

144 Shane Gunster, " "All about Nothing': Difference, Affect, and Seinfeld," Television & New Media 6, no. 2 (2005): 200–223.

145 Janine Hertel, Astrid Schütz, Bella M. DePaulo, Wendy L Morris, and Tanja S. Stucke, "She's Single, So What? How Are Singles Perceived Compared with People Who Are Married?" Zeitschrift für Familienforschung / Journal of Family Research 19, no. 2 (2007); E. Kay Trimberger, The New Single Woman (Boston: Beacon Press, 2006).

146 Shane Gunster, "All about Nothing": Difference, Affect, and Seinfeld," Television & New Media 6, no. 2 (2005): 200–223; Vesela Todorova, "Arab Women Find a Voice in Turkish Soap Operas," The National, November 2013; Anqi Xu and Yan Xia, "The Changes in Mainland Chinese Families during the Social Transition: A Critical Analysis," Journal of Comparative Family Studies (2014): 31–53.

147 Jonathan Matusitz and Pam Payano, "Globalisation of Popular Culture: From Hollywood to Bollywood," South Asia Research 32, no. 2 (2012): 123–38.

148 Robert Jensen and Emily Oster, "The Power of TV: Cable Television and Women's

Status in India," Quarterly Journal of Economics 124, no. 3 (2009): 1057–94.

149   Alberto Chong and Eliana La Ferrara, "Television and Divorce: Evidence from Brazilian Novelas," Journal of the European Economic Association 7, no. 2–3 (2009): 458–68.

150   Harry Charalambos Triandis, Individualism & Collectivism (Boulder, CO: Westview Press, 1995).

151   Arjun Appadurai, Modernity at Large: Cultural Dimensions of Globalization (Minneapolis, MN: University of Minnesota Press, 1996).

152   Russell B. Clayton, Alexander Nagurney, and Jessica R Smith, "Cheating, Breakup, and Divorce: Is Facebook Use to Blame?" Cyberpsychology, Behavior, and Social Networking 16, no. 10 (2013): 717–20.

153   Russell B. Clayton, "The Third Wheel: The Impact of Twitter Use on Relationship Infidelity and Divorce," Cyberpsychology, Behavior, and Social Networking 17, no. 7 (2014): 425–30.

154   Juliet Stone, Ann Berrington, and Jane Falkingham, "The Changing Determinants of UK Young Adults' Living Arrangements," Demographic Research 25, no. 20 (2011): 629–66.

155   Rita Afsar, Internal Migration and the Development Nexus: The Case of Bangladesh (Dhaka: Bangladesh Institute of Development Studies, 2003); Alice Goldstein, Guo Zhigang, and Sidney Goldstein, "The Relation of Migration to Changing Household Headship Patterns in China, 1982–1987," Population Studies 51, no. 1 (1997): 75–84; Mary M. Kritz and Douglas T. Gurak, "The Impact of Immigration on the Internal Migration of Natives and Immigrants," Demography 38, no. 1 (2001): 133–45; Chai Podhisita and Peter Xenos, "Living Alone in South and Southeast Asia: An Analysis of Census Data," Demographic Research 32, no. 41 (2015): 1113–46.

156   Abbasi-Shavazi, Mohammad Jalal, and Abbas Askari-Nodoushan, "Family Life and Developmental Idealism in Yazd, Iran," Demographic Research 26, no. 10 (2012): 207–38.

157   Madhav Sadashiv Gore, Urbanization and Family Change (Bombay: Popular Prakashan, 1990).

158 Kenneth T. Jackson, Crabgrass Frontier: The Suburbanization of the United States (Oxford: Oxford University Press, 1985); Philip E. Ogden and Ray Hall, "Households, Reurbanisation and the Rise of Living Alone in the Principal French Cities, 1975–90," Urban Studies 37, no. 2 (2000): 367–90.

159 Hyunjoon Park and Jaesung Choi, "Long-Term Trends in Living Alone among Korean Adults: Age, Gender, and Educational Differences," Demographic Research 32, no. 43 (2015): 1177–208; Georg Simmel, The Metropolis and Mental Life (New York: Free Press, 1903); Wei-Jun Jean Yeung and Adam Ka-Lok Cheung, "Living Alone: One-Person Households in Asia," Demographic Research 32, no. 40 (2015): 1099–112.

160 Gill Jagger and Caroline Wright, Changing Family Values (Taylor & Francis, 1999); James Georgas, "Changing Family Values in Greece from Collectivist to Individualist," Journal of Cross-cultural Psychology 20, no. 1 (1989): 80–91.

161 Peter L. Callero, "Living Alone: Globalization, Identity, and Belonging," Contemporary Sociology: A Journal of Reviews 44, no. 5 (2015): 667–69; John 214 / Notes to Pages 40–42 Eade, Living the Global City: Globalization as Local Process (London: Routledge, 2003).

162 Agnese Vitali, "Regional Differences in Young Spaniards' Living Arrangement Decisions: A Multilevel Approach," Advances in Life Course Research 15, no. 2 (2010): 97–108.

163 Robert T. Michael, Victor R. Fuchs, and Sharon R. Scott, "Changes in the Propensity to Live Alone: 1950–1976," Demography 17, no. 1 (1980): 39–56.

164 Zhongwei Zhao and Wei Chen, "Changes in Household Formation and Composition in China since the Mid-twentieth Century," Journal of Population Research 25, no. 3 (2008): 267–86.

165 Kathleen Sheldon, Courtyards, Markets, and City Streets: Urban Women in Africa (Boulder, CO: Westview Press, 2016).

166 Melissa Blanchard, "Sending Money or Purchasing Provisions? Senegalese Migrants' Attempts to Negotiate a Space for Autonomy in Long-Distance Family Relations," Journal des africanistes 84 (2014): 40–59.

167 Emily J. Shaw and Sandra Barbuti, "Patterns of Persistence in Intended College Major with a Focus on Stem Majors," NACADA Journal 30, no. 2 (2010): 19–34.

168 Hasan Mahmud, "Migrants Sending Money and the Family" (presented to XVIII ISA World Congress of Sociology Yokohama, Japan, July 14, 2014).

169 Albert Saiz, "Immigration and Housing Rents in American Cities," Journal of Urban Economics 61, no. 2 (2007): 345–71; Matthew R. Sanderson, Ben Derudder, Michael Timberlake, and Frank Witlox, "Are World Cities Also World Immigrant Cities? An International, Cross-city Analysis of Global Centrality and Immigration," International Journal of Comparative Sociology 6, no. 3–4 (2015): 173–97.

170 Stephen Castles, Hein de Haas, and Mark J. Miller, The Age of Migration: International Population Movements in the Modern World (New York: Guilford, 2013).

171 Robyn Iredale and Kalika N. Doloswala, "International Labour Migration from India, the Philippines and Sri Lanka: Trends and Policies," Sri Lanka Journal of Social Sciences 27, no. 1 (2016); Eleonore Kofman and Parvati Raghuram, "Gendered Migrations and Global Processes," in Gendered Migrations and Global Social Reproduction (New York: Springer, 2015), 18–39.

172 Soon Kyu Choi and Ilan H. Meyer, LGBT Aging: A Review of Research Findings, Needs, and Policy Implications (Los Angeles: Williams Institute, 2016); Eurostat, Eurostat Regional Yearbook (Brussels: European Commission, 2017).

173 Amparo González-Ferrer, "Who Do Immigrants Marry? Partner Choice among Single Immigrants in Germany," European Sociological Review 22, no. 2 (2006): 171–85; Katarzyna Grabska, "Lost Boys, Invisible Girls: Stories of Sudanese Marriages across Borders," Gender, Place & Culture 17, no. 4 (2010): 479–97.

174 Stephen P. Casazza, Emily Ludwig, and Tracy J Cohn, "Heterosexual Attitudes and Behavioral Intentions toward Bisexual Individuals: Does Geographic Area Make a Difference?" Journal of Bisexuality 15, no. 4 (2015): 532–53.

175 Lyndon Johnson, "The War on Poverty," Annals of America 18 (1964): 212–16.

176 Carl M. Brauer, "Kennedy, Johnson, and the War on Poverty," Journal of American History 69, no. 1 (1982): 98–119; David Zarefsky, President Johnson's War on

Poverty: Rhetoric and History (Tuscaloosa: University of Alabama Press, 2005).

177 Robert E. Hall, Quantifying the Lasting Harm to the US Economy from the Financial Crisis (Cambridge, MA: National Bureau of Economic Research, 2014); David Zarefsky, President Johnson's War on Poverty: Rhetoric and History (Tuscaloosa: University of Alabama Press, 2005).

178 Maggie Gallagher and Linda Waite, The Case for Marriage (New York: Random House, 2000); Walter R. Gove, Michael Hughes, and Carolyn Briggs Style, "Does Marriage Have Positive Effects on the Psychological Well-Being of the Individual?" Journal of Health and Social Behavior 24, no. 2 (1983): 122–31; David R. Johnson and Jian Wu, "An Empirical Test of Crisis, Social Selection, and Role Explanations of the Relationship between Marital Disruption and Psychological Distress: A Pooled Time-Series Analysis of Four-Wave Panel Data," Journal of Marriage and Family 64, no. 1 (2002): 211–24.

179 Ron Haskins, "The War on Poverty: What Went Wrong?" Op-ed, Brookings, November 19, 2013, www.brookings.edu/opinions/the-war-onpoverty-what-went-wrong/.

2. 행복한 노후를 위해

1 Lawrence Millman, "The Old Woman Who Was Kind to Insects," in A Kayak Full of Ghosts: Eskimo Tales (Northampton, MA: Interlink Books, 1987).

2 Stephanie S. Spielmann, Geoff MacDonald, Jessica A. Maxwell, Samantha Joel, Diana Peragine, Amy Muise, and Emily A. Impett, "Settling for Less out of Fear of Being Single," Journal of Personality and Social Psychology 105, no. 6 (2013): 1049.

3 Stephanie S. Spielmann, Geoff MacDonald, Samantha Joel, and Emily A. Impett, "Longing for Ex-Partners out of Fear of Being Single," Journal of Personality 84, no. 6 (2016): 799–808.

4 Peter Walker, "May Appoints Minister to Tackle Loneliness Issues Raised by Jo Cox," The Guardian, January 16, 2018, www.theguardian.com/society/2018/jan/16/may-appoints-minister-tackle-loneliness-issues-raised-jo-cox?CMP=share_btn_link.

5 Vern L. Bengtson and Norella M. Putney, "Who Will Care for Tomorrow's Elderly?

Consequences of Population Aging East and West," in Aging in East and West: Families, States, and the Elderly, ed. Vern L. Bengtson, Kyong-Dong Kim, George Myers, and Ki-Soo Eun (New York: Springer, 2000): 263–85; Adam Ka-Lok Cheung and Wei-Jun Jean Yeung, "Temporal-Spatial Patterns of One-Person Households in China, 1982–2005," Demographic Research S15, no. 44 (2015): 1209–38; Antonio Golini and A. Silverstrini, "Family Change, Fathers, and Children in Western Europe: A Demographic and Psychosocial Perspective," in The Family on the Threshold of the 21st Century: Trends and Implications, ed. Solly Dreman (New York: Psychology Press, 2013), 201.

6   Sofia, "Just One Single," Blogspot, September 16, 2008, http://justonesingle. blogspot.com.

7   Marja Aartsen and Marja Jylhä, "Onset of Loneliness in Older Adults: Results of a 28 Year Prospective Study," European Journal of Ageing 8, no. 1 (2011): 31–38; Margaret Gatz and Steven H. Zarit, "A Good Old Age: Paradox or Possibility," Handbook of Theories of Aging (1999): 396–416; Paul Halmos, Solitude and Privacy: A Study of Social Isolation, Its Causes and Therapy (New York: Routledge, 2013); Felix Post, "Mental Breakdown in Old Age," British Medical Journal 1, no. 4704 (1951): 436; G. Clare Wenger, "Morale in Old Age: A Review of the Evidence," International Journal of Geriatric Psychiatry 7, no. 10 (1992): 699–708.

8   Margaret Gatz and Steven H. Zarit, "A Good Old Age: Paradox or Possibility," Handbook of Theories of Aging (1999): 396–416.

9   Daniel Perlman and L. Anne Peplau, "Toward a Social Psychology of Loneliness," Personal Relationships 3 (1981): 31–56.

10   Tineke Fokkema, Jenny De Jong Gierveld, and Pearl A. Dykstra, "Cross-national Differences in Older Adult Loneliness," Journal of Psychology 146, no. 1–2 (2012): 201–28.

11   G. Clare Wenger, Richard Davies, Said Shahtahmasebi, and Anne Scott, "Social Isolation and Loneliness in Old Age: Review and Model Refinement," Ageing & Society 16, no. 3 (1996): 333–58.

12   Marja Jylhä, "Old Age and Loneliness: Cross-sectional and Longitudinal Analyses in

the Tampere Longitudinal Study on Aging," Canadian Journal on Aging / La revue canadienne du vieillissement 23, no. 2 (2004): 157–68.

13   Marja Aartsen and Marja Jylhä, "Onset of Loneliness in Older Adults: Results of a 28 Year Prospective Study," European Journal of Ageing 8, no. 1 (2011): 31–38; Lena Dahlberg and Kevin J. McKee, "Correlates of Social and Emotional Loneliness in Older People: Evidence from an English Community Study," Aging & Mental Health 18, no. 4 (2014): 504–14; Christopher J. Einolf and Deborah Philbrick, "Generous or Greedy Marriage? A Longitudinal Study of Volunteering and Charitable Giving," Journal of Marriage and Family 76, no. 3 (2014): 573–86; Naomi Gerstel and Natalia Sarkisian, "Marriage: The Good, the Bad, and the Greedy," Contexts 5, no. 4 (2006): 16–21.

14   D. W. K. Kay, Pamela Beamish, and Martin Roth, "Old Age Mental Disorders in Newcastle upon Tyne," British Journal of Psychiatry 110, no. 468 (1964): 668–82; M. Powell Lawton and Renee H. Lawrence, "Assessing Health," Annual Review of Gerontology and Geriatrics 14, no. 1 (1994): 23–56; Kerry A. Sargent-Cox, Kaarin J. Anstey, and Mary A. Luszcz, "Patterns of Longitudinal Change in Older Adults' Self-Rated Health: The Effect of the Point of Reference," Health Psychology 29, no. 2 (2010): 143.

15   Steven Stack, "Marriage, Family and Loneliness: A Cross-national Study," Sociological Perspectives 41, no. 2 (1998): 415–32.

16   Helena Znaniecki Lopata, "Loneliness: Forms and Components," Social Problems 17, no. 2 (1969): 248–62; Matthijs Kalmijn and Marjolein Broese van Groenou, "Differential Effects of Divorce on Social Integration," Journal of Social and Personal Relationships 22, no. 4 (2005): 455–76.

17   Bella DePaulo, Marriage vs. Single Life: How Science and the Media Got It So Wrong (Charleston, SC: DoubleDoor Books, 2015).

18   Christina M. Gibson-Davis, Kathryn Edin, and Sara McLanahan, "High Hopes but Even Higher Expectations: The Retreat from Marriage among Low-Income Couples," Journal of Marriage and Family 67, no. 5 (2005): 1301–12; Maureen R. Waller and Sara S. McLanahan, " 'His' and 'Her' Marriage Expectations:

Determinants and Consequences," Journal of Marriage and Family 67, no. 1 (2005): 53–67.

19   Alois Stutzer and Bruno S. Frey, "Does Marriage Make People Happy, or Do Happy People Get Married?" Journal of Socio-economics 35, no. 2 (2006): 326–47.

20   Paul R. Amato, "Research on Divorce: Continuing Trends and New Developments," Journal of Marriage and Family 72, no. 3 (2010): 650–66; Betsey Stevenson and Justin Wolfers, Marriage and Divorce: Changes and Their Driving Forces (Cambridge, MA: National Bureau of Economic Research, 2007).

21   Rose McDermott, James H. Fowler, and Nicholas A. Christakis, "Breaking Up Is Hard to Do, Unless Everyone Else Is Doing It Too: Social Network Effects on Divorce in a Longitudinal Sample," Social Forces 92, no. 2 (2013): 491–519.

22   Renee Stepler, Led by Baby Boomers, Divorce Rates Climb for America's 50+ Population (Washington, DC: Pew Research Center, 2017).

23   Dan, response to "Aging Alone Doesn't Have to Mean Lonely," Senior Planet, January 25, 2017, https://seniorplanet.org/aging-alone-doesnt-have-tomean-lonely/#comment-190333.

24   R. S. Weiss, Loneliness: The Experience of Emotional and Social Isolation (Cambridge, MA: MIT Press, 1973).

25   Nancy E. Newall, Judith G. Chipperfield, Rodney A. Clifton, Raymond P. Perry, Audrey U. Swift, and Joelle C. Ruthig, "Causal Beliefs, Social Participation, and Loneliness among Older Adults: A Longitudinal Study," Journal of Social and Personal Relationships 26, no. 2–3 (2009): 273–90; Thomas Scharf, Chris Phillipson, and Allison E. Smith, "Social Exclusion of Older People in Deprived Urban Communities of England," European Journal of Ageing 2, no. 2 (2005): 76–87.

26   Jonathan Drennan, Margaret Treacy, Michelle Butler, Anne Byrne, Gerard Fealy, Kate Frazer, and Kate Irving, "The Experience of Social and Emotional Loneliness among Older People in Ireland," Ageing & Society 28, no. 8 (2008): 1113–32; Pearl A. Dykstra, and Tineke Fokkema, "Social and Emotional Loneliness among Divorced and Married Men and Women: Comparing the Deficit and Cognitive Perspectives," Basic and Applied Social Psychology 29, no. 1 (2007): 1–12.

27   Marja Aartsen and Marja Jylhä, "Onset of Loneliness in Older Adults: Results of a 28 Year Prospective Study," European Journal of Ageing 8, no. 1 (2011): 31–38; Lena Dahlberg and Kevin J. McKee, "Correlates of Social and Emotional Loneliness in Older People: Evidence from an English Community Study," Aging & Mental Health 18, no. 4 (2014): 504–14.

28   Christopher J. Einolf and Deborah Philbrick, "Generous or Greedy Marriage? A Longitudinal Study of Volunteering and Charitable Giving," Journal of Marriage and Family 76, no. 3 (2014): 573–86; Naomi Gerstel and Natalia Sarkisian, "Marriage: The Good, the Bad, and the Greedy," Contexts 5, no. 4 (2006): 16–21.

29   Naomi Gerstel and Natalia Sarkisian, "Marriage: The Good, the Bad, and the Greedy," Contexts 5, no. 4 (2006): 16–21.

30   Ed Diener and Martin E. P. Seligman, "Very Happy People," Psychological Science 13, no. 1 (2002): 81–84.

31   Naomi Gerstel, "Divorce and Stigma," Social Problems 34, no. 2 (1987): 172–86.

32   Helmuth Cremer and Pierre Pestieau, "Myopia, Redistribution and Pensions," European Economic Review 55, no. 2 (2011): 165–75.

33   Bella DePaulo, Marriage vs. Single Life: How Science and the Media Got It So Wrong (Charleston, SC: DoubleDoor Books, 2015); Alois Stutzer and Bruno S. Frey, "Does Marriage Make People Happy, or Do Happy People Get Married?" Journal of Socio-economics 35, no. 2 (2006): 326–47.

34   Eric Klinenberg, Heat Wave: A Social Autopsy of Disaster in Chicago (Chicago: University of Chicago Press, 2003).

35   Eric Klinenberg, Going Solo: The Extraordinary Rise and Surprising Appeal of Living Alone (New York: Penguin, 2012).

36   David Haber, "Life Review: Implementation, Theory, Research, and Therapy," International Journal of Aging and Human Development 63, no. 2 (2006): 153–71.

37   Tova Band-Winterstein and Carmit Manchik-Rimon, "The Experience of Being an Old Never-Married Single: A Life Course Perspective," International Journal of Aging and Human Development 78, no. 4 (2014): 379–401.

38   C. Schact and D. Knox, "Singlehood, Hanging out, Hooking up, and Cohabitation,"

in Choices in Relationships: An Introduction to Marriage and Family, ed. C. Schact and D. Knox (Belmont, CA: Wadsworth, 2010), 132–72.

39   Robert L. Rubinstein, "Never Married Elderly as a Social Type: Reevaluating Some Images," Gerontologist 27, no. 1 (1987): 108–13.

40   Anonymous, Women-Ish, Blogspot, August 25, 2008, http://women-ish .blogspot. com; Sofia, "Just One Single," Blogspot, September 16, 2008, http://justonesingle. blogspot.com.

41   Ronnie, "Isolation, Loneliness and Solitude in Old Age," Time Goes By, December 12, 2012, www.timegoesby.net/weblog/2012/12/isolation-lonelinessand-solitude-in-old-age.html.

42   Pirkko Routasalo and Kaisu H. Pitkala, "Loneliness among Older People," Reviews in Clinical Gerontology 13, no. 4 (2003): 303–11.

43   Tova Band-Winterstein and Carmit Manchik-Rimon, "The Experience of Being an Old Never-Married Single: A Life Course Perspective," International Journal of Aging and Human Development 78, no. 4 (2014): 379–401.

44   John T. Cacioppo and William Patrick, Loneliness: Human Nature and the Need for Social Connection (New York: W. W. Norton, 2008).

45   Marty Beckerman, "Is Loneliness Good for You?" Esquire, September 29, 2010, www.esquire.com/lifestyle/sex/a8599/single-and-happy/.

46   Diane, "The Brutal Truth of Dating," Single Shot Seattle, July 12, 2016, https:// singleshotseattle.wordpress.com.

47   Sofia, "Just One Single," Blogspot, August 17, 2009, http://justonesingle.blogspot. com.

48   Clive Seale, "Dying Alone," Sociology of Health & Illness 17, no. 3 (1995).

49   Kim Parker and D'Vera Cohn, Growing Old in America: Expectations vs. Reality (Washington, DC: Pew Research Center, 2009), 376–92.

50   Jenny Gierveld, Pearl A. Dykstra, and Niels Schenk, "Living Arrangements, Intergenerational Support Types and Older Adult Loneliness in Eastern and Western Europe," Demographic Research 27, no. 2 (2012): 167.

51   Alberto Palloni, Living Arrangements of Older Persons (New York: UN Population

Bulletin, 2001).

52   Linda Abbit, "Urban Cohousing the Babayaga Way," Senior Planet, March 6, 2016, https://seniorplanet.org/senior-housing-alternatives-urbancohousing-the-babayaga-way/.

53   Jane Gross, "Older Women Team Up to Face Future Together," New York Times, February 27, 2004, www.nytimes.com/2004/02/27/us/olderwomen-team-up-to-face-future-together.html.

54   Jon Pynoos, "Housing for Older Adults: A Personal Journey in Environmental Gerontology," in Environments in an Aging Society: Autobiographical Perspectives in Environmental Gerontology, ed. Habib Chaudhury and Frank Oswald (New York: Springer, 2018), 147–64; Mariano Sánchez, José M. García, Pilar Díaz, and Mónica Duaigües, "Much More Than Accommodation in Exchange for Company: Dimensions of Solidarity in an Intergenerational Homeshare Program in Spain," Journal of Intergenerational Relationships 9, no. 4 (2011): 374–88.

55   Beth Pinsker, "Your Money: Creative Caregiving Solutions for the 'Sandwich Generation,'" Reuters, May 31, 2017, www.reuters.com/article/usmoney-retirement-sandwichgen-idUSKBN18R2TT.

56   Yagana Shah, "'Airbnb for Seniors' Helps Link Travelers with Like- Minded Hosts," Huffington Post, June 1, 2016, www.huffingtonpost.com/entry/airbnb-for-seniors-helps-link-travelers-with-like-minded-hosts_us_57487aa1e4b0dacf7ad4c130.

57   Stephen M. Golant, "Political and Organizational Barriers to Satisfying Low-Income US Seniors' Need for Affordable Rental Housing with Supportive Services," Journal of Aging & Social Policy 15, no. 4 (2003): 21–48.

58   California Department of Aging, "Programs & Services," State of California, 2017, www.aging.ca.gov/Programs/.

59   Shannon, response to Jane Gross, "Single, Childless, and Downright Terrified," New York Times, July 29, 2008, https://newoldage.blogs.nytimes.com/2008/07/29/single-childless-and-downright-terrified/#comment-2065.

60   Steven R. Asher and Jeffrey G. Parker, "Significance of Peer Relationship Problems in Childhood," in Social Competence in Developmental Perspective, ed. Barry

Schneider, Grazia Attili, Jacqueline Nadel, and Roger Weissberg (Dordrecht, Netherlands: Kluwer Academic Publishers, 1989), 5–23; Ana M. Martínez Alemán, "College Women's Female Friendships: A Longitudinal View," Journal of Higher Education 81, no. 5 (2010): 553–82.

61 Jenna Mahay and Alisa C. Lewin, "Age and the Desire to Marry," Journal of Family Issues 28, no. 5 (2007): 706–23.

62 Stephen Katz, Cultural Aging: Life Course, Lifestyle, and Senior Worlds (Peterborough, Ontario: Broadview Press, 2005).

63 Bella M. DePaulo, Singlism: What It Is, Why It Matters, and How to Stop It (Charleston, SC: DoubleDoor Books, 2011); Neta Yodovich and Kinneret Lahad, "I Don't Think This Woman Had Anyone in Her Life': Loneliness and Singlehood in Six Feet Under," European Journal of Women's Studies, April 8, 2017, doi. org/10.1177/1350506817702411.

64 Todd D. Nelson, Ageism: Stereotyping and Prejudice against Older Persons (Cambridge, MA: MIT Press, 2004).

65 Jaber F. Gubrium, "Being Single in Old Age," International Journal of Aging and Human Development 6, no. 1 (1975): 29–41.

66 Robert L. Rubinstein, "Never Married Elderly as a Social Type: Reevaluating Some Images," Gerontologist 27, no. 1 (1987): 108–13.

67 Tetyana Pudrovska, Scott Schieman, and Deborah Carr, "Strains of Singlehood in Later Life: Do Race and Gender Matter?" Journals of Gerontology: Series B 61, no. 6 (2006): S315–S22.

68 Martin E. P. Seligman and Mihaly Csikszentmihalyi, Positive Psychology: An Introduction (Washington, DC: American Psychological Association, 2000), 1.

69 Shelly L. Gable and Jonathan Haidt, "What (and Why) Is Positive Psychology?" Review of General Psychology 9, no. 2 (2005): 103.

70 John W. Rowe and Robert L Kahn, "Successful Aging," The Gerontologist 37, no. 4 (1997): 433–40.

71 Colin A. Depp and Dilip V. Jeste, "Definitions and Predictors of Successful Aging: A Comprehensive Review of Larger Quantitative Studies," American Journal of

Geriatric Psychiatry 14, no. 1 (2006): 6–20; William J. Strawbridge, Margaret I. Wallhagen, and Richard D. Cohen, "Successful Aging and 222 / Notes to Pages 71–74 Well-Being Self-Rated Compared with Rowe and Kahn," The Gerontologist 42, no. 6 (2002): 727–33.

72   Jerrold M. Pollak, "Correlates of Death Anxiety: A Review of Empirical Studies," omega—Journal of Death and Dying 10, no. 2 (1980): 97–121.

73   J. M. Tomás, P. Sancho, M. Gutiérrez, and L. Galiana, "Predicting Life Satisfaction in the Oldest-Old: A Moderator Effects Study," Social Indicators Research 117, no. 2 (2014): 601–13.

74   David Haber, Health Promotion and Aging: Practical Applications for Health Professionals (New York: Springer, 2013).

75   Willard W. Hartup, and Nan Stevens, "Friendships and Adaptation in the Life Course," Psychological Bulletin 121, no. 3 (1997): 355.

76   Lorraine M. Bettini and M. Laurie Norton, "The Pragmatics of Intergenerational Friendships," Communication Reports 4, no. 2 (1991): 64–72.

77   Rebecca G. Adams, "People Would Talk: Normative Barriers to Crosssex Friendships for Elderly Women," The Gerontologist 25, no. 6 (1985): 605–11.

78   Harry Weger, "Cross-sex Friendships," in The International Encyclopedia of Interpersonal Communication, ed. Charles R. Berger (Hoboken, NJ: John Wiley, 2015).

79   Barbara, response to "Aging Alone Doesn't Have to Mean Lonely," Senior Planet, February 25, 2017, "https://seniorplanet.org/aging-alone-doesnt-haveto-mean-lonely/#comment-193356.

80   Kendra, "Her Children Would Have Hated Her . . . Said Oprah Winfrey," Happily Never Married, May 12, 2013, http://happilynevermarried.com/page/2/.

81   David Haber, Health Promotion and Aging: Practical Applications for Health Professionals (New York: Springer, 2013).

82   Walker Thornton, "Aging Alone Doesn't Have to Mean Lonely," November 8, 2013, https://seniorplanet.org/aging-alone-doesnt-have-to-mean-lonely.

83   Barbara Barbosa Neves, Fausto Amaro, and Jaime Fonseca, "Coming of (Old) Age

in the Digital Age: ICT Usage and Non-usage among Older Adults," Sociological Research Online 18, no. 2 (2013): 6.

84   Sabina Lissitsa and Svetlana Chachashvili-Bolotin, "Life Satisfaction in the Internet Age—Changes in the Past Decade," Computers in Human Behavior 54 (2016): 197–206.

85   Colleen Leahy Johnson and Donald J. Catalano, "Childless Elderly and Their Family Supports," The Gerontologist 21, no. 6 (1981): 610–18.

86   Wendy J. Casper, Dennis J. Marquardt, Katherine J. Roberto, and Carla Buss, "The Hidden Family Lives of Single Adults without Dependent ChilNotes to Pages 74–81 / 223 dren," in The Oxford Handbook of Work and Family, ed. Tammy D. Allen and Lillian T. Eby (Oxford: Oxford University Press, 2016), 182.

87   Susan De Vos, "Kinship Ties and Solitary Living among Unmarried Elderly Women in Chile and Mexico," Research on Aging 22, no. 3 (2000): 262–89.

88   Nieli Langer and Marie Ribarich, "Aunts, Uncles—Nieces, Nephews: Kinship Relations over the Lifespan," Educational Gerontology 33, no. 1 (2007): 75–83.

89   Anonymous, "Fall Hopelessly in Love with Yourself," October 7, 2016, Medium, https://medium.com/@ahechoes.

90   Ronald H. Aday, Gayle C. Kehoe, and Lori A. Farney, "Impact of Senior Center Friendships on Aging Women Who Live Alone," Journal of Women & Aging 18, no. 1 (2006): 57–73.

91   Diane Weis Farone, Tanya R. Fitzpatrick, and Thanh V. Tran, "Use of Senior Centers as a Moderator of Stress-Related Distress among Latino Elders," Journal of Gerontological Social Work 46, no. 1 (2005): 65–83.

92   Marcia S. Marx, Jiska Cohen-Mansfield, Natalie G. Regier, Maha Dakheel-Ali, Ashok Srihari, and Khin Thein, "The Impact of Different Dog-Related Stimuli on Engagement of Persons with Dementia," American Journal of Alzheimer's Disease & Other Dementias 25, no. 1 (2010): 37–45.

93   E. Paul Cherniack and Ariella R. Cherniack, "The Benefit of Pets and Animal-Assisted Therapy to the Health of Older Individuals," Current Gerontology and Geriatrics Research (2014), http://dx.doi.org/10.1155/2014/623203.

94 P. L. Bernstein, E. Friedmann, and A. Malaspina, "Animal-Assisted Therapy Enhances Resident Social Interaction and Initiation in Long-Term Care Facilities," Anthrozoös 13, no. 4 (2000): 213–24; Katharine M. Fick, "The Influence of an Animal on Social Interactions of Nursing Home Residents in a Group Setting," American Journal of Occupational Therapy 47, no. 6 (1993): 529–34.

95 Stephanie S. Spielmann, Geoff MacDonald, Jessica A. Maxwell, Samantha Joel, Diana Peragine, Amy Muise, and Emily A. Impett, "Settling for Less out of Fear of Being Single," Journal of Personality and Social Psychology 105, no. 6 (2013): 1049.

3. 사회적 압력 극복하기

1 Arland Thornton and Deborah Freedman, "Changing Attitudes toward Marriage and Single Life," Family Planning Perspectives 14, no. 6 (1981): 297–303; James Q. Wilson, The Marriage Problem: How Our Culture Has Weakened Families (New York: Harper Collins, 2002).

2 Eriko Maeda and Michael L. Hecht, "Identity Search: Interpersonal Relationships and Relational Identities of Always-Single Japanese Women over Time," Western Journal of Communication 76, no. 1 (2012): 44–64; Anne-Rigt Poortman and Aart C. Liefbroer, "Singles' Relational Attitudes in a Time of Individualization," Social Science Research 39, no. 6 (2010): 938–49; Elizabeth A. Sharp and Lawrence Ganong, " 'I'm a Loser, I'm Not Married, Let's Just All Look at Me': Ever-Single Women's Perceptions of Their Social Environment," Journal of Family Issues 32, no. 7 (2011): 956–80.

3 Brenda Major and Laurie T. O'Brien, "The Social Psychology of Stigma," Annual Review of Psychology 56, no. 1 (2005): 393–421.

4 Paul Jay Fink, Stigma and Mental Illness (Washington, DC: American Psychiatric Press, 1992).

5 Jennifer Crocker and Brenda Major, "Social Stigma and Self-Esteem: The Self-Protective Properties of Stigma," Psychological Review 96, no. 4 (1989): 608–30.

6 Bruce G. Link, Elmer L. Struening, Sheree Neese-Todd, Sara Asmussen, and Jo C.

Phelan, "Stigma as a Barrier to Recovery: The Consequences of Stigma for the Self-Esteem of People with Mental Illnesses," Psychiatric Services 52, no. 12 (2001): 1621–26.

7   Brenda Major and Laurie T. O'Brien, "The Social Psychology of Stigma," Annual Review of Psychology 56, no. 1 (2005): 393–421.

8   Tara Vishwanath, "Job Search, Stigma Effect, and Escape Rate from Unemployment," Journal of Labor Economics 7, no. 4 (1989): 487–502.

9   Bella M. DePaulo and Wendy L. Morris, "The Unrecognized Stereotyping and Discrimination against Singles," Current Directions in Psychological Science 15, no. 5 (2006): 251–54.

10   Janine Hertel, Astrid Schütz, Bella M. DePaulo, Wendy L. Morris, and Tanja S. Stucke, "She's Single, So What? How Are Singles Perceived Compared with People Who Are Married?" Zeitschrift für Familienforschung / Journal of Family Research 19, no. 2 (2007): 139–58; Peter J. Stein, "Singlehood: An Alternative to Marriage," Family Coordinator 24, no. 4 (1975): 489–503.

11   Bella M. DePaulo, Singlism: What It Is, Why It Matters, and How to Stop It (Charleston, SC: DoubleDoor Books, 2011).

12   Bella M. DePaulo and Wendy L. Morris, "The Unrecognized Stereotyping and Discrimination against Singles," Current Directions in Psychological Science 15, no. 5 (2006): 251–54.

13   Tobias Greitemeyer, "Stereotypes of Singles: Are Singles What We Think?" European Journal of Social Psychology 39, no. 3 (2009): 368–83.

14   Jennifer Crocker and Brenda Major, "Social Stigma and Self-Esteem: The Self-Protective Properties of Stigma," Psychological Review 96, no. 4 (1989): 608; Paul Jay Fink, Stigma and Mental Illness (Washington, DC: American Psychiatric Press, 1992); Brenda Major and Laurie T. O'Brien, "The Social Psychology of Stigma," Annual Review of Psychology 56, no. 1 (2005): 393–421.

15   Paul C. Luken, "Social Identity in Later Life: A Situational Approach to Understanding Old Age Stigma," International Journal of Aging and Human Development 25, no. 3 (1987): 177–93.

16   A. Kay Clifton, Diane McGrath, and Bonnie Wick, "Stereotypes of Woman: A Single Category?" Sex Roles 2, no. 2 (1976): 135–48; Alice H. Eagly and Valerie J. Steffen, "Gender Stereotypes Stem from the Distribution of Women and Men into Social Roles," Journal of Personality and Social Psychology 46, no. 4 (1984): 735.

17   Dena Saadat Hassouneh-Phillips, " 'Marriage Is Half of Faith and the Rest Is Fear of Allah': Marriage and Spousal Abuse among American Muslims," Violence against Women 7, no. 8 (2001): 927–46.

18   Calvin E. Zongker, "Self-Concept Differences between Single and Married School-Age Mothers," Journal of Youth and Adolescence 9, no. 2 (1980): 175–84.

19   Matt Volz, "Fired Pregnant Teacher Settles with Montana Catholic School," Boston Globe, March 15, 2016, www.bostonglobe.com/news/ nation/2016/03/15/fired-pregnant-teacher-settles-with-montana-catholic-school/ ShlqaNHnaXXWO2HVUcDxiM/story.html.

20   Daniel Kalish, "Teacher Fired for Being Unmarried and Pregnant," HKM Employment Attorneys, February 21, 2014, https://hkm.com/employmentblog/ teacher-fired-unmarried-pregnant/.

21   Ashitha Nagesh, "Unmarried Teacher Sacked Because She Was 'Living in Sin' with Her Boyfriend," Metro, December 4, 2017, http://metro.co.uk/2017/12/04/teacher-lost-her-job-after-parents-complained-about-her-living-in-sin-7130641/.

22   Bruce Thain, "Jewish Teacher Sacked from Orthodox Nursery for 'Living in Sin' with Boyfriend Wins Case for Religious and Sexual Discrimination," Independent, December 4, 2017, www.independent.co.uk/news/uk/home-news/jewish-teacher-zelda-de-groen-orthodox-gan-menachem-nurseryhendon-north-london-wedlock-employment-a8090471.html.

23   Amanda Terkel, "Sen. Jim DeMint: Gays and Unmarried, Pregnant Women Should Not Teach Public School," Huffington Post, October 2, 2010, www.huffingtonpost. com/2010/10/02/demint-gays-unmarried-pregnant-womenteachers_n_748131.html.

24   Sarah Labovitch-Dar, "They Did Not Get Accepted," Ha'Aretz, June 28, 2001, www.haaretz.co.il/misc/1.713241.

25   Anonymous, response to Bella DePaulo, "Is It Bad to Notice Discrimination?"

Psychology Today, on June 3, 2008, www.psychologytoday.com/blog/living-single/200805/is-it-bad-notice-discrimination.

26   Kate Antonovics and Robert Town, "Are All the Good Men Married? Uncovering the Sources of the Marital Wage Premium," American Economic Review 94, no. 2 (2004): 317–21.

27   Bella M. DePaulo, Singled Out: How Singles Are Stereotyped, Stigmatized, and Ignored, and Still Live Happily Ever After (New York: St. Martin's Griffin, 2007).

28   Ibid.; Kinneret Lahad, A Table for One: A Critical Reading of Singlehood, Gender and Time (Manchester, UK: University of Manchester, 2017); Wendy L. Morris, Stacey Sinclair, and Bella M. DePaulo, "No Shelter for Singles: The Perceived Legitimacy of Marital Status Discrimination," Group Processes & Intergroup Relations 10, no. 4 (2007): 457–70.

29   Bella M. DePaulo, Singled Out: How Singles Are Stereotyped, Stigmatized, and Ignored, and Still Live Happily Ever After (New York: St. Martin's Griffin, 2007); Jianguo Liu, Thomas Dietz, Stephen R. Carpenter, Carl Folke, Marina Alberti, Charles L. Redman, Stephen H. Schneider, Elinor Ostrom, Alice N. Pell, and Jane Lubchenco, "Coupled Human and Natural Systems," AMBIO: A Journal of the Human Environment 36, no. 8 (2007): 639–49.

30   Bella M. DePaulo and Wendy L. Morris, "Target Article: Singles in Society and in Science," Psychological Inquiry 16, no. 2–3 (2005): 57–83; Wendy L. Morris and Brittany K. Osburn, "Do You Take This Marriage? Perceived Choice over Marital Status Affects the Stereotypes of Single and Married People," in Singlehood from Individual and Social Perspectives, ed. Katarzyna Adamczyk (Krakow, Poland: Libron, 2016), 145–62.

31   Karen Gritter, Community of Single People Group (blog), Facebook, November 1, 2017, www.facebook.com/groups/CommunityofSinglePeople/permalink/1924789547839689/.

32   Lisa Arnold and Christina Campbell, "The High Price of Being Single in America," The Atlantic, January 14, 2013.

33   Bella M. DePaulo, Singled Out: How Singles Are Stereotyped, Stigmatized, and

Ignored, and Still Live Happily Ever After (New York: St. Martin's Griffin, 2007).

34   Vickie M. Mays and Susan D. Cochran, "Mental Health Correlates of Perceived Discrimination among Lesbian, Gay, and Bisexual Adults in the United States," American Journal of Public Health 91, no. 11 (2001): 1869–76.

35   Ann R. Fischer and Christina M. Shaw, "African Americans' Mental Health and Perceptions of Racist Discrimination: The Moderating Effects of Racial Socialization Experiences and Self-Esteem," Journal of Counseling Psychology 46, no. 3 (1999): 395.

36   Samuel Noh, Morton Beiser, Violet Kaspar, Feng Hou, and Joanna Rummens, "Perceived Racial Discrimination, Depression, and Coping: A Study of Southeast Asian Refugees in Canada," Journal of Health and Social Behavior 40, no. 3 (1999): 193–207.

37   Elizabeth A. Pascoe and Laura Smart Richman, "Perceived Discrimination and Health: A Meta-analytic Review," Psychological Bulletin 135, no. 4 (2009): 531.

38   Haslyn E. R. Hunte and David R. Williams, "The Association between Perceived Discrimination and Obesity in a Population-Based Multiracial and Multiethnic Adult Sample," American Journal of Public Health 99, no. 7 (2009): 1285–92; Nancy Krieger and Stephen Sidney, "Racial Discrimination and Blood Pressure: The Cardia Study of Young Black and White Adults," American Journal of Public Health 86, no. 10 (1996): 1370–78.

39   Luisa N. Borrell, Ana V. Diez Roux, David R. Jacobs, Steven Shea, Sharon A. Jackson, Sandi Shrager, and Roger S. Blumenthal, "Perceived Racial/Ethnic Discrimination, Smoking and Alcohol Consumption in the Multiethnic Study of Atherosclerosis (MESA)," Preventive Medicine 51, no. 3 (2010): 307–12; Frederick X. Gibbons, Meg Gerrard, Michael J. Cleveland, Thomas A. Wills, and Gene Brody, "Perceived Discrimination and Substance Use in African American Parents and Their Children: A Panel Study," Journal of Personality and Social Psychology 86, no. 4 (2004): 517–29.

40   Eliza K. Pavalko, Krysia N. Mossakowski, and Vanessa J. Hamilton, "Does Perceived Discrimination Affect Health? Longitudinal Relationships between Work

Discrimination and Women's Physical and Emotional Health," Journal of Health and Social Behavior 44, no. 1 (2003): 18–33.

41   Lyn Parker, Irma Riyani, and Brooke Nolan, "The Stigmatisation of Widows and Divorcees (Janda) in Indonesia, and the Possibilities for Agency," Indonesia and the Malay World 44, no. 128 (2016): 27–46.

42   Samuel Noh and Violet Kaspar, "Perceived Discrimination and Depression: Moderating Effects of Coping, Acculturation, and Ethnic Support," American Journal of Public Health 93, no. 2 (2003): 232–38.

43   Bella M. DePaulo and Wendy L. Morris, "The Unrecognized Stereotyping and Discrimination against Singles," Current Directions in Psychological Science 15, no. 5 (2006): 251–54.

44   Eric Klinenberg, Going Solo: The Extraordinary Rise and Surprising Appeal of Living Alone (New York: Penguin, 2012); Bella M. DePaulo, Singled Out: How Singles Are Stereotyped, Stigmatized, and Ignored, and Still Live Happily Ever After (New York: St. Martin's Griffin, 2007).

45   Bella DePaulo, How We Live Now: Redefining Home and Family in the 21st Century (Hillsboro, OR: Atria Books, 2015); Kinneret Lahad, A Table for One: A Critical Reading of Singlehood, Gender and Time (Manchester, UK: University of Manchester, 2017).

46   Pieter A. Gautier, Michael Svarer, and Coen N. Teulings, "Marriage and the City: Search Frictions and Sorting of Singles," Journal of Urban Economics 67, no. 2 (2010): 206–18.

47   Wendy L. Morris, "The Effect of Stigma Awareness on the Self-Esteem of Singles," Online Archive of University of Virginia Scholarship, 2005.

48   Lauri, response to Bella DePaulo, "Is It Bad to Notice Discrimination?" Psychology Today, on June 16, 2008, www.psychologytoday.com/blog/living-single/200805/is-it-bad-notice-discrimination.

49   Ibid.

50   Roy F. Baumeister, Jennifer D. Campbell, Joachim I. Krueger, and Kathleen D. Vohs, "Does High Self-Esteem Cause Better Performance, Interpersonal Success,

Happiness, or Healthier Lifestyles?" Psychological Science in the Public Interest 4, no. 1 (2003): 1–44.

51   Gian Vittorio Caprara, Patrizia Steca, Maria Gerbino, Marinella Paciello, and Giovanni Maria Vecchio, "Looking for Adolescents' Well-Being: Self-Efficacy Beliefs as Determinants of Positive Thinking and Happiness," Epidemiologia e psichiatria sociale 15, no. 1 (2006): 30–43.

52   Ulrich Schimmack and Ed Diener, "Predictive Validity of Explicit and Implicit Self-Esteem for Subjective Well-Being," Journal of Research in Personality 37, no. 2 (2003): 100–106.

53   Aurora Szentagotai and Daniel David, "Self-Acceptance and Happiness," in The Strength of Self-Acceptance: Theory, Practice and Research, ed. Michael E. Bernard (New York: Springer, 2013), 121–37.

54   Nadine F. Marks, "Flying Solo at Midlife: Gender, Marital Status, and Psychological Well-Being," Journal of Marriage and Family 58, no. 4 (1996): 917–32.

55   Evangelos C. Karademas, "Self-Efficacy, Social Support and Well- Being: The Mediating Role of Optimism," Personality and Individual Differences 40, no. 6 (2006): 1281–90.

56   Charles S. Carver, Michael F. Scheier, and Suzanne C. Segerstrom, "Optimism," Clinical Psychology Review 30, no. 7 (2010): 879–89.

57   Bella M. DePaulo, Singled Out: How Singles Are Stereotyped, Stigmatized, and Ignored, and Still Live Happily Ever After (New York: St. Martin's Griffin, 2007); Monica Kirkpatrick Johnson, "Family Roles and Work Values: Processes of Selection and Change," Journal of Marriage and Family 67, no. 2 (2005): 352–69.

58   Sally Macintyre, Anne Ellaway, Geoff Der, Graeme Ford, and Kate Hunt, "Do Housing Tenure and Car Access Predict Health Because They Are Simply Markers of Income or Self Esteem? A Scottish Study," Journal of Epidemiology and Community Health 52, no. 10 (1998): 657–64.

59   Richard J. Riding and Stephen Rayner, Self Perception (London: Greenwood, 2001).

60   Lois M. Tamir and Toni C. Antonucci, "Self-Perception, Motivation, and Social Support through the Family Life Course," Journal of Marriage and Family 43, no. 1

(1981): 151–60.

61   Christopher G. Ellison, "Religious Involvement and Self-Perception among Black
      Americans," Social Forces 71, no. 4 (1993): 1027–55.

62   Najah Mahmoud Manasra, "The Effect of Remaining Unmarried on Self-Perception
      and Mental Health Status: A Study of Palestinian Single Women" (PhD diss., De
      Montfort University, 2003).

63   Ed Diener and Marissa Diener, "Cross-cultural Correlates of Life Satisfaction and
      Self-Esteem," in Culture and Well-Being: The Collected Works of Ed Diener, ed. Ed
      Diener (Dordrecht, Netherlands: Springer, 2009), 71–91.

64   Bianca Fileborn, Rachel Thorpe, Gail Hawkes, Victor Minichiello, and Marian Pitts,
      "Sex and the (Older) Single Girl: Experiences of Sex and Dating in Later Life,"
      Journal of Aging Studies 33 (2015): 67–75; Jennifer A. Moore and H. Lorraine
      Radtke, "Starting 'Real' Life: Women Negotiating a Successful Midlife Single
      Identity," Psychology of Women Quarterly 39, no. 3 (2015): 305–19.

65   Lauren F. Winner, "Real Sex: The Naked Truth about Chastity," Theology &
      Sexuality 26, no. 1 (2015).

66   Christena Cleveland, "Singled Out: How Churches Can Embrace Unmarried
      Adults," Christena Cleveland (blog), December 2, 2013, www.christenacleveland.
      com/blogarchive/2013/12/singled-out.

67   Bella M. DePaulo, Singled Out: How Singles Are Stereotyped, Stigmatized, and
      Ignored, and Still Live Happily Ever After (New York: St. Martin's Griffin, 2007);
      Kinneret Lahad, " 'Am I Asking for Too Much?' The Selective Single Woman as
      a New Social Problem," Women's Studies International Forum 40, no. 5 (2013):
      23–32.

68   Jenny Gierveld, Pearl A. Dykstra, and Niels Schenk, "Living Arrangements,
      Intergenerational Support Types and Older Adult Loneliness in Eastern and Western
      Europe," Demographic Research 27, no. 2 (2012): 167.

69   WeLive, "We Live: Love Your Life," 2017, www.welive.com/.

70   Lisette Kuyper and Tineke Fokkema, "Loneliness among Older Lesbian, Gay, and
      Bisexual Adults: The Role of Minority Stress," Archives of Sexual Behavior 39, no.

5 (2010): 1171–80.

71   Hyun-Jun Kim and Karen I. Fredriksen-Goldsen, "Living Arrangement and Loneliness among Lesbian, Gay, and Bisexual Older Adults," The Gerontologist 56, no. 3 (2016): 548–58.

72   Jesus Ramirez-Valles, Jessica Dirkes, and Hope A. Barrett, "Gayby Boomers' Social Support: Exploring the Connection between Health and Emotional and Instrumental Support in Older Gay Men," Journal of Gerontological Social Work 57, no. 2–4 (2014): 218–34.

73   Elyakim Kislev, "Deciphering the 'Ethnic Penalty' of Immigrants in Western Europe: A Cross-classified Multilevel Analysis," Social Indicators Research (2016); Elyakim Kislev, "The Effect of Education Policies on Higher-Education Attainment of Immigrants in Western Europe: A Cross-classified Multilevel Analysis," Journal of European Social Policy 26, no. 2 (2016): 183–99.

74   Jennifer O'Connell, "Being on Your Own on Valentine's Day: Four Singletons Speak," Irish Times, February 11, 2017, www.irishtimes.com/life-andstyle/people/being-on-your-own-on-valentine-s-day-four-singletons-speak-1.2964287.

75   Rachel, "A Call for Single Action," Rachel's Musings, September 16, 2013, www.rabe.org/a-call-for-single-action/.

76   Bella M. DePaulo, Singled Out: How Singles Are Stereotyped, Stigmatized, and Ignored, and Still Live Happily Ever After (New York: St. Martin's Griffin, 2007); Bella DePaulo, Marriage vs. Single Life: How Science and the Media Got It So Wrong (Charleston, SC: DoubleDoor Books, 2015); Bella DePaulo, "Single in a Society Preoccupied with Couples," in Handbook of Solitude: Psychological Perspectives on Social Isolation, Social Withdrawal, and Being Alone, ed. Robert J. Coplan and Julie C. Bowker (New York: John Wiley & Sons, 2014), 302–16.

77   Alice Poma and Tommaso Gravante, " 'This Struggle Bound Us': An Analysis of the Emotional Dimension of Protest Based on the Study of Four Grassroots Resistances in Spain and Mexico," Qualitative Sociology Review 12, no. 1 (2016).

78   Anonymous, "When Singlutionary Is "Sick of Being Single!" Singlutionary, October 9, 2011, http://singlutionary.blogspot.com.

79 Wendy L. Morris and Brittany K. Osburn, "Do You Take This Marriage? Perceived Choice over Marital Status Affects the Stereotypes of Single and Married People," Singlehood from Individual and Social Perspectives (2016): 145–62; Gal Slonim, Nurit Gur-Yaish, and Ruth Katz, "By Choice or by Circumstance?: Stereotypes of and Feelings about Single People," Studia Psychologica 57, no. 1 (2015): 35–48.

80 Wendy L. Morris and Brittany K. Osburn, "Do You Take This Marriage? Perceived Choice over Marital Status Affects the Stereotypes of Single and Married People," Singlehood from Individual and Social Perspectives (2016): 145–62; Gal Slonim, Nurit Gur-Yaish, and Ruth Katz, "By Choice or by Circumstance?: Stereotypes of and Feelings about Single People," Studia Psychologica 57, no. 1 (2015): 35–48.

81 Gal Slonim, Nurit Gur-Yaish, and Ruth Katz, "By Choice or by Circumstance?: Stereotypes of and Feelings about Single People," Studia Psychologica 57, no. 1 (2015): 35–48.

82 Ad Bergsma, "Do Self-Help Books Help?" Journal of Happiness Studies 9, no. 3 (2008): 341–60.

83 Linda Bolier, Merel Haverman, Gerben J. Westerhof, Heleen Riper, Filip Smit, and Ernst Bohlmeijer, "Positive Psychology Interventions: A Meta-analysis of Randomized Controlled Studies," BMC Public Health 13, no. 1 (2013): 119.

4. 잠은 혼자, 놀 때는 여럿이

1 D'Vera Cohn, Jeffrey S. Passel, Wendy Wang, and Gretchen Livingston, Barely Half of U.S. Adults Are Married—a Record Low (Washington, DC: Pew Research Center, 2011).

2 Heather A. Turner and R. Jay Turner, "Gender, Social Status, and Emotional Reliance," Journal of Health and Social Behavior 40, no. 4 (1999): 360–73.

3 Donald A. West, Robert Kellner, and Maggi Moore-West, "The Effects of Loneliness: A Review of the Literature," Comprehensive Psychiatry 27, no. 4 (1986): 351–63.

4 Megan Bruneau, "I'm 30, Single, and Happy; and Truthfully, That Scares Me,"

Medium (blog), November 6, 2016, https://medium.com/@meganbruneau.

5   Froma Walsh, "The Concept of Family Resilience: Crisis and Challenge," Family
     Process 35, no. 3 (1996): 261–81.

6   Jung-Hwa Ha and Deborah Carr, "The Effect of Parent-Child Geographic Proximity
     on Widowed Parents' Psychological Adjustment and Social Integration," Research
     on Aging 27, no. 5 (2005): 578–610.

7   Sarah, "The First Confession," Confessions of a Single Thirty-Something (blog),
     October 10, 2011, http://confessions-sarah.blogspot.com.

8   Bella M. DePaulo, Singled Out: How Singles Are Stereotyped, Stigmatized, and
     Ignored, and Still Live Happily Ever After (New York: St. Martin's Griffin, 2007).

9   Christina Victor, Sasha Scambler, John Bond, and Ann Bowling, "Being Alone in
     Later Life: Loneliness, Social Isolation and Living Alone," Reviews in Clinical
     Gerontology 10, no. 4 (2000): 407–17; Froma Walsh, "The Concept of Family
     Resilience: Crisis and Challenge," Family Process 35, no. 3 (1996): 261–81.

10   Sarah, "The First Confession," Confessions of a Single Thirty-Something (blog),
     October 10, 2011, http://confessions-sarah.blogspot.com.

11   Wendy L. Morris, Stacey Sinclair, and Bella M DePaulo, "No Shelter for Singles:
     The Perceived Legitimacy of Marital Status Discrimination," Group Processes &
     Intergroup Relations 10, no. 4 (2007): 457–70.

12   Judith Anne McKenzie, "Disabled People in Rural South Africa Talk about
     Sexuality," Culture, Health & Sexuality 15, no. 3 (2013): 372–86; Nattavudh
     Powdthavee, "What Happens to People before and after Disability? Focusing
     Effects, Lead Effects, and Adaptation in Different Areas of Life," Social Science &
     Medicine 69, no. 12 (2009): 1834–44; Perry Singleton, "Insult to Injury Disability,
     Earnings, and Divorce," Journal of Human Resources 47, no. 4 (2012): 972–90.

13   Jennie E. Brand, "The Far-Reaching Impact of Job Loss and Unemployment,"
     Annual Review of Sociology 41 (2015): 359–75.

14   Kerwin Kofi Charles and Melvin Stephens Jr., "Job Displacement, Disability, and
     Divorce," Journal of Labor Economics 22, no. 2 (2004): 489–522.

15   Naomi Gerstel and Natalia Sarkisian, "Marriage: The Good, the Bad, and the

Greedy," Contexts 5, no. 4 (2006): 16–21.

16   Bella M. DePaulo, Singled Out: How Singles Are Stereotyped, Stigmatized, and Ignored, and Still Live Happily Ever After (New York: St. Martin's Griffin, 2007).

17   Bella M. DePaulo, Singlism: What It Is, Why It Matters, and How to Stop It (Charleston, SC: DoubleDoor Books, 2011).

18   Bella M. DePaulo and Wendy L. Morris, "The Unrecognized Stereotyping and Discrimination against Singles," Current Directions in Psychological Science 15, no. 5 (2006): 251–54.

19   Eleanore Wells, "How Many Ways to Be Single? (A Guest Post)," Eleanore Wells (blog), June 5, 2012, http://eleanorewells.com/.

20   Barry Wellman, "The Development of Social Network Analysis: A   Study in the Sociology of Science," Contemporary Sociology: A Journal of Reviews 37, no. 3 (2008): 221–22; Barry Wellman, "The Network Is Personal: Introduction to a Special Issue of Social Networks," Social Networks 29, no. 3 (2007): 349–56.

21   Rhonda McEwen and Barry Wellman, "Relationships, Community, and Networked Individuals," in The Immersive Internet: Reflections on the Entangling of the Virtual with Society, Politics and the Economy, ed. R. Teigland and D. Power (London: Palgrave Macmillan, 2013), 168–79.

22   Elisa Bellotti, "What Are Friends For? Elective Communities of Single People," Social Networks 30, no. 4 (2008): 318–29.

23   Ambrose Leung, Cheryl Kier, Tak Fung, Linda Fung, and Robert Sproule, "Searching for Happiness: The Importance of Social Capital," in The Exploration of Happiness: Present and Future Perspectives, ed. A. Delle Fave (Dordrecht, Netherlands: Springer, 2013), 247–67.

24   Benjamin Cornwell, Edward O. Laumann, and L. Philip Schumm, "The Social Connectedness of Older Adults: A National Profile," American Sociological Review 73, no. 2 (2008): 185–203; Jennifer A. Moore and H. Lorraine Radtke, "Starting 'Real' Life: Women Negotiating a Successful Midlife Single Identity," Psychology of Women Quarterly 39, no. 3 (2015): 305–19.

25   Hunni H., "A Happier Hunni, Part 1," Thirty-One, Single and Living at Home (blog),

October 27, 2012, http://thirtysingleand.blogspot.com.

26   Bella DePaulo, "Who Is Your Family If You Are Single with No Kids? Part 2," Living Single (blog), Psychology Today, August 21, 2011, www.psychologytoday.com/us/blog/living-single/201108/who-is-your-family-ifyou-are-single-no-kids-part-2.

27   Kelly Musick and Larry Bumpass, "Reexamining the Case for Marriage: Union Formation and Changes in Well-Being," Journal of Marriage and Family 74, no. 1 (2012): 1–18.

28   Paul R. Amato, Alan Booth, David R. Johnson, and Stacy J. Rogers, Alone Together: How Marriage in America Is Changing (Cambridge, MA: Harvard University Press, 2007).

29   Eric Klinenberg, Going Solo: The Extraordinary Rise and Surprising Appeal of Living Alone (New York: Penguin, 2012).

30   Shahla Ostovar, Negah Allahyar, Hassan Aminpoor, Fatemeh Moafian, Mariani Binti Md Nor, and Mark D. Griffiths, "Internet Addiction and Its 234 / Notes to Pages 112–113 Psychosocial Risks (Depression, Anxiety, Stress and Loneliness) among Iranian Adolescents and Young Adults: A Structural Equation Model in a Crosssectional Study," International Journal of Mental Health and Addiction 14, no. 3 (2016): 257–67.

31   Nicole B. Ellison, Charles Steinfield, and Cliff Lampe, "The Benefits of Facebook 'Friends': Social Capital and College Students' Use of Online Social Network Sites," Journal of Computer-Mediated Communication 12, no. 4 (2007): 1143–68; Nicole B. Ellison, Jessica Vitak, Rebecca Gray, and Cliff Lampe, "Cultivating Social Resources on Social Network Sites: Facebook Relationship Maintenance Behaviors and Their Role in Social Capital Processes," Journal of Computer-Mediated Communication 19, no. 4 (2014): 855–70.

32   R. J. Shillair, R. V. Rikard, S. R. Cotten, and H. Y. Tsai, "Not So Lonely Surfers: Loneliness, Social Support, Internet Use and Life Satisfaction in Older Adults," in iConference 2015 Proceedings (Newport Beach, CA: iSchools, 2015).

33   Rachel Grieve, Michaelle Indian, Kate Witteveen, G. Anne Tolan, and Jessica

Marrington, "Face-to-Face or Facebook: Can Social Connectedness Be Derived Online?" Computers in Human Behavior 29, no. 3 (2013): 604–9.

34   Kyung-Tag Lee, Mi-Jin Noh, and Dong-Mo Koo, "Lonely People Are No Longer Lonely on Social Networking Sites: The Mediating Role of Self- Disclosure and Social Support," Cyberpsychology, Behavior, and Social Networking 16, no. 6 (2013): 413–18.

35   Ari Engelberg, "Religious Zionist Singles: Caught between 'Family Values' and 'Young Adulthood,' " Journal for the Scientific Study of Religion 55, no. 2 (2016): 349–64.

36   Michael Woolcock, "Social Capital and Economic Development: Toward a Theoretical Synthesis and Policy Framework," Theory and Society 27, no. 2 (1998): 151–208.

37   Orsolya Lelkes, "Knowing What Is Good for You: Empirical Analysis of Personal Preferences and the 'Objective Good,' " Journal of Socio-Economics 35, no. 2 (2006): 285–307; Ambrose Leung, Cheryl Kier, Tak Fung, Linda Fung, and Robert Sproule, "Searching for Happiness: The Importance of Social Capital," Journal of Happiness Studies 12, no. 3 (2011); Robert D. Putnam, Bowling Alone: The Collapse and Revival of American Community (New York: Simon and Schuster, 2001); Nattavudh Powdthavee, "Putting a Price Tag on Friends, Relatives, and Neighbours: Using Surveys of Life Satisfaction to Value Social Relationships," Journal of Socio-Economics 37, no. 4 (2008): 1459–80.

38   John F. Helliwell and Christopher P. Barrington-Leigh, "How Much Is Social Capital Worth?" in The Social Cure, ed. J. Jetten, C. Haslam and S. A. Haslam (London: Psychology Press, 2010), 55–71; Rainer Winkelmann, "Unemployment, Social Capital, and Subjective Well-Being," Journal of Happiness Studies 10, no. 4 (2009): 421–30.

39   John F. Helliwell, "How's Life? Combining Individual and National Variables to Explain Subjective Well-Being," Economic Modelling 20, no. 2 (2003): 331–60; Florian Pichler, "Subjective Quality of Life of Young Europeans: Feeling Happy but Who Knows Why?" Social Indicators Research 75, no. 3 (2006): 419–44.

40   Erin York Cornwell and Linda J. Waite, "Social Disconnectedness, Perceived Isolation, and Health among Older Adults," Journal of Health and Social Behavior 50, no. 1 (2009): 31–48.

41   John F. Helliwell, Christopher P. Barrington-Leigh, Anthony Harris, and Haifang Huang, "International Evidence on the Social Context of Well- Being," in International Differences in Well-Being, ed. Ed Diener, John F. Helliwell, and Daniel Kahneman (Oxford: Oxford University Press, 2010).

42   Bernd Hayo and Wolfgang Seifert, "Subjective Economic Well-Being in Eastern Europe," Journal of Economic Psychology 24, no. 3 (2003): 329–48.

43   John F. Helliwell and Robert D. Putnam, "The Social Context of Well-Being," Philosophical Transactions of the Royal Society (London), series B (August 31, 2004): 1435–46.

44   Dani Rodrik, "Where Did All the Growth Go? External Shocks, Social Conflict, and Growth Collapses," Journal of Economic Growth 4, no. 4 (1999): 385–412; Paul J. Zak and Stephen Knack, "Trust and Growth," Economic Journal 111, no. 470 (2001): 295–321.

45   Anna, "Living Alone in Your Thirties," Not Your Stereotypical Thirtysomething Woman (blog), May 30, 2011, http://livingaloneinyourthirties.blogspot.co.il/.

46   Naomi Gerstel and Natalia Sarkisian, "Marriage: The Good, the Bad, and the Greedy," Contexts 5, no. 4 (2006): 16–21.

47   Rose McDermott, James H. Fowler, and Nicholas A. Christakis, "Breaking Up Is Hard to Do, Unless Everyone Else Is Doing It Too: Social Network Effects on Divorce in a Longitudinal Sample," Social Forces 92, no. 2 (2013): 491–519.

48   Bella DePaulo, How We Live Now: Redefining Home and Family in the 21st Century (Hillsboro, OR: Atria Books, 2015).

49   Jacqui Louis, " 'Single and . . .' #6 Parenting," Medium (blog), May 22, 2016, https://medium.com/@jacqui_84.

50   Alois Stutzer and Bruno S. Frey, "Does Marriage Make People Happy, or Do Happy People Get Married?" Journal of Socio-Economics 35, no. 2 (2006): 326–47.

51   Richard E. Lucas, Andrew E. Clark, Yannis Georgellis, and Ed Diener, "Reexamining

Adaptation and the Set Point Model of Happiness: Reactions to Changes in Marital Status," Journal of Personality and Social Psychology 84, no. 3 (2003): 527.

52   S. Burt, M. Donnellan, M. N. Humbad, B. M. Hicks, M. McGue, and W. G. Iacono, "Does Marriage Inhibit Antisocial Behavior?: An Examination of Selection vs. Causation Via a Longitudinal Twin Design," Archives of General Psychiatry 67, no. 12 (2010): 1309–15; Arne Mastekaasa, "Marriage and Psychological Well-Being: Some Evidence on Selection into Marriage," Journal of Marriage and Family 54, no. 4 (1992): 901–11; Alois Stutzer and Bruno S. Frey, "Does Marriage Make People Happy, or Do Happy People Get Married?" Journal of Socio-Economics 35, no. 2 (2006): 326–47.

53   To identify social interactions, two subjective measures were estimated. The first is a social-activities-frequency self-assessment ranging on a scale from 1 (Much less than most) to 5 (Much more than most). The second is a social-meetings-frequency self-assessment ranging on a scale from 1 (Never) to 7 (Every day). The first question is phrased in the survey as follows: "Compared to other people of your age, how often would you say you take part in social activities?" The second question is phrased as follows: "How often do you meet socially with friends, relatives, or work colleagues?"

54   Keith N. Hampton, Lauren F. Sessions, and Eun Ja Her, "Core Networks, Social Isolation, and New Media: How Internet and Mobile Phone Use Is Related to Network Size and Diversity," Information, Communication & Society 14, no. 1 (2011): 130–55.

55   Phyllis Solomon, "Peer Support/Peer Provided Services Underlying Processes, Benefits, and Critical Ingredients," Psychiatric Rehabilitation Journal 27, no. 4 (2004): 392.

56   Bella DePaulo, How We Live Now: Redefining Home and Family in the 21st Century (Hillsboro, OR: Atria Books, 2015); Bella DePaulo, "Single in a Society Preoccupied with Couples," in Handbook of Solitude: Psychological Perspectives on Social Isolation, Social Withdrawal, and Being Alone, ed. Robert J. Coplan and Julie C. Bowker (New York: John Wiley, 2014), 302–16; Eric Klinenberg, Going Solo:

The Extraordinary Rise and Surprising Appeal of Living Alone (New York: Penguin, 2012).

57   Clever Elsie, "Single, Not Alone for the Holidays," Singletude (blog), January 2, 2010, http://singletude.blogspot.com.

58   Paul R. Amato, Alan Booth, David R. Johnson, and Stacy J. Rogers, Alone Together: How Marriage in America Is Changing (Cambridge, MA: Harvard University Press, 2007).

59   Barry Wellman, "The Development of Social Network Analysis: A Study in the Sociology of Science," Contemporary Sociology: A Journal of Reviews 37, no. 3 (2008): 221–22; Barry Wellman, "The Network Is Personal: Introduction to a Special Issue of Social Networks," Social Networks 29, no. 3 (2007): 349–56.

60   Peter J. Stein, "Singlehood: An Alternative to Marriage," Family Coordinator 24, no. 4 (1975): 489–503; Jan E. Stets, "Cohabiting and Marital Aggression: The Role of Social Isolation," Journal of Marriage and Family 53, no. 3 (1991): 669–80.

61   Naomi Gerstel and Natalia Sarkisian, "Marriage: The Good, the Bad, and the Greedy," Contexts 5, no. 4 (2006): 16–21.

62   Bella DePaulo, How We Live Now: Redefining Home and Family in the 21st Century (Hillsboro, Oregon: Atria Books, 2015); Bella DePaulo, "Single in a Society Preoccupied with Couples," in Handbook of Solitude: Psychological Perspectives on Social Isolation, Social Withdrawal, and Being Alone, ed. Robert J. Coplan and Julie C. Bowker (New York: John Wiley, 2014), 302–16.

63   E. Kay Trimberger, The New Single Woman (Boston: Beacon Press, 2006).

64   Pamela Anne Quiroz, "From Finding the Perfect Love Online to Satellite Dating and 'Loving-the-One-You're-Near': A Look at Grindr, Skout, Plenty of Fish, Meet Moi, Zoosk and Assisted Serendipity," Humanity & Society 37, no. 2 (2013): 181.

65   Lucy Rahim, "The 12 Non-dating Apps Single People Need This Valentine's Day," The Telegraph, February 14, 2017.

66   Dana L. Alden, Jan-Benedict E. M. Steenkamp, and Rajeev Batra, "Brand Positioning through Advertising in Asia, North America, and Europe: The Role of Global Consumer Culture," Journal of Marketing (1999): 75–87; Stuart Ewen,

Captains of Consciousness: Advertising and the Social Roots of the Consumer Culture (New York: Basic Books, 2008); Christopher Donald Yee, "Reurbanizing Downtown Los Angeles: Micro Housing Densifying the City's Core" (Master of Architecture thesis, University of Washington, 2013).

67   Bella DePaulo, "Single in a Society Preoccupied with Couples," in Handbook of Solitude: Psychological Perspectives on Social Isolation, Social Withdrawal, and Being Alone, ed. Robert J. Coplan and Julie C. Bowker (New York: John Wiley, 2014), 302–16; Gal Slonim, Nurit Gur-Yaish, and Ruth Katz, "By Choice or by Circumstance?: Stereotypes of and Feelings about Single People," Studia Psychologica 57, no. 1 (2015): 35–48.

5. 탈물질주의 세계에서 독신으로 살기

1   Abigail Pesta, "Why I Married Myself: These Women Dedicated Their Lives to Self-Love," Cosmopolitan, December 2016.

2   Sex and the City, "A Woman's Right to Shoes," season 4, episode 9, aired August 17, 2003.

3   Ronald Inglehart, "The Silent Revolution in Europe: Intergenerational Change in Post-industrial Societies," American Political Science Review 65, no. 4 (1971): 991–1017; Dirk J. Van de Kaa, "Postmodern Fertility Preferences: From Changing Value Orientation to New Behavior," Population and Development Review 27 (2001): 290–331.

4   Abigail Pesta, "Why I Married Myself: These Women Dedicated Their Lives to Self-Love," Cosmopolitan, December 2016.

5   Self Marriage Ceremonies, www.selfmarriageceremonies.com.

6   Ronald Inglehart, The Silent Revolution: Changing Values and Political Styles among Western Publics (Princeton, NJ: Princeton University Press, 1977).

7   Rhonda McEwen and Barry Wellman, "Relationships, Community, and Networked Individuals," in The Immersive Internet: Reflections on the Entangling of the Virtual with Society, Politics and the Economy, ed. R. Teigland and D. Power (London:

Palgrave Macmillan, 2013), 168–79; Anne-Rigt Poortman and Aart C. Liefbroer, "Singles' Relational Attitudes in a Time of Individualization," Social Science Research 39, no. 6 (2010): 938–49.

8   David Levine, Family Formation in an Age of Nascent Capitalism [England], Studies in Social Discontinuity (New York: Academic Press, 1977).

9   Raymond M. Duch and Michaell A. Taylor, "Postmaterialism and the Economic Condition," American Journal of Political Science 37, no. 3 (1993): 747–79; Ronald Inglehart, "The Silent Revolution in Europe: Intergenerational Change in Post-industrial Societies," American Political Science Review 65, no. 4 (1971): 991–1017; Ronald Inglehart and Paul R. Abramson, "Measuring Postmaterialism," American Political Science Review 93, no. 3 (1999): 665–77.

10   Eric Klinenberg, Going Solo: The Extraordinary Rise and Surprising Appeal of Living Alone (New York: Penguin, 2012).

11   Joseph G. Altonji and Rebecca M. Blank, "Race and Gender in the Labor Market," in Handbook of Labor Economics, ed. Orley Ashenfelter and David Card (Amsterdam: Elsevier, 1999), 3143–259; Susan R. Orden and Norman M. Bradburn, "Dimensions of Marriage Happiness," American Journal of Sociology 73, no. 6 (1968): 715–31; Moshe Semyonov, Rebeca Raijman, and Anat Yom-Tov, "Labor Market Competition, Perceived Threat, and Endorsement of EcoNotes to Pages 128–130 / 239 nomic Discrimination against Foreign Workers in Israel," Social Problems 49, no. 3 (2002): 416–31.

12   Andrew J. Cherlin, "The Deinstitutionalization of American Marriage," Journal of Marriage and Family 66, no. 4 (2004): 848–61.

13   Abraham Harold Maslow, Robert Frager, James Fadiman, Cynthia McReynolds, and Ruth Cox, Motivation and Personality (New York: Harper & Row, 1970); Abraham Maslow, Motivation and Personality (New York: Harper & Brothers, 1954).

14   Verta Taylor and Nancy Whittier, "Analytical Approaches to Social Movement Culture: The Culture of the Women's Movement," Social Movements and Culture 4 (1995): 163–87.

15   Rachel F. Moran, "How Second-Wave Feminism Forgot the Single Woman,"

Hofstra Law Review 33, no. 1 (2004): 223–98.

16   Judith Evans, Feminist Theory Today: An Introduction to Second-Wave Feminism (New York: Sage, 1995); Imelda Whelehan, Modern Feminist Thought: From the Second Wave to Post-Feminism (New York: NYU Press, 1995).

17   Melissa, "Being Happy about Being Single," Single Gal in the City (blog), July 13, 2009, http://melissa-singlegalinthecity.blogspot.com.

18   Stephen Castles, Hein de Haas, and Mark J. Miller, The Age of Migration: International Population Movements in the Modern World (New York: Guilford Press, 2013).

19   Eliza Griswold, "Why Afghan Women Risk Death to Write Poetry," New York Times, April 29, 2012, www.nytimes.com/2012/04/29/magazine/whyafghan-women-risk-death-to-write-poetry.html.

20   Rosalind Chait Barnett and Janet Shibley Hyde, "Women, Men, Work, and Family," American Psychologist 56, no. 10 (2001): 781–96.

21   Hans-Peter Blossfeld and Alessandra De Rose, "Educational Expansion and Changes in Entry into Marriage and Motherhood: The Experience of Italian Women," Genus 48, no. 3–4 (1992): 73–91; Agnes R. Quisumbing and Kelly Hallman, Marriage in Transition: Evidence on Age, Education, and Assets from Six Developing Countries (New York: Population Council, 2005), 200–269.

22   Hans-Peter Blossfeld and Johannes Huinink, "Human Capital Investments or Norms of Role Transition? How Women's Schooling and Career Affect the Process of Family Formation," American Journal of Sociology 97, no. 1 (1991): 143–68.

23   Anonymous, "My Uterus Is Hiding," Shoes, Booze and Losers: A Primer for the Thirty-Something Spinster, October 24, 2008, http://elusivbutterfli.blogspot.com.

24   Rosalind Chait Barnett and Janet Shibley Hyde, "Women, Men, Work, and Family," American Psychologist 56, no. 10 (2001): 781–96.

25   Orna Donath, "Regretting Motherhood: A Sociopolitical Analysis," Signs 40, no. 2 (2015): 343–67.

26   Sarah Fischer, The Mother Bliss Lie: Regretting Motherhood (Munich: Ludwig Verlag, 2016); Anke C. Zimmermann and Richard A. Easterlin, "Happily Ever After?

Cohabitation, Marriage, Divorce, and Happiness in Germany," Population and Development Review 32, no. 3 (2006): 511–28.

27 Jan Delhey, "From Materialist to Post-materialist Happiness? National Affluence and Determinants of Life Satisfaction in Cross-national Perspective," Social Indicators Research 97, no. 1 (2010): 65–84; Richard Florida, The Rise of the Creative Class— Revisited: Revised and Expanded (New York: Basic Books, 2014).

28 Anonymous, "The Introverted Singlutionary," Singlutionary, August 3, 2010, http:// singlutionary.blogspot.com.

29 Gal Slonim, Nurit Gur-Yaish, and Ruth Katz, "By Choice or by Circumstance?: Stereotypes of and Feelings about Single People," Studia Psychologica 57, no. 1 (2015): 35–48.

30 Tim Teeman, "Why Singles Should Say 'I Don't' to the Self-Marriage Movement," Daily Beast, December 30, 2014, www.thedailybeast.com/articles/2014/12/30/why-singles-should-say-i-don-t-to-the-self-marriage-movement.html.

31 Bella M. DePaulo and Wendy L. Morris, "The Unrecognized Stereotyping and Discrimination against Singles," Current Directions in Psychological Science 15, no. 5 (2006): 251–54.

32 Hilke Brockmann, Jan Delhey, Christian Welzel, and Hao Yuan, "The China Puzzle: Falling Happiness in a Rising Economy," Journal of Happiness Studies 10, no. 4 (2009): 387–405.

33 Richard A. Easterlin, "Lost in Transition: Life Satisfaction on the Road to Capitalism," Journal of Economic Behavior & Organization 71, no. 2 (2009): 130–45.

34 Bella M. DePaulo and Wendy L. Morris, "The Unrecognized Stereotyping and Discrimination against Singles," Current Directions in Psychological Science 15, no. 5 (2006): 251–54; Peter J. Stein, "Singlehood: An Alternative to Marriage," Family Coordinator 24, no. 4 (1975): 489–503.

35 Jill Reynolds and Margaret Wetherell, "The Discursive Climate of Singleness: The Consequences for Women's Negotiation of a Single Identity," Feminism & Psychology 13, no. 4 (2003): 489–510.

36 Anne-Rigt Poortman and Aart C. Liefbroer, "Singles' Relational Attitudes in a Time

of Individualization," Social Science Research 39, no. 6 (2010): 938–49.

37   Wendy L. Morris and Brittany K. Osburn, "Do You Take This Marriage? Perceived Choice over Marital Status Affects the Stereotypes of Single and Married People," in Singlehood from Individual and Social Perspectives, ed. K. Adamczyk (Krakow, Poland: Libron, 2016): 145–62; Gal Slonim, Nurit Gur-Yaish, and Ruth Katz, "By Choice or by Circumstance?: Stereotypes of and Feelings about Single People," Studia Psychologica 57, no. 1 (2015): 35–48.

38   S. Burt, M. Donnellan, M. N. Humbad, B. M. Hicks, M. McGue, and W. G. Iacono, "Does Marriage Inhibit Antisocial Behavior?: An Examination of Selection vs. Causation via a Longitudinal Twin Design," Archives of General Psychiatry 67, no. 12 (2010): 1309–15; M. Garrison, and E. S. Scott, Marriage at the Crossroads: Law, Policy, and the Brave New World of Twenty-First-Century Families (Cambridge: Cambridge University Press, 2012); Heather L. Koball, Emily Moiduddin, Jamila Henderson, Brian Goesling, and Melanie Besculides, "What Do We Know about the Link between Marriage and Health?" Journal of Family Issues 31, no. 8 (2010): 1019–40.

39   Norval Glenn, "Is the Current Concern about American Marriage Warranted?" Virginia Journal of Social Policy & Law 9 (2001): 5–47.

40   Matthew E. Dupre and Sarah O. Meadows, "Disaggregating the Effects of Marital Trajectories on Health," Journal of Family Issues 28, no. 5 (2007): 623–52; Walter R. Gove, Michael Hughes, and Carolyn Briggs Style, "Does Marriage Have Positive Effects on the Psychological Well-Being of the Individual?" Journal of Health and Social Behavior 24, no. 2 (1983): 122–31; Mary Elizabeth Hughes and Linda J. Waite, "Marital Biography and Health at Mid-Life," Journal of health and Social Behavior 50, no. 3 (2009): 344–58; David R. Johnson and Jian Wu, "An Empirical Test of Crisis, Social Selection, and Role Explanations of the Relationship between Marital Disruption and Psychological Distress: A Pooled Time-Series Analysis of Four-Wave Panel Data," Journal of Marriage and Family 64, no. 1 (2002): 211–24; John McCreery, Japanese Consumer Behaviour: From Worker Bees to Wary Shoppers (New York: Routledge, 2014); David A. Sbarra and Paul J. Nietert, "Divorce

and Death: Forty Years of the Charleston Heart Study," Psychological Science 20, no. 1 (2009): 107–13; Terrance J. Wade and David J. Pevalin, "Marital Transitions and Mental Health," Journal of Health and Social Behavior 45, no. 2 (2004): 155–70; Chris Power, Bryan Rodgers, and Steven Hope, "Heavy Alcohol Consumption and Marital Status: Disentangling the Relationship in a National Study of Young Adults," Addiction 94, no. 10 (1999): 1477–87.

41   Rosalind Barnett, Karen C. Gareis, Jacquelyn Boone James, and Jennifer Steele, "Planning Ahead: College Seniors' Concerns about Career- Marriage Conflict," Journal of Vocational Behavior 62, no. 2 (2003): 305–19; Wilmar B. Schaufeli, Toon W. Taris, and Willem Van Rhenen, "Workaholism, Burnout, and Work Engagement: Three of a Kind or Three Different Kinds of Employee Well-Being?" Applied Psychology 57, no. 2 (2008): 173–203.

42   Sasha Cagen, "Be Grateful for Being Single," SashaCagen.com, November 24, 2010, http://sashacagen.com/blog.

43   James Friel, "Letter To: Viewpoint: Why Are Couples So Mean to Single People?" BBC Magazine, November 7, 2012.

44   Jill Reynolds, The Single Woman: A Discursive Investigation (London: Routledge, 2013); Anne-Rigt Poortman and Aart C. Liefbroer, "Singles' Relational Attitudes in a Time of Individualization," Social Science Research 39, no. 6 (2010): 938–49.

45   Heron Saline, "Stories," Self Marriage Ceremonies, n.d., www.selfmarriage ceremonies.com/stories.

46   Abraham Harold Maslow, Robert Frager, James Fadiman, Cynthia McReynolds, and Ruth Cox, Motivation and Personality (New York: Harper & Row, 1970); Abraham Maslow, Toward a New Psychology of Being (New York: Van Nostrand Reinhold, 1968).

47   Bella DePaulo, How We Live Now: Redefining Home and Family in the 21st Century (Hillsboro, OR: Atria Books, 2015); Kath Weston, Families We Choose: Lesbians, Gays, Kinship (New York: Columbia University Press, 2013).

48   Bella DePaulo, How We Live Now: Redefining Home and Family in the 21st Century (Hillsboro, OR: Atria Books, 2015).

49   Rein B. Jobse and Sako Musterd, "Changes in the Residential Function of the Big

Cities," in The Randstad: A Research and Policy Laboratory, ed. Frans M. Dieleman and Sako Musterd (Dordrecht: Springer, 1992), 39–64.

50   Pieter A. Gautier, Michael Svarer, and Coen N. Teulings, "Marriage and the City: Search Frictions and Sorting of Singles," Journal of Urban Economics 67, no. 2 (2010): 206–18.

51   A. Sicilia Camacho, C. Aguila Soto, D. González-Cutre, and J. A. Moreno-Murcia, "Postmodern Values and Motivation towards Leisure and Exercise in Sports Centre Users," RICYDE: Revista Internacional de Ciencias del Deporte 7, no. 25 (2011): 320–35.

52   Ramón Llopis-Goig, "Sports Participation and Cultural Trends: Running as a Reflection of Individualisation and Post-materialism Processes in Spanish Society," European Journal for Sport and Society 11, no. 2 (2014): 151–69.

53   Andrew J. Cherlin, "The Deinstitutionalization of American Marriage," Journal of Marriage and Family 66, no. 4 (2004): 848–61.

54   Norval Glenn, "Is the Current Concern about American Marriage Warranted?" Virginia Journal of Social Policy & Law 9 (2001): 5–47.

55   Tim Teeman, "Why Singles Should Say 'I Don't' to the Self-Marriage Movement," Daily Beast, December 30, 2014, www.thedailybeast.com/articles/2014/12/30/why-singles-should-say-i-don-t-to-the-self-marriage-movement.html.

56   Bella DePaulo, "The Urgent Need for a Singles Studies Discipline," Signs: Journal of Women in Culture and Society 42, no. 4 (2017): 1015–19; Bella DePaulo, Rachel F. Moran, and E. Kay Trimberger, "Make Room for Singles in Teaching and Research," Chronicle of Higher Education 54, no. 5 (2007): 44.

57   Wendy Wang and Kim C. Parker, Record Share of Americans Have Never Married: As Values, Economics and Gender Patterns Change (Washington, DC: Pew Research Center, 2014).

6. 열심히 일하고, 더 열심히 놀고

1   Richard F. Thomas, Virgil: Georgics (Cambridge: Cambridge University Press, 1988).

2   C. G. Jung, Mysterium Coniunctionis: An Inquiry into the Separation and Synthesis of Psychic Opposites in Alchemy (New York: Routledge, 1963).

3   Douglas T. Hall, "The Protean Career: A Quarter-Century Journey," Journal of Vocational Behavior 65, no. 1 (2004): 1–13.

4   Amy Wrzesniewski, Clark McCauley, Paul Rozin, and Barry Schwartz, "Jobs, Careers, and Callings: People's Relations to Their Work," Journal of Research in Personality 31, no. 1 (1997): 21–33.

5   Raymond A. Noe, John R. Hollenbeck, Barry Gerhart, and Patrick M. Wright, Human Resource Management: Gaining a Competitive Advantage, 10th ed. (New York: McGraw-Hill, 2015); Beverly J. Silver, Forces of Labor: Workers' Movements and Globalization since 1870 (Cambridge: Cambridge University Press, 2003).

6   Prudence L. Carter, Keepin' It Real: School Success beyond Black and White (Oxford: Oxford University Press, 2005).

7   Stephanie Armour, "Generation Y: They've Arrived at Work with a New Attitude," USA Today, November 6, 2005.

8   Hua Jiang and Rita Linjuan Men, "Creating an Engaged Workforce: The Impact of Authentic Leadership, Transparent Organizational Communication, and Work-Life Enrichment," Communication Research 44, no. 2 (2017): 225–43.

9   Daniel M. Haybron, "Happiness, the Self and Human Flourishing," Utilitas 20, no. 1 (2008): 21–49.

10   Alan Gewirth, Self-Fulfillment (Princeton, NJ: Princeton University Press, 1998); Sheryl Zika and Kerry Chamberlain, "On the Relation between Meaning in Life and Psychological Well-Being," British Journal of Psychology 83, no. 1 (1992): 133–45.

11   Robert Ehrlich, "New Rules: Searching for Self-Fulfillment in a World Turned Upside Down," Telos, no. 50 (1981): 218–28.

12   Viktor E. Frankl, The Will to Meaning: Foundations and Applications of Logotherapy (New York: Penguin, 2014); Eva S. Moskowitz, In Therapy We Trust: America's Obsession with Self-Fulfillment (Baltimore, MD: JHU Press, 2001).

13   Saziye Gazioglu and Aysit Tansel, "Job Satisfaction in Britain: Individual and Job-Related Factors," Applied Economics 38, no. 10 (2006): 1163–71.

14　Monica Kirkpatrick Johnson, "Family Roles and Work Values: Processes of Selection and Change," Journal of Marriage and Family 67, no. 2 (2005): 352–69.

15　Ruth Wein, "The 'Always Singles': Moving from a 'Problem' Perception," Psychotherapy in Australia 9, no. 2 (2003): 60–65.

16　Jessica E. Donn, "Adult Development and Well-Being of Mid-Life Never Married Singles" (PhD diss., Miami University, 2005).

17　Ilene Philipson, Married to the Job: Why We Live to Work and What We Can Do about It (New York: Simon and Schuster, 2003).

18　Anonymous, "Ten Things Not to Tell Your 30-Something Single Women Friends," Thirty-Two and Single (blog), January 7, 2014, http://thirtytwoandsingle.blogspot. com.

19　E. Jeffrey Hill, Alan J. Hawkins, Maria Ferris, and Michelle Weitzman, "Finding an Extra Day a Week: The Positive Influence of Perceived Job Flexibility on Work and Family Life Balance," Family Relations 50, no. 1 (2001): 49–58.

20　Mark Tausig and Rudy Fenwick, "Unbinding Time: Alternate Work Schedules and Work-Life Balance," Journal of Family and Economic Issues 22, no. 2 (2001): 101–19.

21　Kiran Sahu and Priya Gupta, "Burnout among Married and Unmarried Women Teachers," Indian Journal of Health and Wellbeing 4, no. 2 (2013): 286; Türker Tuğsal, "The Effects of Socio-Demographic Factors and Work-Life Balance on Employees' Emotional Exhaustion," Journal of Human Sciences 14, no. 1 (2017): 653–65.

22　Christina Maslach, Wilmar B. Schaufeli, and Michael P. Leiter, "Job Burnout," Annual Review of Psychology 52, no. 1 (2001): 397–422.

23　Kim Engler, Katherine Frohlich, Francine Descarries, and Mylène Fernet, "Single, Childless Working Women's Construction of Wellbeing: On Balance, Being Dynamic and Tensions between Them," Work 40, no. 2 (2011): 173–86.

24　Jeffrey H. Greenhaus and Nicholas J. Beutell, "Sources of Conflict between Work and Family Roles," Academy of Management Review 10, no. 1 (1985): 76–88; Jean M. Twenge and Laura A. King, "A Good Life Is a Personal Life: Relationship

Fulfillment and Work Fulfillment in Judgments of Life Quality," Journal of Research in Personality 39, no. 3 (2005): 336–53; Jean M. Twenge, W. Keith Campbell, and Craig A. Foster, "Parenthood and Marital Satisfaction: A Meta-analytic Review," Journal of Marriage and Family 65, no. 3 (2003): 574–83.

25 Bella M. DePaulo, Singled Out: How Singles Are Stereotyped, Stigmatized, and Ignored, and Still Live Happily Ever After (New York: St. Martin's Griffin, 2007).

26 Jeanne Brett Herman and Karen Kuczynski Gyllstrom, "Working Men and Women: Inter- and Intra-Role Conflict," Psychology of Women Quarterly 1, no. 4 (1977): 319–33.

27 Wendy J. Casper and Bella DePaulo, "A New Layer to Inclusion: Creating Singles-Friendly Work Environments," in Work and Quality of Life: Ethical Practices in Organizations, ed. Nora P. Reilly, M. Joseph Sirgy, and C. Allen Gorman (Dordrecht: Springer, 2012), 217–34.

28 Elizabeth A. Hamilton, Judith R. Gordon, and Karen S. Whelan-Berry, "Understanding the Work-Life Conflict of Never-Married Women without Children," Women in Management Review 21, no. 5 (2006): 393–415.

29 Jessica Keeney, Elizabeth M. Boyd, Ruchi Sinha, Alyssa F. Westring, and Ann Marie Ryan, "From 'Work-Family' to 'Work-Life': Broadening Our Conceptualization and Measurement," Journal of Vocational Behavior 82, no. 3 (2013): 221–37.

30 Naomi Gerstel and Natalia Sarkisian, "Marriage: The Good, the Bad, and the Greedy," Contexts 5, no. 4 (2006): 16–21.

31 Martha R. Crowther, Michael W. Parker, W. Andrew Achenbaum, Walter L. Larimore, and Harold G. Koenig, "Rowe and Kahn's Model of Successful Aging Revisited Positive Spirituality—the Forgotten Factor," The Gerontologist 42, no. 5 (2002): 613–20; Dawood Ghaderi, "The Survey of Relationship between Religious Orientation and Happiness among the Elderly Man and Woman in Tehran," Iranian Journal of Ageing 5, no. 4 (2011): 64–71; Jeff Levin, "Religion and Happiness among Israeli Jews: Findings from the ISSP Religion III Survey," Journal of Happiness Studies 15, no. 3 (2014): 593–611; Sombat Tapanya, Richard Nicki, and Ousa Jarusawad, "Worry and Intrinsic/Extrinsic Religious Orientation among

Buddhist (Thai) and Christian (Canadian) Elderly Persons," International Journal of Aging and Human Development 44, no. 1 (1997): 73–83.

32 Mirella Di Benedetto and Michael Swadling, "Burnout in Australian Psychologists: Correlations with Work-Setting, Mindfulness and Self-Care Behaviours," Psychology, Health & Medicine 19, no. 6 (2014): 705–15; Ute R. Hülsheger, Hugo J. E. M. Alberts, Alina Feinholdt, and Jonas W. B. Lang, "Benefits of Mindfulness at Work: The Role of Mindfulness in Emotion Regulation, Emotional Exhaustion, and Job Satisfaction," Journal of Applied Psychology 98, no. 2 (2013): 310.

33 Abolfazl Rahimi, Monireh Anoosheh, Fazlollah Ahmadi, and Mahshid Foroughan, "Exploring Spirituality in Iranian Healthy Elderly People: A Qualitative Content Analysis," Iranian Journal of Nursing and Midwifery Research 18, no. 2 (2013): 163–70.

34 Daryoush Ghasemian, Atefeh Zebarjadi Kuzehkanan, and Ramezan Hassanzadeh, "Effectiveness of MBCT on Decreased Anxiety and Depression among Divorced Women Living in Tehran, Iran," Journal of Novel Applied Sciences 3, no. 3 (2014): 256–59; John D. Teasdale, Zindel V. Segal, J. Mark G. Williams, Valerie A. Ridgeway, Judith M. Soulsby, and Mark A. Lau, "Prevention of Relapse/Recurrence in Major Depression by Mindfulness-Based Cognitive Therapy," Journal of Consulting and Clinical Psychology 68, no. 4 (2000): 615–23.

35 Yoo Sun Moon and Do Hoon Kim, "Association between Religiosity /Spirituality and Quality of Life or Depression among Living-Alone Elderly in a South Korean City," Asia-Pacific Psychiatry 5, no. 4 (2013): 293–300.

36 P. Udhayakumar and P. Ilango, "Spirituality, Stress and Wellbeing among the Elderly Practicing Spirituality," Samaja Karyada Hejjegalu 2, no. 10 (2012): 37–42.

37 Christena Cleveland, "Singled Out: How Churches Can Embrace Unmarried Adults," Christena Cleveland (blog), December 2, 2013, www.christenacleveland. com/blogarchive/2013/12/singled-out.

38 Gill Seyfang, "Growing Cohesive Communities One Favour at a Time: Social Exclusion, Active Citizenship and Time Banks," International Journal of Urban and Regional Research 27, no. 3 (2003): 699–706.

39 Anna, "Only the Lonely?" Not Your Stereotypical Thirtysomething Woman (blog), September 2, 2012, http://livingaloneinyourthirties.blogspot.com/2012/09/.

40 Shelley Budgeon and Sasha Roseneil, "Editors' Introduction: Beyond the Conventional Family," Current Sociology 52, no. 2 (2004): 127–34.

41 Debra A. Major and Lisa M. Germano, "The Changing Nature of Work and Its Impact on the Work-Home Interface," in Work-Life Balance: A Psychological Perspective, ed. Fiona Jones, Ronald J. Burke, and Mina Westman (New York: Taylor & Francis, 2006).

42 Frederick Cornwallis Conybeare, Philostratus: The Life of Apollonius of Tyana (Cambridge, MA: Harvard University Press, 1912).

7. 행복하게 살아갈 독신의 미래

1 Michael Goddard, "Historicizing Edai Siabo: A Contemporary Argument about the Pre-colonial Past among the Motu-Koita of Papua New Guinea," Oceania 81, no. 3 (2011): 280–96.

2 Helen V. Milner, Resisting Protectionism: Global Industries and the Politics of International Trade (Princeton, NJ: Princeton University Press, 1988).

3 Xuanning Fu and Tim B. Heaton, "A Cross-national Analysis of Family and Household Structure," International Journal of Sociology of the Family 25, no. 2 (1995): 1–32.

4 Susan R. Orden and Norman M. Bradburn, "Dimensions of Marriage Happiness," American Journal of Sociology 73, no. 6 (1968): 715–31.

5 Christopher J. Einolf and Deborah Philbrick, "Generous or Greedy Marriage? A Longitudinal Study of Volunteering and Charitable Giving," Journal of Marriage and Family 76, no. 3 (2014): 573–86; Naomi Gerstel and Natalia Sarkisian, "Marriage: The Good, the Bad, and the Greedy," Contexts 5, no. 4 (2006): 16–21.

6 Rhonda McEwen and Barry Wellman, "Relationships, Community, and Networked Individuals," in The Immersive Internet: Reflections on the Entangling of the Virtual with Society, Politics and the Economy, ed. R. Teigland and D. Power

(London: Palgrave Macmillan, 2013), pp. 168–79; Barry Wellman, "Networked Individualism: How the Personalized Internet, Ubiquitous Connectivity, and the Turn to Social Networks Can Affect Learning Analytics," in Proceedings of the Second International Conference on Learning Analytics and Knowledge (New York: ACM, 2012), 1.

7   Shelley Budgeon, "Friendship and Formations of Sociality in Late Modernity: The Challenge of 'Post-traditional Intimacy,' " Sociological Research Online 11, no. 3 (2006): 1–11.

8   William James, The Varieties of Religious Experience (Cambridge, MA: Harvard University Press, 1985); Carl Gustav Jung, The Archetypes and the Collective Unconscious, trans. R. F. C. Hull (London: Routledge, 1959).

9   Hiromi Taniguchi, "Interpersonal Mattering in Friendship as a Predictor of Happiness in Japan: The Case of Tokyoites," Journal of Happiness Studies 16, no. 6 (2015): 1475–91.

10 Julia Hahmann, "Friendship Repertoires and Care Arrangement," International Journal of Aging and Human Development 84, no. 2 (2017): 180–206.

11 Masako Ishii-Kuntz, "Social Interaction and Psychological Well-Being: Comparison across Stages of Adulthood," International Journal of Aging and Human Development 30, no. 1 (1990): 15–36.

12 Bella DePaulo, How We Live Now: Redefining Home and Family in the 21st Century (Hillsboro, OR: Atria Books, 2015).

13 Joanne Kersh, Laura Corona, and Gary Siperstein, "Social Well-Being and Friendship of People with Intellectual Disability," in The Oxford Handbook of Positive Psychology and Disability (Oxford: Oxford University, 2013), pp. 60–81.

14 Lynne M. Casper and Philip N. Cohen, "How Does Posslq Measure Up? Historical Estimates of Cohabitation," Demography 37, no. 2 (2000): 237–45.

15 Natascha Gruver, "Civil Friendship: A Proposal for Legal Bonds Based on Friendship and Care," in Conceptualizing Friendship in Time and Place, ed. Carla Risseeuw and Marlein van Raalte (Leiden, Netherlands: Brill, 2017), 285–302.

16 Paul R. Brewer, "Public Opinion about Gay Rights and Gay Marriage," International

Journal of Public Opinion Research 26, no. 3 (2014): 279–82; Ben Clements and Clive D. Field, "Public Opinion toward Homosexuality and Gay Rights in Great Britain," Public Opinion Quarterly 78, no. 2 (2014): 523–47.

17   Carla Risseeuw and Marlein van Raalte, Conceptualizing Friendship in Time and Place (Leiden, Netherlands: Brill, 2017).

18   Times of India, "Friendship Day 2017: Everything You Want to Know about Friendship Day," updated August 4, 2017, https://timesofindia.indiatimes.com/life-style/events/when-is-friendship-day-2017-everything-youwanted-to-know-about-it/articleshow/59877813.cms.

19   United Nations General Assembly, Sixty-fifth session, Agenda item 15, "Culture of Peace," April 27, 2011.

20   Mark Zuckerberg, "Celebrating Friends Day at Facebook HQ," Facebook, February 4, 2016, www.facebook.com/zuck/videos/vb.4/10102634961507811.

21   See, for example, Cara McGoogan, " 'Happy Friends Day': Why Has Facebook Made Up This Weird Holiday?" February 2, 2017, The Telegraph, www.telegraph.co.uk/technology/2017/02/02/happy-friends-day-has-facebookmade-weird-holiday/.

22   Michelle Ruiz, "Why You Should Celebrate Your Friendiversary," Cosmopolitan, February 6, 2014.

23   Robert E. Lane, "The Road Not Taken: Friendship, Consumerism, and Happiness," Critical Review 8, no. 4 (1994): 521–54.

24   Tanya Finchum and Joseph A. Weber, "Applying Continuity Theory to Older Adult Friendships," Journal of Aging and Identity 5, no. 3 (2000): 159–68.

25   Yohanan Eshel, Ruth Sharabany, and Udi Friedman, "Friends, Lovers and Spouses: Intimacy in Young Adults," British Journal of Social Psychology 37, no. 1 (1998): 41–57.

26   Mary E. Procidano and Kenneth Heller, "Measures of Perceived Social Support from Friends and from Family: Three Validation Studies," American Journal of Community Psychology 11, no. 1 (1983): 1–24.

27   Jean M. Twenge, Ryne A. Sherman, and Brooke E. Wells, "Changes in American Adults' Sexual Behavior and Attitudes, 1972–2012," Archives of Sexual Behavior

44, no. 8 (2015): 2273–85.

28 Marla E. Eisenberg, Diann M. Ackard, Michael D. Resnick, and Dianne Neumark-Sztainer, "Casual Sex and Psychological Health among Young Adults: Is Having 'Friends with Benefits' Emotionally Damaging?" Perspectives on Sexual and Reproductive Health 41, no. 4 (2009): 231–37.

29 Jacqueline Woerner and Antonia Abbey, "Positive Feelings after Casual Sex: The Role of Gender and Traditional Gender-Role Beliefs," Journal of Sex Research 54, no. 6 (2017): 717–27.

30 Andreas Henriksson, Organising Intimacy: Exploring Heterosexual Singledoms at Swedish Singles Activities (Karlstad, Sweden: Karlstad University, 2014).

31 Eric Klinenberg, Going Solo: The Extraordinary Rise and Surprising Appeal of Living Alone (New York: Penguin, 2012).

32 Bella DePaulo, "Creating a Community of Single People," Single at Heart (blog), PsychCentral, last updated July 10, 2015.

33 Karsten Strauss, "The 12 Best Cities for Singles," Forbes, February 3, 2016, www.forbes.com/sites/karstenstrauss/2016/02/03/the-12-best-cities-for-singles/#2315f7a01949.

34 Richie Bernardo, "2016's Best & Worst Cities for Singles," WalletHub, December 5, 2016, https://wallethub.com/edu/best-worst-cities-for-singles/9015/.

35 William B. Davidson and Patrick R. Cotter, "The Relationship between Sense of Community and Subjective Well-Being: A First Look," Journal of Community Psychology 19, no. 3 (1991): 246–53.

36 Seymour B. Sarason, The Psychological Sense of Community: Prospects for a Community Psychology (San Francisco, CA: Jossey-Bass, 1974).

37 Neharika Vohra and John Adair, "Life Satisfaction of Indian Immigrants in Canada," Psychology and Developing Societies 12, no. 2 (2000): 109–38.

38 Dawn Darlaston-Jones, "Psychological Sense of Community and Its Relevance to Well-Being and Everyday Life in Australia," Australian Community Psychologist 19, no. 2 (2007): 6–25.

39 Maria Isabel Hombrados-Mendieta, Luis Gomez-Jacinto, Juan Manuel Dominguez-

Fuentes, and Patricia Garcia-Leiva, "Sense of Community and Satisfaction with Life among Immigrants and the Native Population," Journal of Community Psychology 41, no. 5 (2013): 601–14.

40   Irene Bloemraad, Becoming a Citizen: Incorporating Immigrants and Refugees in the United States and Canada (Berkeley, CA: University of California Press, 2006); R. D. Julian, A. S. Franklin, and B. S. Felmingham, Home from Home: Refugees in Tasmania (Canberra: Australian Government Publishing Services, 1997).

41   Lia Karsten, "Family Gentrifiers: Challenging the City as a Place Simultaneously to Build a Career and to Raise Children," Urban Studies 40, no. 12 (2003): 2573–84.

42   NYU Furman Center, Compact Units: Demand and Challenges (New York: New York University, 2014).

43   Claude S. Fischer, To Dwell among Friends: Personal Networks in Town and City (Chicago: University of Chicago Press, 1982).

44   Peteke Feijten and Maarten Van Ham, "Residential Mobility and Migration of the Divorced and Separated," Demographic Research 17 (2008): 623–53.

45   Caitlin McGee, Laura Wynne, and Steffen Lehmann, "Housing Innovation for Compact, Resilient Cities," in Growing Compact: Urban Form, Density and Sustainability, ed. Joo Hwa P. Bay and Steffen Lehmann (New York: Routledge, 2017).

46   Christopher Donald Yee, "Re-urbanizing Downtown Los Angeles: Micro Housing— Densifying the City's Core" (Master's thesis, University of Washington, 2013).

47   Emily Badger, "The Rise of Singles Will Change How We Live in Cities," Washington Post, April 21, 2015.

48   Andrea Sharam, Lyndall Elaine Bryant, and Thomas Alves, "Identifying the Financial Barriers to Deliberative, Affordable Apartment Development in Australia," International Journal of Housing Markets and Analysis 8, no. 4 (2015): 471–83.

49   Louise Crabtree, "Self-Organised Housing in Australia: Housing Diversity in an Age of Market Heat," International Journal of Housing Policy, 18, no. 1 (2016): 1–20.

50   Kiran Sidhu, "Why I'll Be Spending My Golden Years with My Golden Girls," The Guardian, August 26, 2017.

51   Sheila M. Peace and Caroline Holland, Inclusive Housing in an Ageing Society: Innovative Approaches (Bristol, UK: Policy Press, 2001).

52   Zeynep Toker, "New Housing for New Households: Comparing Cohousing and New Urbanist Developments with Women in Mind," Journal of Architectural and Planning Research 27, no. 4 (2010): 325–39.

53   Anne P. Glass, "Lessons Learned from a New Elder Cohousing Community," Journal of Housing for the Elderly 27, no. 4 (2013): 348–68.

54   Guy Nerdi, "Living in Communal Communities Has Become a Social and Real Estate Trend," Globes, February 2, 2018, www.globes.co.il/news/article.aspx?did=1001224953.

55   Maryann Wulff and Michele Lobo, "The New Gentrifiers: The Role of Households and Migration in Reshaping Melbourne's Core and Inner Suburbs," Urban Policy and Research 27, no. 3 (2009): 315–31.

56   Bernadette Hanlon, "Beyond Sprawl: Social Sustainability and Reinvestment in the Baltimore Suburbs," in The New American Suburb: Poverty, Race, and the Economic Crisis, ed. Katrin B. Anacker (New York: Routledge, 2015), pp. 133–52.

57   Maria L. Ruiu, "Differences between Cohousing and Gated Communities: A Literature Review," Sociological Inquiry 84, no. 2 (2014): 316–35.

58   Mike Davis, Ecology of Fear: Los Angeles and the Imagination of Disaster (New York: Henry Holt, 1998).

59   Guy Nerdi, "Living in Communal Communities Has Become a Social and Real Estate Trend," Globes, February 2, 2018, www.globes.co.il/news/article.aspx?did=1001224953.

60   Richard L. Florida, The Flight of the Creative Class (New York: Harper Business, 2005); Ann Markusen, "Urban Development and the Politics of a Creative Class: Evidence from a Study of Artists," Environment and Planning A 38, no. 10 (2006): 1921–40; Allen John Scott, "Beyond the Creative City: Cognitive-Cultural Capitalism and the New Urbanism," Regional Studies 48, no. 4 (2014): 565–78.

61   James Murdoch III, Carl Grodach, and Nicole Foster, "The Importance of Neighborhood Context in Arts-Led Development: Community Anchor or Creative

Class Magnet?" Journal of Planning Education and Research 36, no. 1 (2016): 32–48; Gavin Shatkin, "Reinterpreting the Meaning of the 'Singapore Model': State Capitalism and Urban Planning," International Journal of Urban and Regional Research 38, no. 1 (2014): 116–37.

62   Ronald D. Michman, Edward M Mazze, and Alan James Greco, Lifestyle Marketing: Reaching the New American Consumer (Westport, CT: Greenwood, 2003).

63   Naveen Donthu and David I. Gilliland, "The Single Consumer," Journal of Advertising Research 42, no. 6 (2002): 77–84.

64   Bureau of Labor Statistics, "Consumer Expenditures in 2014," in Consumer Expenditure Survey (Washington, DC: US Bureau of Labor Statistics, 2016); Eric Klinenberg, Going Solo: The Extraordinary Rise and Surprising Appeal of Living Alone (New York: Penguin, 2012).

65   Olfa Bouhlel, Mohamed Nabil Mzoughi, and Safa Chaieb, "Singles: An Expanding Market," Business Management Dynamics 1, no. 3 (2011): 22–32.

66   Martin Klepek and Kateřina Matušínská, "Factors Influencing Marketing Communication Perception by Singles in Czech Republic," Working Paper in Interdisciplinary Economics and Business Research, no. 25, Silesian University in Opava, School of Business Administration in Karvina, December 2015, www.iivopf.cz/images/Working_papers/WPIEBRS_25_Klepek_Matusinska.pdf.

67   Eric Klinenberg, Going Solo: The Extraordinary Rise and Surprising Appeal of Living Alone (New York: Penguin, 2012).

68   Marie Buckley, Cathal Cowan, and Mary McCarthy, "The Convenience Food Market in Great Britain: Convenience Food Lifestyle (CFL) Segments," Appetite 49, no. 3 (2007): 600–617.

69   Sinead Furey, Heather McIlveen, Christopher Strugnell, and Gillian Armstrong, "Cooking Skills: A Diminishing Art?" Nutrition & Food Science 30, no. 5 (2000).

70   Isabel Ryan, Cathal Cowan, Mary McCarthy, and Catherine O'Sullivan, "Food-Related Lifestyle Segments in Ireland with a Convenience Orientation," Journal of International Food & Agribusiness Marketing 14, no. 4 (2004): 29–47.

71   Marie Marquis, "Exploring Convenience Orientation as a Food Motivation for

College Students Living in Residence Halls," International Journal of Consumer Studies 29, no. 1 (2005): 55–63.

72   Stavri Chrysostomou, Sofia N. Andreou, and Alexandros Polycarpou, "Developing a Food Basket for Fulfilling Physical and Non-physical Needs in Cyprus: Is It Affordable?" European Journal of Public Health 27, no. 3 (2017): 553–58.

73   Erica Wilson and Donna E. Little, "The Solo Female Travel Experience: Exploring the 'Geography of Women's Fear,' " Current Issues in Tourism 11, no. 2 (2008): 167–86.

74   Erica Wilson and Donna E. Little, "A 'Relative Escape'? The Impact of Constraints on Women Who Travel Solo," Tourism Review International 9, no. 2 (2005): 155–75.

75   Christian Laesser, Pietro Beritelli, and Thomas Bieger, "Solo Travel: Explorative Insights from a Mature Market (Switzerland)," Journal of Vacation Marketing 15, no. 3 (2009): 217–27.

76   Freya Stark, Baghdad Sketches (Evanston, IL: Northwestern University Press, 1992).

77   Bella DePaulo, How We Live Now: Redefining Home and Family in the 21st Century (Hillsboro, OR: Atria Books, 2015).

78   Bella DePaulo, Singled Out: How Singles Are Stereotyped, Stigmatized, and Ignored, and Still Live Happily Ever After (New York: St. Martin's Griffin, 2007).

79   E. J. Schultz, "As Single Becomes New Norm, How to Market without Stigma," AdAge, October 11, 2010, http://adage.com/article/news/advertisingmarket-singles-stigma/146376/.

80   Michelle Markelz, "Why You Must Market to Single People This Valentine's Day," American Marketing Association, 2017, www.ama.org/publications/MarketingNews/Pages/how-to-market-to-single-people.aspx.

81   Lawrence H. Wortzel, "Young Adults: Single People and Single Person Households," ACR North American Advances 4, no. 1 (1977): 324–29.

82   Bella DePaulo, How We Live Now: Redefining Home and Family in the 21st Century (Hillsboro, OR: Atria Books, 2015).

83   Zygmunt Bauman, Liquid Love: On the Frailty of Human Bonds (Cambridge, UK:

Polity Press, 2003).

84   Mitchell Hobbs, Stephen Owen, and Livia Gerber, "Liquid Love? Dating Apps, Sex, Relationships and the Digital Transformation of Intimacy," Journal of Sociology 53, no. 2 (2017): 271–84.

85   Valerie Francisco, " 'The Internet Is Magic': Technology, Intimacy and Transnational Families," Critical Sociology 41, no. 1 (2015): 173–90.

86   Manolo Farci, Luca Rossi, Giovanni Boccia Artieri, and Fabio Giglietto, "Networked Intimacy: Intimacy and Friendship among Italian Facebook Users," Information, Communication & Society 20, no. 5 (2017): 784–801.

87   Clément Chastagnol, Céline Clavel, Matthieu Courgeon, and Laurence Devillers, "Designing an Emotion Detection System for a SociallyIntelligent Human-Robot Interaction," in Natural Interaction with Robots, Knowbots and Smartphones, ed. J. Mariani, S. Rosset, M. Garnier-Rizet, and L. Devillers (New York: Springer, 2014), pp. 199–211; Kerstin Dautenhahn, "Socially Intelligent Robots: Dimensions of Human-Robot Interaction," Philosophical Transactions of the Royal Society of London B: Biological Sciences 362, no. 1480 (2007): 679–704.

88   Sarah M. Rabbitt, Alan E. Kazdin, and Brian Scassellati, "Integrating Socially Assistive Robotics into Mental Healthcare Interventions: Applications and Recommendations for Expanded Use," Clinical Psychology Review 35 (2015): 35–46.

89   Mark Hay, "Why Robots Are the Future of Elder Care," GOOD, June 24, 2015; United States Patent: [Shinichi] Oonaka, "Child-Care Robot and a Method of Controlling the Robot," February 19, 2013, https://patents.google.com/patent/US8376803B2/en; Fumihide Tanaka and Takeshi Kimura, "Care-Receiving Robot as a Tool of Teachers in Child Education," Interaction Studies 11, no. 2 (2010): 263.

90   Interestingly, the rise of robot companionship, whether friendly, romantic, sexual, or otherwise, was preceded by the popularity of dolls. Research shows two reasons why dolls became popular in past centuries. First, they filled the need for intersubjective relations. Second, "ownership" of the dolls allows users to combine pleasure and control in a low-risk fashion. In fact, the use of manufactured dolls for sexual

purposes can be traced back to early-twentiethcentury Europe, where men turned to dolls for comfort. Although the focus here is mainly men with dolls, women are also recorded as forming emotional ties with dolls and mannequins. Today, however, robots are perceived, and function, more positively and constructively. See Anthony Ferguson, The Sex Doll: A History (Jefferson, NC: McFarland, 2010); Heidi J. Nast, "Into the Arms of Dolls: Japan's Declining Fertility Rates, the 1990s Financial Crisis and the (Maternal) Comforts of the Posthuman," Social & Cultural Geography 18, no. 6 (2017): 758–85; and Alexander F. Robertson, Life Like Dolls: The Collector Doll Phenomenon and the Lives of the Women Who Love Them (London: Routledge, 2004).

91   Benjamin Haas, "Chinese Man 'Marries' Robot He Built Himself," The Guardian, April 4, 2017.

92   Ronan O'Connell, "World's First Artificially Intelligent Sex Dolls," News.com. au, October 14, 2017, www.news.com.au/lifestyle/relationships/sex/worlds-first-artificially-intelligent-sex-dolls/news-story/755a409e8b16685b562eb79879538 24c; Rupert Wingfield-Hayes, "Meeting the Pioneers of Japan's Coming Robot Revolution," BBC News, September 17, 2015, www.bbc.com/news/world-asia-pacific-34272425.

93   Jennifer Robertson, "Robo Sapiens Japanicus: Humanoid Robots and the Posthuman Family," Critical Asian Studies 39, no. 3 (2007): 369–98.

94   Innovation 25 Strategy Council, Innovation 25 Interim Report (Tokyo: Government of Japan, 2007).

95   Jennifer Robertson, "Human Rights vs. Robot Rights: Forecasts from Japan," Critical Asian Studies 46, no. 4 (2014): 571–98.

96   Rupert Wingfield-Hayes, "Meeting the Pioneers of Japan's Coming Robot Revolution," BBC News, September 17, 2015, www.bbc.com/news/worldasia-pacific-34272425.

97   Jen Mills, "Sex Robot Breaks on First Public Outing after Being Groped by Mob," Metro, October 15, 2017, http://metro.co.uk/2017/10/15/sex-robot-breakson-first-public-outing-after-being-groped-by-mob-7001144/.

98   David Levy, Love and Sex with Robots: The Evolution of Human-Robot

Relationships (New York: HarperCollins, 2007).

99   Adrian David Cheok, David Levy, Kasun Karunanayaka, and Yukihiro Morisawa, "Love and Sex with Robots," in Handbook of Digital Games and Entertainment Technologies, ed. Ryohei Nakatsu, Matthias Rauterberg, and Paolo Ciancarini (Singapore: Springer, 2017), pp. 833–58.

100   Gianmarco Veruggio, Fiorella Operto, and George Bekey, "Roboethics: Social and Ethical Implications," in Springer Handbook of Robotics, ed. Bruno Siciliano and Oussama Khatib (Heidelberg: Springer, 2016), pp. 2135–60.

101   Elizabeth Broadbent, "Interactions with Robots: The Truths We Reveal about Ourselves," Annual Review of Psychology 68 (2017): 627–52.

102   Jennifer Robertson, "Robo Sapiens Japanicus: Humanoid Robots and the Posthuman Family," Critical Asian Studies 39, no. 3 (2007): 369–98.

103   Francesco Ferrari, Maria Paola Paladino, and Jolanda Jetten, "Blurring Human-Machine Distinctions: Anthropomorphic Appearance in Social Robots as a Threat to Human Distinctiveness," International Journal of Social Robotics 8, no. 2 (2016): 287–302.

104   David Levy, Love and Sex with Robots: The Evolution of Human-Robot Relationships (New York: HarperCollins, 2007).

105   Mark Goldfeder and Yosef Razin, "Robotic Marriage and the Law," Journal of Law and Social Deviance 10 (2015): 137–76.

106   Maartje Margaretha Allegonda de Graaf, "Living with Robots: Investigating the User Acceptance of Social Robots in Domestic Environments" (PhD diss., Universiteit Twente, 2015), p. 574.

107   Maartje Margaretha Allegonda de Graaf, Somaya Ben Allouch, and Jan A. G. M. Van Dijk, "Long-Term Acceptance of Social Robots in Domestic Environments: Insights from a User's Perspective" (paper presented to the AAAI 2016 Spring Symposium on "Enabling Computing Research in Socially Intelligent Human-Robot Interaction: A Community-Driven Modular Research Platform, Palo Alto, CA, March 21, 2016).

108   Ray Kurzweil, "The Singularity Is Near," in Ethics and Emerging Technologies, ed.

Ronald L. Sandler (London: Palgrave Macmillan, 2016), p. 393.

109 Grace A. Martin, "For the Love of Robots: Posthumanism in Latin American Science Fiction between 1960–1999" (PhD diss., University of Kentucky, 2015).

110 Chris Mack, "The Multiple Lives of Moore's Law," IEEE Spectrum 52, no. 4 (2015): 31–37.

111 Christopher L. Magee and Tessaleno C. Devezas, "How Many Singularities Are Near and How Will They Disrupt Human History?" Technological Forecasting and Social Change 78, no. 8 (2011): 1365–78.

Epilogue

1 H. Chun and I. Lee, "Why Do Married Men Earn More: Productivity or Marriage Selection?" Economic Inquiry 39, no. 2 (2001): 307–19; Willy Pedersen and Morten Blekesaune, "Sexual Satisfaction in Young Adulthood Cohabitation, Committed Dating or Unattached Life?" Acta Sociologica 46, no. 3 (2003): 179–93; Steven Stack and J. Ross Eshleman, "Marital Status and Happiness: A 17-Nation Study," Journal of Marriage and the Family, 60, no. 2 (1998): 527–36.

2 Deborah Carr and Kristen W. Springer, "Advances in Families and Health Research in the 21st Century," Journal of Marriage and Family 72, no. 3 (2010): 743–61.

3 John F. Helliwell, Richard Layard, and Jeffrey Sachs, World Happiness Report 2015 (New York: Sustainable Development Solutions Network, 2015); Adam Okulicz-Kozaryn, Zahir Irani, and Zahir Irani, "Happiness Research for Public Policy and Administration," Transforming Government: People, Process and Policy 10, no. 2 (2016); Gus O'Donnell, Angus Deaton, Martine Durand, David Halpern, and Richard Layard, Wellbeing and Policy (London: Legatum Institute, 2014); Joseph E. Stiglitz, Amartya Sen, and Jean-Paul Fitoussi, Report by the Commission on the Measurement of Economic Performance and Social Progress (Paris: Commission on the Measurement of Economic Performance and Social Progress, 2010).

4 John F. Helliwell and Haifang Huang, "How's Your Government? International Evidence Linking Good Government and Well-Being," British Journal of Political

Science 38, no. 4 (2008): 595–619; John F. Helliwell, Haifang Huang, Shawn Grover, and Shun Wang, "Good Governance and National Well-Being: What Are the Linkages?" (OECD Working Papers on Public Governance, No. 25, OECD Publishing), http://dx.doi.org/10.1787/5jxv9f651hvj-en.

5   Bella DePaulo, "Single in a Society Preoccupied with Couples," in Handbook of Solitude: Psychological Perspectives on Social Isolation, Social Withdrawal, and Being Alone, ed. Robert J. Coplan and Julie C. Bowker (New York: John Wiley, 2014), 302–16.

6   Simon Abbott, "Race Studies in Britain," Social Science Information 10, no. 1 (1971): 91–101; Jayne E. Stake, "Pedagogy and Student Change in the Women's and Gender Studies Classroom," Gender and Education 18, no. 2 (2006): 199–212.

7   Eurostat, Marriage and Divorce Statistics (Luxembourg: European Commission, 2017); Wendy Wang and Kim C. Parker, Record Share of Americans Have Never Married: As Values, Economics and Gender Patterns Change (Washington, DC: Pew Research Center, 2014).

8   Linda Abbit, "Urban Cohousing the Babayaga Way," Senior Planet, March 6, 2016, https://seniorplanet.org/senior-housing-alternatives-urban-cohousingthe-babayaga-way/.

9   Jane Gross, "Older Women Team Up to Face Future Together," New York Times, February 27, 2004, www.nytimes.com/2004/02/27/us/older-womenteam-up-to-face-future-together.html.

10   Yagana Shah, " 'Airbnb for Seniors' Helps Link Travelers with Like- Minded Hosts," Huffington Post, June 1, 2016, www.huffingtonpost.com/entry/airbnb-for-seniors-helps-link-travelers-with-like-minded-hosts_us_57487aa1e4b0dacf7ad4c130.

11   Jenny Gierveld, Pearl A. Dykstra, and Niels Schenk, "Living Arrangements, Intergenerational Support Types and Older Adult Loneliness in Eastern and Western Europe," Demographic Research 27, no. 2 (2012): 167.

12   Bella DePaulo, Rachel F. Moran, and E. Kay Trimberger, "Make Room for Singles in Teaching and Research," Chronicle of Higher Education 54, no. 5 (2007): 44.

13   Bella DePaulo, "The Urgent Need for a Singles Studies Discipline," Signs: Journal of Women in Culture and Society 42, no. 4 (2017): 1015–19.

...

찾아보기